中国社会科学院国情调研丛书
CASS Series of National Conditions Investigation & Research

本书为中国社会科学院国情调研
重大项目的最终成果

中阿合作与宁夏内陆
开放型经济试验区建设

China-Arab States Cooperation
and the Development of Ningxia Inland
Opening-up Pilot Economic Zone

主编 赵 瑾

社会科学文献出版社
SOCIAL SCIENCES ACADEMIC PRESS (CHINA)

本书编委会

顾　　问　高培勇　陈冬红
主　　编　赵　瑾
编委会成员与分工
　　　　　第一章　赵　瑾
　　　　　第二章　白　旻
　　　　　第三章　冯　雷
　　　　　第四章　王朝阳
　　　　　第五章　汪　川
　　　　　第六章　冯永晟
　　　　　第七章　刘佳骏
　　　　　第八章　宋　瑞　赵　鑫
　　　　　第九章　吕风勇　蒋　震

目　录

前　言

　　坚定不移地实施对外开放战略，扩大向西开放，是保持我国经济持续较快平稳增长的重大举措。十八届三中全会提出，加快沿边开放步伐，推进"丝绸之路经济带"和"海上丝绸之路"建设，形成全方位开放新格局。中央提出的"一带一路"建设是新时期构建开放型经济体制的重要突破和对外开放的重大举措，它拉开了新一轮西部大开发的序幕，预示着我国对外开放格局将发生重大变化。

　　西部地区是中华民族和中华文明的重要发祥地，也是我国全面建设小康社会的难点和重点地区。"丝绸之路经济带"建设是推动西部大开发、横跨亚欧大陆的世界工程。以科学发展观为指导，加快"丝绸之路经济带"的建设，对于抗衡发达国家重塑世界经济版图的战略意图，拓展我国经济发展空间，顺利实现我国现代化建设第三步战略目标具有重要的现实意义、历史意义和国家战略意义。

　　宁夏是我国内陆地区，地处新亚欧大陆桥国内段的重要位置，承东启西，在我国与中东、中亚的交通联系中具有独特的区位优势。作为我国最大的回族聚居区，宁夏与世界其他穆斯林地区的风俗习惯相近，宗教信仰相同，有较强的认同感，民间交往频繁，在我国与阿拉伯国家及世界穆斯林地区的交流合作中发挥着积极作用。2012年9月12日，时任国务院副总理李克强在第三届中阿经贸论坛开幕式上宣布，在宁夏设立内陆开放型经济试验区和银川综合保税区。其目的是将宁夏打造成国家向西开放的战略高地、国家重要的能源化工基地、重要的清真食品和穆斯林用品产业集聚区和承接产业转移示范区；搭建中国和阿拉伯国家以及伊斯兰世界的国家战略平台；探索我国内陆开放的新路径。

为了有效助推宁夏成为内陆开放型经济试验区、国家向西开放的战略高地以及丝绸之路经济带战略支点，本书从构筑中国和阿拉伯国家以及伊斯兰世界的国家战略平台出发，以中阿合作与宁夏内陆开放型经济试验区建设为主线，从经贸（包括货物贸易、服务贸易和外资利用）、金融、能源、旅游等多方面系统地研究了中阿合作情况，提出了宁夏建设内陆开放型经济试验区，在贸易、投资、金融、能源、旅游和财税方面的先行先试政策以及国家安全政策。

一　贸易投资政策

大力发展国际货物贸易是宁夏建设内陆开放型经济试验区的重要内容，也是宁夏扩展与阿拉伯国家和穆斯林地区交流合作的重点领域。目前宁夏贸易依存度较低，经济开放水平不高；出口商品结构虽不断优化，但仍以工矿产品为主。要实现国家重要的能源化工基地、重要清真食品和穆斯林用品产业集聚区的定位，在货物贸易方面，应支持清真食品和穆斯林用品出口，并重点承接国家重要能源和资源进口。一是尽量提高清真食品及穆斯林用品产业相关产品的出口退税率。二是对清真企业在股票上市、债券发行的审批上适当放宽条件，鼓励清真食品和穆斯林用品生产企业进入资本市场。三是加快推进贸易便利化进程，简化行政审批程序，积极扩大国家重要能源和资源进口。四是探索清真产业发展新机制、自由贸易新机制、内陆开放通道新机制。

发展服务贸易与利用外商直接投资是宁夏区域经济发展的两条重要途径。服务业是发展服务贸易的产业基础。宁夏产业结构的服务特征趋于明显，服务业内部结构发生着悄然变化，新兴服务业有了长足的发展。服务业在创造就业机会方面的作用明显增强，但劳动生产率的提高仍落后于第二产业。旅游是宁夏服务贸易的传统强项。在服务贸易方面，应重点发展传统的旅游服务和文化交流。一是加快中西部国际旅游开发，在西部重点城市开辟国际直航航线，建立丝绸之路的空中航线，便利国内外游客直飞西部旅游。二是以政府和民间两个"轮子"增强银川（穆斯林）国际商贸城的集散平台作用。三是打通宁夏内陆开放的陆空通道，发展现代物流。

宁夏外商直接投资在全社会固定资产形成中的地位较弱，外商投资企业在创造城镇就业机会方面的作用不明显。穆斯林文化在发展服务贸易与吸引阿拉伯国家资金方面发挥关键作用。为扩大外商对宁夏的投资，一是要加强中阿博览会的民间色彩，调动企业参与的积极性，把中阿博览会办成推动宁夏"两区"建设、实施向西开放战略的重要平台，把中阿博览会塑造成阿拉伯国家与我国西部地区经贸活动的世界级品牌。二是在招商引资工作中要审慎地考虑区域经济的产业发展规划，重点考虑环境保护。三是在西部投资产业目录中，扩展能够吸引阿拉伯资金的更加开放的投资政策，鼓励外资进入金融、教育、旅游、文化、医疗等领域，大力发展服务业。

银川综合保税区的建设要以推动适应宁夏区域经济特点的产业链发育为首要任务，将银川综合保税区打造成为连接中国与阿拉伯国家的"宁夏通道"。一是要充分发挥综保区的政策优势，努力引进高新技术产业，在价值链的研发环节获取更高收益，并大力发展现代仓储物流业，使区内企业由低附加值的加工环节转向高附加值的流通环节。二是改革当前"多头分管"的管理体制，提高综保区的运行效率。三是争取批准在综保区展开人民币离岸结算业务，争取给予各类人员入境优惠政策，如落地签等政策。

二　金融合作政策

宁夏金融业改革发展步伐近年来不断加快，为促进当地经济社会发展提供了有力保障，但宁夏金融业总量较小且以银行业为主，证券业、保险业市场规模偏小，法人类信托等机构空白，市场体系还不健全。立足宁夏，推动中阿金融合作，首先要明确目标，转变观念和思维，尝试以一种开放和包容的心态看待伊斯兰金融，以合作而非排斥甚至打压的态度开展工作。其次要注重策略，有步骤、分阶段地推进中阿金融合作，而不急于突破既有格局。加快宁夏"两区"建设，推动中阿金融合作，有许多问题需要从国家层面进行考虑，应该适时地对金融法律法规中的相关内容进行修订、完善，为开展中阿金融深层次合作创造有利条件。在引进中东项目资金、允许外汇资本跨境流动、成立中阿合作金融机构、建设全国微型金融改革试验区等方面给予宁夏更多政策支持。同时，稳步扩大对阿金融开放，搭建中阿金融合作平台，拓宽金融合作渠道，并尽快制定出台中阿经贸合作背景下加快宁夏金融业发展的政策措施。

在石油美元投资流向逐步转变之时，作为全球第二大经济体的中国无疑成为对石油美元极富吸引力的投资市场。与此同时，当前我国西部地区经济快速发展，对高质量的外商直接投资和战略性的金融资本需求强烈。在这种情况下，引进石油美元不仅有利于加强与中东石油国家的经贸联系，同时还对我国深入推进西部大开发战略具有十分积极的意义。作为与中东石油出口国之间有深厚的文化宗教渊源的民族自治区，宁夏可以作为石油美元进入西部地区的首选目标，以定额开放等形式，在引入石油美元的同时对石油美元流入的规模进行控制，以利用石油美元扶持宁夏乃至西部试点地区的经济发展。一是由中阿双方共同出资，成立产业投资基金；二是推进西部资本市场和金融中心建设；三是适当调整资本项目，向西部地区定额定向开放；四是完善引进石油美元的法律法规和监管体系，防范恐怖资金流入。

三　能源合作政策

中阿加强能源合作对于保障我国的能源供给和能源安全，保证全球能源市场稳定运行，维护我国的全球利益，加强中阿双方的经济联系，增进政治互信，确保双边及世界和平稳定具有战略性意义。阿拉伯国家作为世界市场的重要能源供应国，已经同中国开展了重要的能源合作，未来中阿能源合作仍有巨大提升空间。当然中阿能源合作也面临着众多制约因素，主要包括国外政局不稳定等政治因素，以及国内资源定价机制不健全和配套制度不完善等体制因素。

阿拉伯国家的"向东看"战略使中国在阿拉伯国家对外经贸中的作用持续增强，阿拉伯国家的能源出口需要中国市场，其石油美元也需要更安全的投资场所。中国在加强中阿能源合作方面需进行全面的战略考量，要明确能源外交战略，倡导新能源安全观；尽快与海合会达成自由贸易区协定；拓宽能源合作领域，提升能源合作层次；探索合作机制，创新合作模式；改革国内资源定价体制，为国际合作创造条件。在中阿能源合作的大背景下，要大力发挥宁夏在中阿能源合作中的重要作用，要以宁夏的能源禀赋为基础，利用宁夏与阿拉伯国家的资源互补性，加强传统能源领域的合作，利用文化纽带促进特色产业发展，在世界新能源发展浪潮中全面合作。

中国与沙特阿拉伯在能源合作领域尤其具有潜力。一方面，长期以来，中国同沙特阿拉伯的能源合作具有良好基础，进入 21 世纪以来，随着经济格局改变石油供销格局，沙特阿拉伯的石油更多地流向中国，有利于双方合作共赢。另一方面，中国与沙特阿拉伯的能源合作存在一定障碍。比如，阿拉伯地区政局动荡导致中国与沙特阿拉伯的合作不确定性增加；两国日益密切的石油合作引起美国等西方国家的不安；中国企业市场化程度不高和国际竞争力弱限制了中国与沙特阿拉伯在能源领域的深层次合作；此外，短期内发达国家仍然难以摆脱对海湾地区油气的依赖，中国从沙特阿拉伯进口能源面临较大竞争压力；严重的贸易失衡阻碍我国对沙特阿拉伯出口的增长，影响未来双方的经贸合作。针对这些情况，中国必须采取相应的战略对策，包括：①积极提高在阿拉伯地区的国家影响力，有效开展能源外交；②积极参与国际石油市场新秩序的建立，争取国际石油定价权；③创新合作方式，重视签订长期供油协议，建立更加稳固的贸易关系；④中国石油企业应坚持开展国际合作，继续大力推进与沙特阿拉伯的跨国经营；

⑤合作模式要由单纯的资源勘探开发向资源多元化应用和拓宽产业链方向转变；⑥充分利用中阿合作论坛这一平台，推进建立中国－海合会自贸区，最终全面提升中沙经济合作。

四　旅游发展政策

中阿旅游合作有巨大发展前景，在推动旅游发展方面，中国要将目标定位在以下方面：①以制度创新为突破口，在全国层面将宁夏建设成为我国内陆地区旅游业改革创新试验区；②以开放交流为发展重点，在国际层面将宁夏建设成为中阿旅游合作与经济文化交流中枢；③以制度创新和开放交流为双轮，驱动宁夏从国内知名旅游目的地向世界知名旅游目的地转变。未来宁夏旅游发展应"以开放促开发"，按照制度创新战略、国际化战略、需求导向战略、可持续发展战略实现上述目标。

为落实相应发展战略，在国家层面要以文化认同带动中阿合作，以入境免签促进阿拉伯国家游客来华，以购物退税促进旅游消费，出台财税及投融资方面的支持政策，完善大交通体系建设。仿照中国－东盟投资合作基金等模式，由国家政策性金融机构牵头，宁夏回族自治区政府配合，联合阿拉伯国家的金融机构，建立中阿文化旅游发展基金。加大交通等基础设施建设和旅游就业培训等方面的投入，争取建立宁夏与中央部委、东部发达省份的文化旅游合作共建机制等。在宁夏回族自治区层面，要做到以下几点：①大力促进旅游管理体制创新；②重视旅游项目建设，完善穆斯林旅游服务体系；③加强海内外营销推广；④完善财税金融政策；⑤探索土地与资源保护政策；⑥重视人才培育；⑦提升银川的极核作用；⑧支持旅游企业发展，鼓励旅游企业"走出去"；⑨营造和改善穆斯林文化旅游服务环境。

五　财税优惠政策

财税优惠政策是国家通过财政收入或财政支出等手段，对某些特定区域、产业、企业或者家庭给予特殊鼓励和照顾的政策规定，它是我国政府实现某种特定目标特别是经济发展目标的重要政策工具。

改革开放之后，我国陆续制定了一系列多层次的区域税收优惠政策。区域税收优惠主要按照"经济特区—经济技术开发区—沿海经济开放区—内地"梯度递减的方式体现。内外资企业所得税合并后，我国的税收优惠政策转向以产业优惠为主的税收优惠体系。

宁夏内陆开放型经济试验区是我国内陆地区首个也是唯一一个覆盖整个省级区域的试验区，必须给予比东部发达省份更加优惠的财税优惠政策，这样才能实现国家的战略目标。根据试验区的功能定位，应制定有利于开放特别是向阿拉伯国家开放的财税优惠政策，有利于能源化工集聚和生态环境治理的财税优惠政策，有利于清真食品和穆斯林用品产业发展的财税优惠政策，以及有利于产业转移的相关财税优惠政策。

财税优惠政策包括国家层面和地区层面的财税优惠政策。其中，国家层面的财税优惠政策包括一般性优惠政策、特殊性优惠政策和先行先试的优惠政策；地区层面的财税优惠政策包括一般性优惠政策、园区发展优惠政策、滨河新区优惠政策、阅海湾商务区优惠政策等。财税优惠政策涵盖了财政投融资、政府性基金、转移支付、企业所得税、个人所得税、营业税、出口退税、资源税等各个层面。

六　国家安全政策

在对外开放过程中，必须始终注意维护国家的主权和经济社会安全。在产业开放与合作中，要高度重视产业安全的监测预警和危机应对工作，警惕跨国并购对宁夏经济安全的威胁。在金融合作中，要注重风险防范机制和金融安全机制的构建，战略引进阿拉伯国家石油美元，要完善引进石油美元的法律法规和监管体系，特别要高度重视石油美元的投资流向，以防范恐怖资金的流入。

利用民族问题打开缺口，是国内外敌对势力进行和平演变的重要手段。

丝绸之路沿线是我国少数民族聚居区，必须警惕国际敌对势力支持国内极少数分裂主义分子对我国进行渗透、破坏和颠覆活动，为此，要加强与中亚各国的国际安全合作，打击恐怖主义、分裂主义和极端主义三股势力，构筑"丝绸之路经济带"建设的安全防线。

课题组

第一章　以开放促开发：中阿合作与宁夏
内陆开放型经济试验区建设

一　我国关于西部大开发的战略思想

我国关于西部大开发的第三次战略决策始于 1999 年，目前已经历了 16 年。16 年来在党中央的领导下，西部地区的基础设施建设取得了突破性进展，经济增速高于全国平均水平，人民的生活水平和生活质量得到显著提高，综合经济实力逐步增强。20 世纪 50 年代毛泽东在《论十大关系》中提出的沿海与内地"平衡发展"的思想，80 年代邓小平在《中央要有权威》中提出的"两个大局"思想，90 年代以江泽民为核心的党中央提出的"区域经济协调发展"思想，2010 年胡锦涛提出以改善民生为核心的"科学发展"思想，在指导西部大开发中发挥了决定性的作用。总结回顾我国四代领导人关于西部大开发的战略思想，对于指导今天内陆地区的对外开放，加快丝绸之路经济带的建设，以开放促开发、促发展具有重要的指导意义。

（一）战略意义

西部大开发的范围包括陕西省、甘肃省、青海省、宁夏回族自治区、新疆维吾尔自治区、四川省、重庆市、云南省、贵州省、西藏自治区、内蒙古自治区、广西壮族自治区，共 12 个省、自治区、直辖市，面积为 685 万平方公里，占全国面积的 71.4%。根据 2010 年全国第六次人口普查的数据，西部地区的人口占全国人口的 27.04%。西部地区自然资源丰富，市场潜力大，战略位置非常重要。

以毛泽东、邓小平、江泽民、胡锦涛为代表的四代领导人非常重视西部开发，新中国成立后共领导了三次西部大开发。① 第一次是 20 世纪 50 年代以"一五计划"为中心的西部新工业基地建设。第二次是 1964～1978 年以战备为中心，在我国中西部 13 个省、自治区进行的大规模国防、科技、工业和交通基本设施建设的"三线"建设。第三次是 1999 年启动的我国正在进行的西部大开发战略。在三次西部大开发中，我国面临的国内外政治经济形势不同，西部大开发的战略意义也不同。

毛泽东领导的第一次大开发，其国内背景是旧中国 100 多年半殖民地半封建历史给新中国遗留下来的沿海和内地经济布局不合理的状况，其国际背景是当时朝鲜战争尚未结束，东部沿海地区受台湾蒋介石集团的干扰，国家安全没有可靠保障。1956 年毛泽东在《论十大关系》中明确提出处理好沿海工业与内地工业的关系有利于备战。他指出："我国全部轻工业和重工业，都有约 70% 在沿海，只有 30% 在内地。这是历史上形成的一种不合理的状况。沿海的工业基地必须充分利用，但是，未来平衡工业发展的布局，内地工业必须大力发展。——新的工业大部分应当摆在内地，使工业布局逐步平衡，并且利于备战，这是毫无疑义的。"② 毛泽东领导的第二次大开发的国际背景是中苏关系恶化后，我国北部和西部面临苏联的巨大压力，东面和南面被美国军事势力重重包围。在这种紧张的国际局势下，我国的经济命脉都集中在大城市和沿海地区不利于备战。出于国家战略安全的考虑，毛泽东领导了以"三线"建设为核心、生产力布局由东向西的战略大调整。由此可见，毛泽东领导的前两次大开发虽然有助于解决经济发展的不平衡问题，但更重要的是出于国家备战和安全考虑，具有政治和军事意义。

20 世纪 80 年代，国际形势发生了重要变化，邓小平在准确判断和平与

① 陈东林：《中国共产党领导的三次西部大开发》，《中共党史研究》2011 年第 9 期。
② 毛泽东：《论十大关系》，《人民日报》第一版，1976 年 12 月 26 日。

发展是世界的两大主题后，开始实行改革开放的政策，并提出了"两个大局"的战略思想。这两个大局是："沿海地区要加快对外开放，使这个拥有两亿人口的广大地带较快地先发展起来，从而带动内地更好地发展，这是一个事关大局的问题。内地要顾全这个大局。反过来，发展到一定的时候，又要求沿海拿出更多力量来帮助内地发展，这也是个大局。那时沿海也要服从这个大局。"① "两个大局"的战略思想为第三次西部大开发奠定了理论基础，其不仅具有让一部分地区先富起来，最后实现共同富裕的经济意义，更具有建设中国特色社会主义，实现中华民族伟大复兴的政治意义。

20 世纪 90 年代末，江泽民启动西部大开发，是在综合考虑国内外经济、文化、政治、军事和社会等多重因素基础上做出的重大抉择。1999 年 6 月，江泽民在西安召开支持国有企业改革和发展座谈会时指出："实施西部大开发，对于推进全国的改革和建设，对于国家的长治久安，具有重大的经济意义和社会政治意义。加快西部地区经济发展，是保持国民经济持续快速健康发展的必然要求，也是实现我国现代化建设第三步战略目标的必然要求。"② 同时他特别强调："实施西部大开发，是一项振兴中华的宏伟战略任务。实现了这个宏图大略，其经济、文化、政治、军事、社会的深远意义，是难以估量的。全党同志和全国上下必须提高和统一认识。没有西部地区的稳定就没有全国的稳定，没有西部地区的小康就没有全国的小康，没有西部地区的现代化就不能说实现了全国的现代化。"③

21 世纪初，在西部大开发实施 10 年后，胡锦涛认为，深入实施西部大开发战略，是实现全面建设小康社会宏伟目标的重要任务，是实现我国经济又好又快发展的客观需要，是扩大对外开放的必然要求，是实现国家长治久安的重要保障，提出要充分认识深入实施西部大开发战略的重要性和

---

① 邓小平：《中央要有权威》，载《邓小平文选》（第 3 卷），人民出版社，1993，第 277 ~ 278 页。

② 江泽民：《不失时机地实施西部大开发战略》，载《江泽民文选》（第 2 卷），人民出版社，1999，第 342 页。

③ 江泽民：《不失时机地实施西部大开发战略》，载《江泽民文选》（第 2 卷），人民出版社，1999，第 344 页。

紧迫性，"推动西部大开发再上一个新台阶"。他指出："西部大开发在我国区域协调发展总体战略中具有优先地位，在促进社会和谐中具有基础地位，在实现可持续发展中具有特殊地位。深入实施西部大开发战略，事关各族群众福祉，事关我国改革开放和社会主义现代化建设全局，事关国家长治久安，事关中华民族伟大复兴。"①

综上所述，邓小平、江泽民、胡锦涛领导的第三次西部大开发的战略意义是深远的、不可估量的。它不仅具有协调区域经济、实现可持续发展的经济意义，具有实现共同富裕、实现我国现代化建设第三步战略目标、实现中华民族伟大复兴的政治意义，而且具有保持西部地区的政治稳定、促进民族团结和保障边疆安全与国防安全的军事意义。

（二）战略目标

西部大开发在政治、经济、文化、军事与社会上的战略意义和战略定位，必须落实到具体的战略目标上。那么，经过几十年、几代人的共同努力，我国实施西部大开发的战略目标是什么，或者说西部大开发的愿景是什么？

江泽民提出的西部大开发的战略目标是集生态环境、经济、文化、社会发展为一体的系统战略目标。他在勾画西部大开发前景时指出，加快开发西部地区是一个巨大的系统工程，也是一项空前艰难的历史任务。"我们要下决心通过几十年乃至整个下世纪的艰苦努力，建设一个经济繁荣、社会进步、生活安定、民族团结、山川秀美的西部地区。……从生态环境到经济、文化、社会发展来一个天翻地覆的根本改变，来一个旧貌换新颜。这将是中华民族发展史上一项惊天动地的伟业，也将是世界开发史上一个空前的壮举！"②

经过十几年的发展，胡锦涛提出的西部大开发的战略目标是使西部地

---

① 胡锦涛：《推动西部大开发再上一个新台阶》，载《十七大以来重要文献选编》（中），中央文献出版社，2011，第852页。
② 江泽民：《不失时机地实施西部大开发战略》，载《江泽民文选》（第2卷），人民出版社，2006，第346页。

区的综合经济实力显著提高。他指出："今后十年，深入实施西部大开发战略的总体目标是：西部地区综合经济实力上一个大台阶，基础设施更加完善，现代产业体系基本形成，建成国家重要的能源基地、资源深加工基地、装备制造业基地和战略性新兴产业基地；人民生活水平和质量上一个大台阶，基本公共服务能力与东部地区差距明显缩小；生态环境保护上一个大台阶，生态环境恶化趋势得到遏制。"①

在中央确立的西部大开发战略目标的指导下，2012 年国家发展和改革委员会制定了《西部大开发"十二五"规划》，在经济保持又好又快发展、基础设施更加完善、生态环境持续改善、产业结构不断优化、公共服务能力显著增强、人民生活水平大幅提高、改革开放深入推进 7 个方面提出了西部大开发的具体指标（专栏 1 - 1）。

专栏 1 - 1

西部大开发的主要目标

——经济保持又好又快发展。区域比较优势充分发挥，资源有效利用，特色优势产业体系初步形成，自我发展能力显著提高，经济增速高于全国平均水平。

——基础设施更加完善。综合交通运输网络初步形成，重点城市群内基本建成两小时交通圈，基本实现乡乡通油路，村村通公路，群众出行更加便捷。铁路营业里程新增 1.5 万公里，道路交通、通信基础设施进一步完善。水利基础设施明显加强，供水、防洪减灾能力显著增强，新增生活垃圾无害化处理能力 12 万吨/日。

——生态环境持续改善。重点生态区综合治理取得积极进展，森林覆

---

① 胡锦涛：《推动西部大开发再上一个新台阶》，载《十七大以来重要文献选编》（中），中央文献出版社，2011，第 853 ~ 854 页。

盖率达到 19% 左右，森林蓄积量增加 3.3 亿立方米，草原生态持续恶化势头得到遏制，水土流失面积大幅减少。单位地区生产总值能源消耗（不含西藏自治区）下降 15% 左右。主要污染物排放总量显著减少，其中，化学需氧量排放量减少 4.5%，二氧化硫排放量减少 3.5%，氨氮排放量减少 6.8%，氮氧化物排放量减少 3.4%。

——产业结构不断优化。第一产业就业人口比重明显下降，农业综合生产能力明显提升。第二产业竞争力显著增强，初步建成全国重要的能源、资源深加工、装备制造以及战略性新兴产业基地。第三产业发展壮大，吸纳就业能力明显提高。单位工业增加值用水量降低 30%，农业灌溉用水有效利用系数提高到 0.53。

——公共服务能力显著增强。义务教育、医疗卫生、公共文化、社会保障等方面与全国的差距逐步缩小。九年义务教育巩固率达到 90% 以上。城乡三项基本医疗保险参保率提高 3 个百分点，新型农村养老保险和城镇居民养老保险实现全覆盖。

——人民生活水平大幅提高。城乡居民收入增速高于全国平均水平。城镇化率超过 45%。城镇保障性住房覆盖面达到 20% 以上。就业更加充分，城镇登记失业率控制在 5% 以内。贫困人口显著减少。

——改革开放深入推进。体制机制改革取得明显成效，政府职能加快转变，社会管理能力明显加强，投资环境进一步优化。对内对外开放水平和质量不断提升，全方位开放新格局基本形成。

严格落实全国主体功能区规划，因地制宜、分类指导、突出重点、稳步推进，坚持一手抓重点经济区培育壮大，一手抓老少边穷地区脱贫致富；一手抓资源合理开发利用，一手抓生态建设和环境保护，有序有力有效推进西部大开发。

资料来源：国家发展和改革委员会：《西部大开发"十二五"规划》，2012。

（三）战略规划

我国实施的三次西部大开发，无论是在计划经济体制下，还是在社会主义市场经济体制下，中国领导人都强调不能盲目开发，一哄而上，要在国家统一规划的基础上，确立开发重点，循序渐进。

第一，要制定五年发展规划。1999 年江泽民启动西部大开发战略伊始就明确提出："要按照有所为有所不为的方针，统筹安排，有计划有步骤地进行开发，防止刮风，防止一哄而起。"① 在我国领导人关于西部大开发战略规划思想的指导下，国家先后制定了《"十五"西部开发总体规划》、《西部大开发"十一五"规划》（2006 年 12 月）、《西部大开发"十二五"规划》（2012 年 2 月），并出台了《国务院关于进一步推进西部大开发的若干意见》（2004 年 3 月 11 日）、《中共中央、国务院关于深入实施西部大开发战略的若干意见》（2010 年 6 月 29 日）。

第二，计划要有重点。确立西部开发的重点一直是我国领导人坚持的原则。毛泽东领导的第二次西部开发，确立了一、二、三线开发的重点。在启动第三次西部大开发时，江泽民也指出："西部大开发，并不是说西部每个地方都齐头并进，要有重点。"② 西部大开发实施 10 年后，胡锦涛也指出："当前和今后一个时期，深入实施西部大开发战略，要牢牢抓住经济社会发展中的主要矛盾和矛盾的主要方面，集中力量解决全局性、战略性、关键性问题……"③ 根据我国领导人的战略思想，第三次西部大开发从"十五"规划到"十二五"规划，不仅确立了加强基础设施建设、发展特色优势产业、加强生态建设和环境保护等产业发展重点，而且确立了鼓励城市圈集聚发展、推动重点边境口岸城镇跨越发展的区域发展重点。

第三，计划要有序衔接，稳步推进。江泽民将西部大开发视为世纪工程、巨大的系统工程、一项空前艰难的历史任务，在全面启动西部大开发之前就明确指出："在整个西部大开发的实施过程中，都要坚持立足当前、

① 江泽民：《不失时机地实施西部大开发战略》，载《江泽民文选》（第 2 卷），人民出版社，2006，第 344 页。
② 江泽民：《不失时机地实施西部大开发战略》，载《江泽民文选》（第 2 卷），人民出版社，2006，第 344 ~ 345 页。
③ 胡锦涛：《推动西部大开发再上一个新台阶》，载《十七大以来重要文献选编》（中），中央文献出版社，2011，第 854 页。

着眼长远、量力而行、逐步推进的方针。既要有长远蓝图，又要制定阶段性目标和任务，并使每个阶段的目标相互衔接，稳步前进。"① 他提出用5～10年时间，使西部地区的基础设施和生态环境建设有明显进展，加快资源优势向经济优势转化的进程，初步形成具有西部特色的地区经济，使西部与东、中部地区差距扩大的趋势得到控制。《西部大开发"十二五"规划》中关于深入实施西部大开发战略的基本思路见专栏1-2。

专栏 1-2

"十二五"规划关于深入实施西部大开发战略的基本思路

一是在开发理念上，更加注重发展的质量和效益。明确要以科学发展为主题，将加快经济结构战略性调整摆在突出位置，坚持在高起点上加快发展，把后发赶超与加快转型有机结合起来，既要保持一定的发展速度，又要在"好"上做文章，走出一条具有中国特色、西部特点的新路子。

二是在开发方式上，更加注重充分发挥区域比较优势。明确提出要深入实施以市场为导向的优势资源转化战略，坚持走新型工业化道路，大力提升产业层次和核心竞争力，建设国家能源产业、资源深加工产业、装备制造业和战略性新兴产业基地。同时，适应国内外产业转移趋势，把有序承接产业转移单列一节，明确提出了要求。

三是在开发布局上，更加注重因地制宜、分类指导。按照"抓两头、带中间"的工作思路，一手抓重点经济区培育壮大，着力培育新的经济增长极，一手抓老少边穷地区脱贫致富，推动贫困地区加快发展、民族地区跨越发展。

四是在开发重点上，更加注重集中力量解决全局性、战略性和关键性问题。如基础设施建设着力破解交通和水利两个瓶颈制约。生态建设更加

---

① 江泽民：《扎扎实实搞好西部大开发这项世纪工程》，载《江泽民文选》（第3卷），人民出版社，2006，第59页。

注重建立长效机制，提出要加快建立和完善生态补偿机制；更加注重突出重点、综合施策，提出要加强 5 大重点生态区综合治理。"三农"建设在强化发展现代特色农业的同时，针对西部牧区、林区分布广、面积较大的特点，把振兴牧业经济和提高林业发展水平单列两节，有针对性地分别提出了建设任务。改革开放指向更加明确，进一步突出重点领域和关键环节，进一步突出内陆和沿边地区开发开放。

五是在开发机制上，更加注重坚持政府引导、市场运作。《规划》提出，地方各级政府要强化指导服务，大力改善投资发展环境，充分发挥市场配置资源的基础性作用，吸引各类要素有序向西部地区流动，进一步凝聚社会各方面力量，共同参与和支持西部大开发。

六是在开发政策上，更加注重差别化支持措施。《规划》要求，要以更大的决心、更强的力度、更有效的举措，落实好中央对西部地区在财政、税收、投资、金融、产业、土地等方面的差别化政策，进一步加大资金投入和项目倾斜力度。

资料来源：朱剑红：《发改委负责人谈〈西部大开发"十二五"规划〉》，《人民日报》2012 年 2 月 21 日。

（四）战略重点

要实现西部地区从生态环境到经济、文化、社会发展天翻地覆的根本改变，从哪儿入手？中国领导人从西部大开发伊始就提出西部大开发要突出战略重点，并明确了产业发展重点和区域发展重点。

关于西部地区的产业发展重点，江泽民将改善生态环境置于西部开发建设的首位。他指出："如果不从现在起努力使生态环境有一个明显改善，在西部地区实现可持续发展战略就会落空，而且我们中华民族的生存和发展条件也将受到越来越严重的威胁。"[1] 他还提出："要把基础设施、生态环

---

[1]　江泽民：《不失时机地实施西部大开发战略》，载《江泽民文选》（第 2 卷），人民出版社，2006，第 343～344 页。

境、特色经济和农业、科技和教育作为重点发展领域。"① 西部大开发实施
10 年后，胡锦涛也指出要集中力量解决全局性、战略性、关键性问题，并
将基础设施、生态环境、特色经济和农业、科技和教育作为重点发展领域。
他强调未来西部大开发，要"更加注重基础设施建设，着力提升发展保障
能力；更加注重生态环境保护，着力建设美好家园和国家生态安全屏障；
更加注重经济结构调整和自主创新，着力推进特色优势产业发展；更加注
重社会事业发展，着力促进基本公共服务均等化和民生改善；更加注重优
化区域布局，着力培育新的经济增长极；更加注重体制机制创新，着力扩
大对内对外开放，推动西部地区经济又好又快发展和社会和谐稳定，努力
实现全面建设小康社会奋斗目标"。②

对于西部地区的区域发展重点，江泽民提出，要切忌一刀切、做表面
文章，要把突出重点与全面发展结合起来。要集中财力物力解决一些关系
西部发展全局的重大问题，以带动西部开发的全局，即"要选择现有经济
基础较好、人口较为密集、沿交通干线和城市枢纽的一些地区，作为开发
的重点区域。以线串点，以点带面，依托欧亚大陆桥、长江黄金水道和西
南出海通道，促进西陇海经济带、长江上游经济带和南贵昆经济带的形成，
在这些交通干线上重点发展一批中心城市，带动周围地区发展"。③ 胡锦涛
也提出要更加注重优化区域布局，着力培育新的经济增长极。

（五）战略实施路径

1. 加强党的领导，确立中央对西部开发的权威性

为了稳步推动西部大开发，防止无序发展，我国领导人一直强调要加
强党的领导，确立中央的权威性。

---

① 江泽民：《扎扎实实搞好西部大开发这项世纪工程》，载《江泽民文选》（第 3 卷），人民出
版社，2006，第 60 页。
② 胡锦涛：《推动西部大开发再上一个新台阶》，载《十七大以来重要文献选编》（中），中
央文献出版社，2011，第 853 页。
③ 江泽民：《扎扎实实搞好西部大开发这项世纪工程》，载《江泽民文选》（第 3 卷），人民出
版社，2006，第 60 页。

20 世纪 80 年代改革开放初期,邓小平就提出中央要有权威。他说:"改革要成功,就必须有领导有秩序地进行。没有这一条,就是乱哄哄,各行其是,怎么行呢?不能搞'你有政策我有对策',不能搞违背中央政策的'对策',这话讲了几年了。党中央、国务院没有权威,局势就控制不住。"①其在阐述"两个大局"思想时也强调,无论是内地要服从沿海地区加快对外开放的大局,还是沿海要拿出更多的力量帮助内地发展这个大局,都要有中央的权威。"这一切,如果没有中央的权威,就办不到。各顾各,相互打架,相互拆台,统一不起来。谁能统一?中央!中央就是党中央、国务院。"②

西部大开发实施 10 年后,胡锦涛明确提出要加强和改善党对西部大开发工作的领导,切实把中央决策部署落到实处。他说:"深入实施西部大开发战略,关键在党的领导。中央关于深入实施西部大开发战略的指导思想、总体目标、重点任务、方针政策已经明确,现在最重要的是加强领导、明确责任、改进作风、真抓实干,切实把中央决策部署落到实处。"③他从切实加强各级领导班子能力建设、切实加强基层组织建设、切实加强干部队伍建设和人才培养、切实转变工作作风 4 个方面阐述了如何加强党的领导。

2. 东、中、西部:优势互补、共同发展

西部大开发看似是西部地区的局部发展问题,但我国自始至终都从中国经济发展与中华民族伟大复兴的战略高度,从沿海与内地、东部与西部,以及东、中、西部区域经济协调发展的整体谋划西部大开发。为了加快西部地区的发展,他们在不同时期相继提出了"平衡发展""非均衡发展""区域经济协调发展""科学发展"的战略思想。

新中国成立后,作为我国首部探索中国社会主义建设道路的重要文献

---

① 邓小平:《中央要有权威》,载《邓小平文选》(第 3 卷),人民出版社,1993,第 277 页。
② 邓小平:《中央要有权威》,载《邓小平文选》(第 3 卷),人民出版社,1993,第 278 页。
③ 胡锦涛:《推动西部大开发再上一个新台阶》,载《十七大以来重要文献选编》(中),中央文献出版社,2011,第 859 页。

《论十大关系》，毛泽东首次提出了沿海工业和内地工业发展的"平衡论"，阐述了沿海工业发展与内地工业发展的关系。他说："好好地利用和发展沿海的工业老底子，可以使我们更有力量来发展和支持内地工业。如果采取消极态度，就会妨碍内地工业的迅速发展。所以这也是一个对于发展内地工业是真想还是假想的问题。如果是真想，不是假想，就必须更多地利用和发展沿海工业，特别是轻工业。"①

20 世纪 80 年代，邓小平提出了"两个大局"思想，即根据生产力发展水平和各方面条件，东部地区先加快发展，然后带动和支持中西部地区发展，最终实现全国各地区共同繁荣、共同富裕。"两个大局"的思想既是非均衡思想，也是均衡思想。两者辩证统一，以非均衡实现东西部的共同发展。

20 世纪 90 年代，江泽民在毛泽东"平衡发展"、邓小平"非均衡发展"的基础上，根据中国现实经济发展中出现的地区发展差距问题，从国家经济整体发展的大局出发，提出了"区域经济协调发展"的战略思想，即西部大开发不限于东部与西部，而是要把西部开发与东、中部地区发展结合起来，通过"加强东、中、西部经济交流和合作，实现优势互补和共同发展，形成若干各具特色的经济区和经济带"。② 为了实现东、中、西部共同发展，他强调要发挥东部的带头作用、中部的区位优势、西部的整体优势，形成东、中、西部的合作机制，即"在加快中西部地区发展的同时，继续发挥东部地区在全国经济发展中的带头作用。……东部地区要积极探索形成与中西部地区互惠互利的合作机制，通过各种方式帮助和支持中西部地区加快发展。要加大东部地区与西部地区对口支援的力度，鼓励东部地区的优势企业到西部地区投资办厂，参与开发。中部地区要充分发挥承东启西的区位优势，加快发展。西部各省区市要加强交流，搞好经济协作和联合建设，以利局部与全局正确结合，充分发挥西部开发的整体优势。

① 毛泽东：《论十大关系》，《人民日报》第一版，1976 年 12 月 26 日。
② 江泽民：《全面建设小康社会，开创中国特色社会主义事业新局面》，载《十六大以来重要文献选编》（上），中央文献出版社，2005，第 19 页。

要适应发展市场经济的新条件，努力形成我国东、中、西部地区相互支持、相互促进、协调发展的良好格局"。①

进入 21 世纪，西部大开发 10 年后，胡锦涛提出西部大开发要深入贯彻落实科学发展观，以增强自我发展能力为主线，以改善民生为核心，以科技进步和人才开发为支撑，推动西部地区经济又好又快发展与社会和谐稳定，努力实现全面建设小康社会奋斗目标。

3. 政府与市场：充分发挥市场对资源配置的基础性作用并加强宏观调控

在计划经济时代，西部大开发由国家统一计划、安排。改革开放后在发展社会主义市场经济的条件下，如何充分发挥市场机制的作用，使经济更有活力和效率，如何加强宏观调控，避免市场的自发性和盲目性，成为实施西部大开发战略的重要课题。

江泽民首先提出，在充分考虑国内建立社会主义市场经济体制的要求以及国际对外开放新环境的情况下，西部大开发要用市场经济的办法，按客观经济规律办事。"在发展社会主义市场经济的条件下，资源配置方式、经济运行机制、发展经济的内外环境都发生了很大变化。西部开发要适应这种变化，工作、政策、举措、体制等都要适应市场要求，符合经济规律，发挥市场对资源配置的基础性作用，以保证各种资源充分发挥效益。通过培育市场、规范市场秩序和创造各种条件，吸引资金、技术等生产要素进入西部地区，特别要促使企业成为投资主体。教育、文化、卫生、体育、环境保护等事业，也可以合理引入市场机制。"

与此同时，他也强调要加强宏观调控，把发挥市场作用与实施宏观调控结合起来。"要切实转变政府职能，提高办事效率，加强和改善宏观调控，通过经济、政策、法律等手段，为西部地区经济发展和公平竞争创造良好的环境。"②

① 江泽民：《扎扎实实搞好西部大开发这项世纪工程》，载《江泽民文选》（第 3 卷），人民出版社，2006，第 60～61 页。
② 江泽民：《扎扎实实搞好西部大开发这项世纪工程》，载《江泽民文选》（第 3 卷），人民出版社，2006，第 61 页。

4. 中央与地方：把国家和各方面的支持与地方自力更生结合起来

充分发挥中央和地方两个积极性，处理好中央和地方的关系，一直是我国国家治理体系的重要内容。西部大开发是国家战略，具有重大的经济意义、政治意义和军事意义，江泽民认为国家必须予以重点支持，"国家要制定支持西部开发的财税、金融、外资外贸、吸引人才和科技教育等方面的政策。加大对西部地区财政转移支付的力度，扩大西部地区公共投资规模。国家预算内投资、国债资金、国外优惠贷款继续向中西部地区倾斜。各部门各地区都要积极支持西部地区的开发和建设"。①

胡锦涛也提出要有大局意识，要充分调动中央和地方两个积极性，发挥我国社会主义制度集中力量办大事的政治优势，推动西部大开发再上一个新台阶。一是动员全党全国大力支援，形成实施西部大开发战略的强大合力，加大中央对西部地区发展的支持力度。"深入实施西部大开发战略是大局，全党全国都要服从这个大局，以更大的决心、更强的力度、更有效的举措把西部大开发推向深入。"② 二是要求各地区各部门支持西部大开发。"各地区各部门要树立大局意识、全局观念，把支持西部地区发展纳入本地区本部门工作，充分发挥人民军队在参加和支援西部大开发中的优势和积极作用，广泛动员社会各界支持和参与西部大开发。"③ 三是实行各种有利于西部地区发展的财税、金融、投资等政策。他提出为了全力推动西部大开发，"要加大中央财政对西部地区均衡性转移支付力度，逐步缩小西部地区地方标准财政收支缺口，中央财政已有的专项转移支付重点向西部地区倾斜，加大中央财政资金支持西部大开发投入力度，实施有利于西部地区发展的税收政策、投资政策、金融政策、产业政策、土地政策、价格政策、生态补偿政策、人才政

---

① 江泽民：《扎扎实实搞好西部大开发这项世纪工程》，载《江泽民文选》（第3卷），人民出版社，2006，第62页。
② 胡锦涛：《推动西部大开发再上一个新台阶》，载《十七大以来重要文献选编》（中），中央文献出版社，2011，第858页。
③ 胡锦涛：《推动西部大开发再上一个新台阶》，载《十七大以来重要文献选编》（中），中央文献出版社，2011，第858页。

策、帮扶政策"。①

5. 开发与开放：以开放促开发，以开发求发展

改革开放是我国的基本国策，是决定当代中国命运的关键一招，是建设有中国特色社会主义的重要法宝和经验。在第三次西部大开发中，我国领导人明确提出改革开放是西部大开发的强大动力。

改革开放初期，邓小平曾指出："对外开放具有重要意义，任何一个国家要发展，孤立起来，闭关自守是不可能的，不加强国际交往，不引进发达国家的先进经验、先进科学技术和资金，是不可能的。"②

对于西部大开发，江泽民提出要充分利用国内国外两个市场、两种资源。他指出："西部各省区市还要立足本地实际，发挥自身优势，提高对外开放的水平，把'引进来'和'走出去'很好地结合起来，充分利用国内国外两个市场、两种资源。"③

胡锦涛指出改革开放是西部大开发的强大动力。在改革方面，他提出要坚持社会主义市场经济改革方向，全面推动经济、政治、文化、社会等方面的改革，"努力消除影响社会生产力发展和各方面积极性发挥的体制机制障碍，积极构建充满活力、富有效率、更加开放、有利于科学发展的体制机制"。④ 在开放方面，他提出要扩大内陆地区的开放程度，深化同周边国家的发展合作，加快完善内外联动、互利共赢、安全高效的开放型经济体系。"西部地区横贯欧亚大陆腹地，毗邻中亚、南亚、东南亚国家，连通亚欧，周边国家具有丰富的能源资源和潜力巨大的消费市场。在我国外交总体布局中，周边是首要。坚持与邻为善、以邻为伴的周边外交方针，利用西部地区地缘

---

① 胡锦涛：《推动西部大开发再上一个新台阶》，载《十七大以来重要文献选编》（中），中央文献出版社，2011，第858页。
② 邓小平：《政治上发展民主，经济上实行改革》，载《邓小平文选》（第3卷），人民出版社，1993，第117页。
③ 江泽民：《扎扎实实搞好西部大开发这项世纪工程》，载《江泽民文选》（第3卷），人民出版社，2006，第61~62页。
④ 胡锦涛：《推动西部大开发再上一个新台阶》，载《十七大以来重要文献选编》（中），中央文献出版社，2011，第850页。

优势，加强同周边国家的务实合作，推动构建周边网络化战略，同周边国家建立合作共赢经贸关系，走出去开发能源资源和开拓市场，引进我国急需的先进技术装备，有利于提升沿边开放水平，进一步形成我国全方位、多层次、宽领域的对外开放格局。"①

╭─────────────╮
│ 专栏 1－3 │
╰─────────────╯

加快发展内陆开放型经济

全面推进西部地区对内对外开放，加强综合交通运输通道建设，打造重庆、成都、西安、昆明、南宁、贵阳等内陆开放型经济战略高地。积极推动宁夏形成我国面向阿拉伯国家开放的重要窗口。依托中心城市和城市群，加强对外经贸合作，开拓国际市场，提升外贸规模，扩大外商投资优势产业领域，培育形成一批生产加工基地、服务外包基地、保税物流基地。支持符合条件的地区申请设立海关特殊监管区域，积极推进重庆两路寸滩和西永、四川成都、广西钦州、陕西西安等海关特殊监管区域建设。继续支持办好中国东西部合作与投资贸易洽谈会、中国西部国际博览会、中国－东盟博览会、中国－亚欧博览会，充分发挥其对内对外开放和区域合作平台的载体功能与带动辐射作用。

资料来源：《西部大开发"十二五"规划》。

（六）战略安全观

我国领导人具有高度的风险意识和安全意识，一直重视对外开放中的国家安全问题，提出："在对外开放的过程中，必须始终注意维护国家的主权和经济社会安全，注意防范和化解国际风险的冲击，防范和抵制各种腐

---

① 胡锦涛：《推动西部大开发再上一个新台阶》，载《十七大以来重要文献选编》（中），中央文献出版社，2011，第850页。

朽思想和生活方式的侵袭。"①

早在 20 世纪 80 年代对外开放初期，我国领导人就注意到对外开放的风险问题。邓小平指出："实行开放政策必然会带来一些坏的东西，影响我们的人民。要说有风险，这是最大的风险。"②

随着经济全球化的发展，我国融入全球经济的程度加深，我国对外开放面临的风险也加大。江泽民指出："种种迹象表明，国际敌对势力不甘心我国强大，他们除了在政治上会继续处心积虑地对我国实施西化、分化的政治战略之外，还会在经济上采取种种遏制和控制手段。在这种国内外情况下推进改革开放和现代化建设，必然会有这样那样的风险。对此，我们必须始终保持清醒的头脑，并预为谋之。"③ 对于西部大开发，他特别强调指出："西部地区少数民族聚居比较集中，又地处边疆。加快西部地区的发展，对于保持西部地区政治和社会稳定、促进民族团结和保障边疆安全具有重大意义。"④

西部大开发 10 年后，胡锦涛进一步提出，推动西部大开发既要维护社会和谐稳定，又要维护国家安全。在维护社会和谐稳定上，他指出："发展是第一要务、是硬道理，稳定是第一责任、是硬任务。没有社会大局稳定，什么都谈不上。"⑤ 在维护国家安全上，他强调西部地区是国家安全的重要方向，直接影响国家安全和发展战略纵深，战略地位十分重要，深入实施西部大开发战略，是实现国家长治久安的重要保障。"西部地区是我国少数民族集中分布的地区……深入实施西部大开发战略，推进少数民族和民族地区跨越式发展，巩固和发展平等团结互助和谐的社会主义民族关系，有

---

① 江泽民：《二十年来我们党的主要历史经验》，载《江泽民文选》（第 2 卷），人民出版社，2006，第 255 页。
② 邓小平：《拿事实来说话》，载《邓小平文选》（第 3 卷），人民出版社，1993，第 156 页。
③ 江泽民：《做好经济发展风险的防范工作》，载《江泽民文选》（第 1 卷），人民出版社，2006，第 538 页。
④ 江泽民：《不失时机地实施西部大开发战略》，载《江泽民文选》（第 2 卷），人民出版社，2006，第 344 页。
⑤ 胡锦涛：《推动西部大开发再上一个新台阶》，载《十七大以来重要文献选编》（中），中央文献出版社，2011，第 857 页。

利于各族人民更加紧密地团结起来，共同致力于坚持和发展中国特色社会主义，共同抵御敌对势力的西化、分化战略，更好维护国家主权、安全、发展利益，更好维护祖国统一、边疆稳定、国家长治久安。"① 他要求完善突发事件应急管理机制，支持维稳力量建设，防范各种敌对势力的分裂、渗透、颠覆活动，切实维护国家安全。

二　以开放促开发：丝绸之路经济带建设与新一轮西部大开发

西北地区是中华民族和中华文明的重要发祥地。古丝绸之路作为中外经济文化交流的重要渠道，曾对人类做出了重要贡献。2013 年 9 月习近平出访中亚四国，提出共同建设丝绸之路经济带的战略构想，受到了沿线各国和国际社会的高度关注，也拉开了新一轮西部大开发的序幕。

十八届三中全会提出，加快沿边开放步伐，"推进丝绸之路经济带、海上丝绸之路建设，形成全方位开放新格局"。中央提出的"一带一路"建设是新时期构建开放型经济体制的重要突破和对外开放的重大举措，预示着我国对外开放格局将发生重大变化。

西部地区是我国全面建设小康社会的难点和重点。丝绸之路经济带建设是推动西部大开发、横跨亚欧大陆的世界工程。以科学发展观为指导，加快丝绸之路经济带的建设，对于抗衡发达国家重塑世界经济版图的战略意图、拓展我国的经济发展空间、顺利实现我国现代化建设第三步战略目标具有重要的现实意义、历史意义和国家战略意义。

（一）发展理念：坚持以人为本的全面、协调、可持续的科学发展观

科学发展观是指导我国改革开放和现代化建设的重要思想。丝绸之路

---

① 胡锦涛：《推动西部大开发再上一个新台阶》，载《十七大以来重要文献选编》（中），中央文献出版社，2011，第 852 页。

经济带建设作为新时期我国对外开放的重大战略举措，应以科学发展观为发展理念，并贯穿于统筹国内经济发展与对外开放的始终。

第一，坚持以人为本。一是在对外能源投资合作中，建立海外投资安全保障机制，防止重大安全事故和国外政治动荡给我国海外工作人员带来人身安全。二是在对外技术合作中，加强对当地人员的技术培训，增强中亚地区国家的自我发展能力。三是在对外纺织、制造业投资合作中，应注意带动当地就业和产业发展，将发展成果惠及沿线不同国家和各族人民。

第二，坚持全面协调发展。一是将经济发展与政治发展相结合，发挥中国与中亚各国的政治优势，在推动建立国际政治经济新秩序中加强合作，维护发展中国家的共同利益。二是将经济发展与文化发展相结合。古丝绸之路是商贸之路，也是文化交流之路。中国在海外建立中国文化交流中心和孔子学院的同时，应与中亚各国开展以"丝绸之路"为品牌的国际文化合作。三是将经济发展与社会发展相结合，注重民生投资和建设。在对外能源开发的同时开展教育、医疗等民生建设，在合作中为当地居民带来实实在在的好处。

第三，坚持可持续发展。一是优先发展生态产品，保护生态环境。西部地区是全国大江大河的源头和上游区，应将生态文明建设作为重点，以特殊政策引导外资进入低碳产业，全力构筑国家生态安全屏障，为我国实现可持续发展创造基础和前提条件。二是发展循环经济，走新型工业化道路。西部工业园区承接东部产业转移必须确立环境效应的红线指标，防止在国家重要能源基地建设中，东部落后产能向西部转移。三是大力发展现代服务业，实现跨越式发展。西部地区应利用后开发优势，超越工业化，优先发展现代服务业，如在重庆、成都、西安、新疆建立现代物流和区域性金融中心，打造丝绸之路经济带国际旅游线，发展文化旅游、生态旅游、休闲度假旅游等。

（二）发展道路：构筑合作共建、共同发展、合作共赢的发展道路

在国际合作与交往过程中尊重文化的多样性和发展道路的多样性，实

行优势互补、共同发展是我国对外开放的重要经验。

第一，促进国家之间共同发展。丝绸之路是世界繁荣之路。丝绸之路经济带沿线各国优势互补：中亚五国的石油、天然气、有色金属、水利等自然资源丰富，被称为 21 世纪的战略能源和资源基地，但制造业和加工业相对落后；我国经济发展受资源和环境严重约束，石油一半以上依赖进口，但在资金、技术上具有相对优势，且制造业、轻纺工业比较发达。沿线各国发挥各自的比较优势，合作共建，将有利于促进各国共同发展，实现合作共赢。

第二，促进区域之间共同发展。丝绸之路经济带建设不是西部地区的区域发展战略，而是打破目前中国的经济发展瓶颈，撬动未来中国经济持续稳定增长的国家战略，以及向西开放，拓展我国经济发展空间，与亚欧各国共谋发展的国际发展战略。由于我国资金、技术和制造业的优势在东部而非西部，所以，加快丝绸之路经济带的建设必须具有全国一盘棋的思想。只有东、中、西部共同参与，优势互补，强强联合，才能扩大丝绸之路经济带的区域协调和统筹国内外发展的效应。为此，一是采取激励措施，鼓励和支持东、中部地区的企业与西部地区的企业联合参与对外投资、承包工程和劳务合作；二是以向西开放为目标，以西部重要产业园区为基地，以重点项目和重大项目为抓手，鼓励东部地区的产业在西部落地，推动产业结构转移；三是抓住丝绸之路经济带建设的重大机遇，以企业为主体，东、中、西部联合开拓中亚市场。

第三，促进产业之间共同发展。西部大开发的战略目标是：到 2020 年，将西部建成国家重要的能源基地、资源深加工基地、装备制造业基地和战略性新兴产业基地，基本形成现代产业体系。加快丝绸之路经济带建设应充分发挥国际和国内两大市场的决定性作用，以能源产业、装备制造产业、战略性新兴产业为核心打造全球产业价值链，促进国内外相关产业的共同发展。

（三）发展战略：侧重"走出去"战略，实现互利共赢

与 20 世纪 80 ~ 90 年代我国实行"引进来"战略，设立经济特区和沿海经济开放区，以解决制约中国经济发展的资金、技术问题不同，改革开

放 30 多年后的今天提出丝绸之路经济带建设，旨在解决制约我国经济发展的资源环境、产能过剩和市场等问题。为此，在国家整体推进"走出去"与"引进来"相结合的开放战略的同时，我国应根据中亚地区的比较优势和产业发展特点，在丝绸之路经济带建设前期，侧重实施"走出去"战略。

重点实施"走出去"战略，一是扩大资源导向型的对外直接投资和能源等战略性资源的进口，有利于确保我国能源安全；二是扩大纺织业、化工业、设备制造业等我国优势产业的对外投资，有利于以投资带动我国产品出口；三是在双边贸易投资中以人民币结算，有利于推动人民币国际化进程。

（四）发展动力：以开放促开发、促改革、促发展，增强西部地区的经济发展活力

改革开放是 20 世纪 80 年代珠江三角洲发展的成功经验，也是 90 年代我国以开发、开放浦东为龙头，带动长江三角洲和沿江地区开发、开放的成功经验。加快丝绸之路经济带建设，应以开放促开发，创新开放新模式。

第一，整合现有资源，搭建丝绸之路经济带建设的合作新平台。

为加快西部大开发，国内已经建立了多个投资交流平台：西部国际博览会（成都）、东西部合作与投资贸易洽谈会（西安）、中国－东盟博览会（南宁）、中国－亚欧博览会（乌鲁木齐）、欧亚经济论坛（西安）、中阿博览会（宁夏）等。为实施丝绸之路经济带建设的国家战略，提高平台的质量和水平，我国应整合现有平台，以丝绸之路的起点西安和国内线的终点新疆为中心，重新打造丝绸之路经济带建设的合作平台。

第二，构建丝绸之路经济带建设的国际合作新机制。

仅就中国与中亚经贸合作而言，在上海合作组织经贸部长会议机制下，已经成立了电子商务、海关、质检、投资促进、发展过境潜力五国专业工作组。要实现丝绸之路经济带国际区域大合作的新构想，加强政策沟通、道路连通、贸易畅通、货币流通、民心相通，必须构建全方位、多层次、跨领域的国际合作新机制。

第三，以新疆为龙头，推动中国－中亚自由贸易区建设。

扩大内陆沿边开放是十八届三中全会提出的"构建开放型经济新体制"的重要内容。建立中亚自贸区是上海合作组织的重要目标。新疆地处亚欧大陆腹地，与 8 个国家接壤，是历史上古丝绸之路通向中亚和欧洲的重要通道，也是亚欧大陆桥的必经之地。自从 2012 年中哈霍尔果斯国际边境合作中心运营以来，其已成为我国首个跨境自由贸易区。将新疆作为我国向西开放的突破口，以新疆为龙头，加快推动中国－中亚自贸区建设，有利于发挥其辐射功能和示范效应。

（五）发展模式：利用后发优势和向西开放的新机遇，实现我国西部跨越式发展

与 20 世纪 80 年代我国向东开放，率先选择经济相对比较发达的南部和东部沿海地区，以劳动力优势发展制造业，实现工业现代化不同，21 世纪的今天我国向西开放，选择经济发展相对比较落后的西部地区，应利用其地缘优势、文化优势、资源优势和后发优势，超越工业文明，向生态文明过渡，实现跨越式发展。

第一，利用西部地区的地缘优势，跨越物流，实现五流互动。西部地区与中亚、南亚、东南亚接壤，实现西部地区与周边国家在铁路、公路、航空、电信、电网、能源管道的互联互通，可以利用周边国家区域经济一体化的发展趋势，加快生产要素的跨国流动，实现人、物、资金、信息、能量五流的互动与统一。

第二，利用丝绸之路的文化优势，跨越工业发展阶段，加快服务业的发展。作为东西方交流的国际文化通道，丝绸之路曾在推动世界文明进步中发挥了重要作用。利用其文化优势，一是打造丝绸之路经济带的国际旅游通道，有利于加快传统服务业、旅游业、商贸业、餐饮业的发展；二是打造电子商务跨境交易平台，有利于促进现代服务业、物流业、信息产业、金融业的发展；三是打造东西方文化贸易平台，与东部地区国家对外文化贸易基地（上海）对应，有利于促进国际文化贸易的发展。

第三，利用西部地区的后发优势，跨越传统工业和传统农业，加强生态产品和生态文明建设。一是发展低碳经济。西部地区是我国森林、草原、湿地和湖泊等集中分布的地区，碳汇资源丰富，具有发展碳汇产业的天然优势。引进国外先进技术，利用自然资源优势发展低碳经济，可以实现工业的跨越式发展。二是建立国家有机农产品生产基地，发展特色产业、有机农产品和生态食品。三是建立国家级低碳产业园区，吸引国际跨国公司入驻，集聚全球低碳环保技术，形成低碳环保产业链。

（六）安全发展：打击三股势力，构筑丝绸之路经济带建设的安全防线

利用民族问题打开缺口，是国内外敌对势力进行和平演变的重要手段。丝绸之路沿线是我国少数民族聚居区，我们必须警惕国际敌对势力支持国内极少数分裂主义分子对我国进行渗透、破坏和颠覆活动，加强与中亚各国的国际安全合作，打击恐怖主义、分裂主义和极端主义"三股势力"，构筑丝绸之路经济带建设的安全防线。

三　向西开放：中阿合作与宁夏内陆开放型经济试验区建设

向西开放是中国全方位对外开放的重大举措，也是新时期我国创新对外开放模式、加快对外开放步伐的重要突破口。西部地区在我国向西开放中具有独特的区位优势、后发优势和人文优势。提升中阿合作的国家战略意义，以大开放加快促进西部地区大开发，对于全面建成小康社会，实现中华民族的伟大复兴具有重要意义。

（一）向西开放：提升中阿合作的国家战略地位

西部地区与14个国家和地区接壤，是我国通往中亚、南亚、东南亚以及俄罗斯、蒙古的主要通道。向西开放，首先应加快与三大自贸区的谈判：

中国－海合会自贸区谈判、中国－中亚自贸区谈判、中印自贸区谈判。在新形势下，应重点提升中阿合作的国家战略地位。

第一，中东将成为世界经济中心。金融危机后，国际社会预测"世界经济中心正开始从美国和欧洲转向中东和亚洲"。海湾合作委员会（简称"海合会"）六国是世界主要能源生产和出口基地。2013 年第三届阿拉伯经济和社会发展峰会上，22 个阿拉伯国家领导人达成一致，在年内建成自贸区，在 2015 年前建成阿拉伯关税同盟。未来，中东在全球经济增长中有着巨大潜力。

第二，加快中国－海合会自贸区谈判。目前，欧盟、新加坡已经与海合会签署自贸区协定。日本、韩国、印度、澳大利亚、新西兰与海合会的自贸区谈判也正在进行中。中阿经贸合作互补性极强，阿拉伯国家是我国能源的主要进口国，是重要的劳务输出市场以及轻工、机电产品出口市场。从 2004 年 7 月开始启动的中国－海合会自贸区谈判，历时 11 年至今未果。我国应打破制约当前谈判的瓶颈，加快自贸区谈判。

第三，抓住阿拉伯国家向东看的有利时机，提升中阿合作的战略地位，打开中国向西开放的大门。中国与阿拉伯国家之间的政治基础牢固，侧重政治、经济、安全合作的中阿合作论坛已成立 10 年。应抓住阿拉伯国家"向东看"，希望搭乘中国经济发展快车的有利时机，提升中阿合作的国家战略地位，将中阿博览会打造成面向伊斯兰国家的国际合作大平台，以中国的向西开放对接阿拉伯国家的"向东看"，有利于吸引阿拉伯国家的石油美元对华投资，同时扩大我国在阿拉伯国家的基础设施建设和大型工程项目承包，促进出口。

（二）以开放促开发：以中阿合作促进西部地区大开发

对西部大开发十多年协调效果的评价显示，西部大开发政策改善了西部基础设施，促进了西部经济增长，但区域经济协调效果有限。究其原因，主要是西部对内、对外开放不足，教育、科技等软环境没有得到显著改善。在西部大开发的下一个十年规划中，应重新定位西部大开发的战略意义，构筑向西开放的对内、对外开放政策，以开放促开发。

第一，重新定位，将西部大开发由以往的"区域经济协调"扩展为"中国经济增长新红利"，舆论先行。重新定位西部大开发，向全球释放中西部地区向西开放是中国经济增长新红利的信息，不仅有助于引导外资将在西部的协议性投资转化为实际投资，树立全球对中国经济持续稳定增长的信心，也有利于引导我国内资转入中西部地区，避免可能出现的"产业空心化"。

第二，外贸政策：服务贸易先行，以服务贸易带动货物贸易的发展。东西部地区的自然资源、工业基础、民族文化特点不同，西部地区应协同发展开放型经济中的货物贸易和服务贸易，但在现有条件下，应优先发展服务贸易，特别是应发挥国际旅游的先导作用，以人流带动物流、信息流、资金流。

在服务贸易方面，重点发展传统的旅游服务业和文化产业。一是加快中西部国际旅游开发，在西部重点城市开辟国际直航航线，建立丝绸之路的空中航线，便利国内外游客直飞西部旅游；二是放宽市场准入，鼓励外资进入金融、教育、旅游、文化、医疗等领域，大力发展服务业；三是加快对外开放的通道建设，发展现代物流业。

在货物贸易方面，重点承担国家重要能源和资源进口，以及特色产品出口。一是国家重点支持西部对外开放平台建设，扩大西部引资的力度，促进西部开发；二是加快推进贸易便利化进程，简化行政审批程序，积极扩大国家重要能源和资源进口；三是加快西部综合保税区建设，通过承接东部产业结构转移的大项目，带动西部地区特色产品的开发和出口。

第三，外资政策：放宽伊斯兰金融业务试点，利用石油美元。以往西部大开发强调利用世界银行贷款，并将其60%以上用于中西部地区。新时期要加快向西开放的步伐，必须创新对外开放模式。放宽伊斯兰金融业务试点，利用石油美元，鼓励阿拉伯国家的资金投入基础设施、可再生能源、教育、文化等领域。

（三）宁夏：中阿合作的国家战略基地与丝绸之路经济带的战略支点

关于中阿合作，宁夏具有语言、宗教、习俗等方面的独特优势。宁夏是我国唯一的回族自治区，是率先引进伊斯兰金融的试点区，也是中阿博览会的永久会址。目前，宁夏已经建成了面向伊斯兰国家和地区的伊斯兰商贸城，并拟投资100亿元打造阅海湾中阿文化产业园。鉴于阿拉伯国家民族的特殊性、国家政治经济安全的敏感性，建议以特区特办的方式，助推宁夏成为中阿合作的国家战略基地。

宁夏地处我国西北与华北的交界地带，处于新欧亚大陆桥国内段的中间位置。历史上，宁夏作为丝绸之路的一大驿站，在促进中西方商品、文化、宗教思想交流中发挥了重要作用。在今天中央提出的加快丝绸之路经济带建设的重大机遇中，宁夏应加快内陆开放型经济试验区建设，重现历史的辉煌，以中阿合作国家战略基地的特殊地位，成为丝绸之路经济带的战略支点。

第二章　中阿经贸合作：宁夏与阿拉伯国家货物贸易合作

一　宁夏货物贸易发展现状

（一）对外贸易规模不断扩大，顺差保持增长态势

2000 年西部大开发以来，特别是 2001 年底中国加入世界贸易组织以来，宁夏对外贸易规模增长迅速，对外贸易总额除 2009 年由于受到国际金融危机的影响出现明显下滑，以及 2002 年和 2012 年出现小幅下降外，其余年份均保持增长态势（见图 2 - 1）。宁夏对外贸易总额由 2001 年的 5.33 亿美元，增长到 2012 年的 22.16 亿美元，12 年间增长了 3.16 倍（见表 2 - 1）。2013 年，宁夏对外贸易开始出现明显回升，全年实现进出口总额 32.2 亿美元，同比增长 45.3%，高于全国平均增速 37.6 个百分点。12 年间，宁夏的对外贸易一直保持顺差态势，顺差额由 2001 年的 1.7 亿美元，增长到 2012 年的 10.7 亿美元，增长了 5.29 倍，其间仅 2009 年出现了萎缩，但 2010 年开始迅速回升，并一直保持增长态势，2013 年增长更为强劲，实现贸易顺差 18.8 亿美元，同比增长 75.7%。

（二）出口产品以工矿产品为主，结构不断优化

由图 2 - 2 和表 2 - 2 可以看出，宁夏出口产品以工矿产品为主，2001 ~ 2011 年，工矿产品占出口产品的比重保持在 80% 左右，其中，2006 年

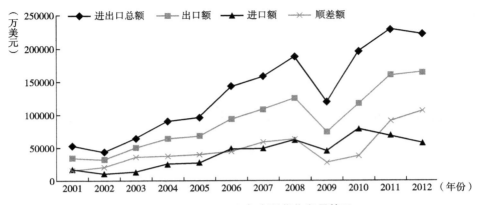

图 2 - 1 2001～2012 年宁夏货物贸易情况

资料来源：《宁夏统计年鉴》（2002～2013 年）、《宁夏统计公报》（2012 年）。

表 2 - 1 2001～2012 年宁夏货物贸易情况

单位：万美元

年　份	进出口总额	出口额	进口额	顺差额
2001	53277	35184	18093	17091
2002	44285	32808	11477	21331
2003	65323	51195	14128	37067
2004	90839	64644	26195	38449
2005	96672	68711	27961	40750
2006	143746	94300	49446	44854
2007	158430	108850	49580	59270
2008	188195	125868	62327	63541
2009	120156	74294	45862	28432
2010	196049	117026	79023	38003
2011	228573	159943	68630	91313
2012	221613	164101	57512	106589

资料来源：《宁夏统计年鉴》（2002～2013 年）、《宁夏统计公报》（2012 年）。

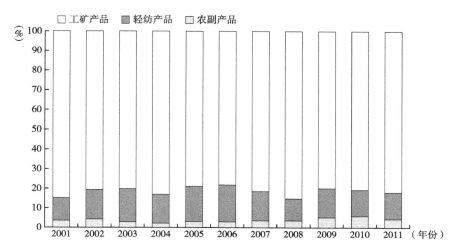

图 2 - 2　2001 ~ 2011 年宁夏出口商品结构演变

资料来源：《宁夏统计年鉴》（2002 ~ 2012 年）。

表 2 - 2　2001 ~ 2011 年宁夏出口产品结构

单位：万元

年份	主要出口产品金额		
	农副产品	轻纺产品	工矿产品
2001	8796	35580	246883
2002	10326	41490	219729
2003	9737	73051	340954
2004	11772	78335	444919
2005	14159	101705	447479
2006	21116	142783	589765
2007	27430	123164	681463
2008	25074	101351	754816
2009	23820	76789	406998
2010	45296	106483	642683
2011	42491	142607	847942

资料来源：《宁夏统计年鉴》（2002 ~ 2012 年）。

的占比最低，为 78. 25％，2008 年的占比最高，达到 85. 65％。工矿产品主
要包括铁合金、钽铌铍及制品、金属镁、碳化硅、石墨制品、机床及铸件
等。2011 年，宁夏出口额排前 3 位的商品分别为钽铌铍及制品、铁合金、

红霉素，出口总额分别为 1.97 亿、1.32 亿和 0.89 亿美元。钽铌铍及制品在 2010 年首次突破 1 亿美元大关后，再次实现 38.3% 的高速增长，出口额遥遥领先于其他出口产品，成为首个接近 2 亿美元的出口拳头产品。2011年，宁夏机电产品出口额达到 1.9 亿美元，增长 96.2%，主要出口钽制品、汽轮机零件、电极糊、机床零件。高新技术产品出口额达 5 亿美元，增长 39.2%。

轻纺产品的占比保持在 15% 左右，2006 年最高，达到 18.95%，之后出现下降，2011 年占比降到 13.8%。轻纺产品主要以无毛绒、羊绒衫、羊绒纱线为主。2011 年，宁夏羊绒产品的整体出口规模达到 1.3 亿美元，同比增长 25%。2012 年，宁夏羊绒产品的整体出口规模达到 1.91 亿美元，同比增长 35.7%。

农副产品出口额基本保持在 5% 左右，2004 年最低，为 2.2%，2010 年最高，为 5.7%。宁夏出口的农副产品主要包括清真牛羊肉、杂粮杂豆、苹果、番茄酱、大米等。2011 年，宁夏农产品出口货值达 2.48 亿美元，同比增长 49.2%，有 21 类近百个品种的农产品销往 92 个国家和地区。

（三）外贸主体结构呈现多元化格局，结构不断趋于合理

2001 年以来，宁夏外贸主体结构不断优化，国有企业出口占比不断下降，民营企业和外商投资企业出口占比不断上升，逐步形成了目前国有企业、私营企业、外商投资企业三足鼎立的格局。多元化的外贸主体格局为宁夏的外贸发展带来了活力，成为宁夏外贸特别是出口的主要推动因素之一。

如图 2-3 所示，11 年来，国有企业出口比重由 2001 年的 84.33% 下降到 2011 年的 41.34%，下降了近 43 个百分点。同时，私营企业的出口占比出现明显提高，由 2001 年的 1.7% 上升到 2011 年的 41.12%，上升近 40 个百分点。外商投资企业的出口占比由 2001 年的 13.97% 上升到 2008 年的最高值 29.1%，之后占比略有下降，2011 年的占比降为 17.54%，但仍比 2001 年高。

宁夏内陆开放型经济试验区和银川综合保税区的建设，为东部外向型

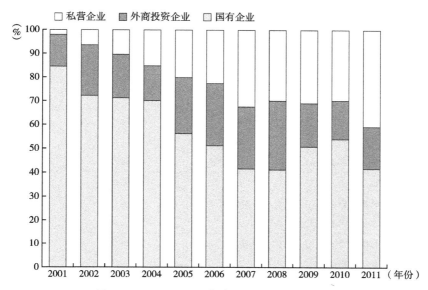

图 2－3 2001～2011 年宁夏外贸主体结构演变
资料来源：《宁夏统计年鉴》（2002～2012 年）。

的外商投资企业和民营企业入驻宁夏并取得更大的发展提供了难得的机遇，同时，宁夏的民营企业也借着政策的东风更快地发展壮大，随着宁夏向西开放战略的推进和投资环境的不断改善，宁夏的外贸主体结构必将得到进一步优化，国有企业的占比将继续下降，民营企业，特别是外商投资企业的占比将得到进一步提高。

2001～2011 年宁夏按企业性质划分的进出口货物情况如表 2－3 所示。

表 2－3 2001～2011 年宁夏按企业性质划分的进出口货物情况

单位：万美元

年份	企业性质	进出口总额	出口额	进口额
2001	国有企业	44927	28551	16376
	外商投资企业	7442	5903	1539
	集体、私营及其他	908	730	178
2002	国有企业	31939	23913	8026
	外商投资企业	9343	6157	3186
	集体、私营及其他	3003	2738	265

续表

年份	企业性质	进出口总额	出口额	进口额
2003	国有企业	46595	37127	9468
	外商投资企业	11913	7799	4114
	集体、私营及其他	6815	6269	546
2004	国有企业	63718	42425	21293
	外商投资企业	13456	9051	4405
	集体、私营及其他	13665	13168	497
2005	国有企业	54192	39900	14292
	外商投资企业	23025	11074	11951
	集体、私营及其他	19455	17737	1718
2006	国有企业	73391	50926	22465
	外商投资企业	37865	13269	24596
	集体、私营及其他	32490	30105	2385
2007	国有企业	65859	48591	17268
	外商投资企业	40804	16299	24505
	集体、私营及其他	51767	43960	7807
2008	国有企业	77277	54853	22424
	外商投资企业	54772	18547	36225
	集体、私营及其他	56146	52468	3678
2009	国有企业	60873	34194	26679
	外商投资企业	22142	12246	9896
	集体、私营及其他	37141	27855	9286
2010	国有企业	105352	53871	51481
	外商投资企业	32142	14921	17221
	集体、私营及其他	58555	48234	10321
2011	国有企业	94490	67525	26965
	外商投资企业	40090	22412	17678
	集体、私营及其他	93993	70006	23987

资料来源:《宁夏统计年鉴》(2002~2012 年)。

（四）对外贸易以一般贸易方式为主，比例逐年上升

宁夏对外贸易以一般贸易方式为主，出口也主要依靠一般贸易方式，并且一般贸易方式占贸易总额的比重不断上升。如表2-4、图2-4所示，2001年，一般贸易占进出口总额的82.4%，2011年，这一比例上升至98.4%；2001年，在宁夏出口额中，一般贸易方式占82.1%，2011年则上升至98.1%。2001~2011年宁夏外贸方式演变情况如图2-4所示，按贸易方式划分的进出口货物情况如表2-4所示。

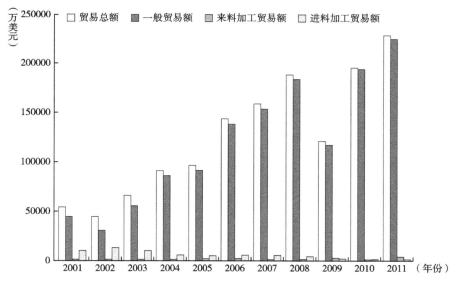

图2-4　2001~2011年宁夏外贸方式演变情况

资料来源：《宁夏统计年鉴》（2002~2012年）。

结合图2-3可以看出，宁夏贸易以一般贸易方式为主且占比不断提高与宁夏的贸易主体结构有关。宁夏外商投资企业在外贸中的占比较低，而且近几年占比还在下降，而加工贸易又是以外商投资企业为主开展的，因此，宁夏外贸中以一般贸易方式为主的状况，与宁夏目前较低的开放程度是密切相关的。同时，加工贸易发展较差，与宁夏缺乏资金和相关技术也有很大关系，加工贸易投资小、风险低、见效快，可以解决大量劳动力就

业，所以，宁夏未来要抓住内陆开放型经济试验区建设的重大机遇，积极吸引国外和东部的产业转移，与当地丰富的劳动力资源结合，提升加工贸易的比重，进一步优化贸易方式。

表 2 - 4　2001~2011 年宁夏按贸易方式划分的进出口货物情况

单位：万美元

年份	贸易方式	进出口总额	出口额	进口额
2001	一般贸易	44168	29241	14927
	来料加工贸易	80	38	42
	进料加工贸易	9276	6322	2954
	贸易总额	53597	35601	17996
2002	一般贸易	30248	22860	7388
	来料加工贸易	68	37	31
	进料加工贸易	12651	9849	2802
	贸易总额	44285	32808	11477
2003	一般贸易	54994	43757	11237
	来料加工贸易	127	50	77
	进料加工贸易	9578	7378	2200
	贸易总额	65323	51195	14128
2004	一般贸易	86152	60930	25222
	来料加工贸易	305	60	245
	进料加工贸易	4321	3654	667
	贸易总额	90839	64644	26195
2005	一般贸易	91700	65166	26534
	来料加工贸易	735	388	347
	进料加工贸易	4073	3157	916
	贸易总额	96672	68711	27961
2006	一般贸易	138151	90056	48095
	来料加工贸易	761	459	302
	进料加工贸易	4775	3784	991
	贸易总额	143746	94300	49446
2007	一般贸易	153400	105025	48375
	来料加工贸易	144	105	39
	进料加工贸易	4812	3720	1092
	贸易总额	158430	108850	49580

年份	贸易方式	进出口总额	出口额	进口额
2008	一般贸易	183784	122922	60862
	来料加工贸易	116	25	91
	进料加工贸易	3426	2914	512
	贸易总额	188195	125868	62327
2009	一般贸易	117107	72255	44852
	来料加工贸易	1610	953	657
	进料加工贸易	1237	1082	155
	贸易总额	120156	74294	45862
2010	一般贸易	194303	115982	78321
	来料加工贸易	694	650	44
	进料加工贸易	412	389	23
	贸易总额	196049	117026	79023
2011	一般贸易	224961	156981	67980
	来料加工贸易	3007	2698	309
	进料加工贸易	207	199	8
	贸易总额	228573	159943	68630

资料来源：《宁夏统计年鉴》（2002～2012 年）。

（五）对外贸易在宁夏经济增长中发挥了积极作用

我们采用出口总量分析法，计算了对外贸易对宁夏经济增长的贡献率。在出口总量分析法中，出口贡献率为出口增量占 GDP 增量的比重，代表当年 GDP 的绝对量中由出口贡献的比例；出口拉动度为该比重与 GDP 增长率的乘积，代表当年 GDP 增长率中由出口拉动的百分点。出口总量分析法不考虑进口，认为进口是对国内供给的补充，因此将进口作为对经济增长的正效应来考虑。

由图 2－5 和表 2－5 可以看出，2001～2011 年，对外贸易对宁夏经济增长的作用基本上是积极的，除了 2002 年和 2009 年的影响是负的之外，其余年份都是正的，特别是在 2003 年，出口贡献率达到 22.32%，说明在 2003 年宁夏 445.36 亿元的 GDP 中，有 22.32%即 99.40 亿元是由外贸贡献的，2003 年的出口拉动度为 4.04%，说明在 2003 年宁夏 18.08 个百分点的

GDP 增长率中，有 4.04 个百分点是由对外贸易创造的。总体来看，对外贸易对宁夏经济增长的作用出现下降趋势，宁夏内陆开放型经济试验区建设的提出正当其时，可以通过一系列政策安排和积极实践来探索一条加大对外贸易对内陆地区经济增长贡献的发展道路。

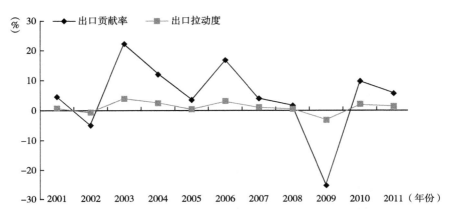

图 2 - 5　2001 ～ 2011 年对外贸易对宁夏经济增长的作用

资料来源：邱龙斌、丁阳：《宁夏对外贸易与经济增长的关系》，《国际商贸》2013 年第 5 期。

表 2 - 5　2001 ～ 2011 年宁夏对外贸易对经济增长的作用

单位:%

年份	出口贡献率	出口拉动度
2001	4. 78	0. 69
2002	− 4. 96	− 0. 58
2003	22. 32	4. 04
2004	12. 13	2. 50
2005	3. 75	0. 53
2006	16. 80	3. 11
2007	4. 06	1. 08
2008	1. 73	0. 54
2009	− 25. 01	− 3. 10
2010	9. 8	2. 10
2011	5. 78	1. 47

资料来源：邱龙斌、丁阳：《宁夏对外贸易与经济增长的关系》，《国际商贸》2013 年第 5 期。

（六）贸易依存度较低，经济开放水平不高

由图 2-6 和表 2-6 可以看出，宁夏的贸易依存度总体较低，经济开放水平不高，近几年呈现明显的下降态势。宁夏的贸易依存度在 2006 年达到 15.8% 的最高值之后开始下降，到 2012 年降到只有 6.2%，2012 年的贸易依存度与周边省份比较，只高于内蒙古，与陕西接近，低于甘肃和新疆，与

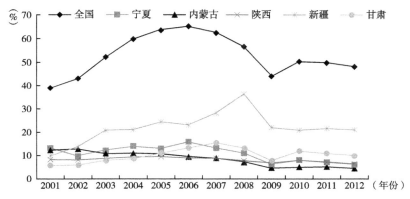

图 2-6　2001~2012 年全国、宁夏及周边省份外贸依存度

资料来源：全国及各省份相应年份统计年鉴和统计公报。

表 2-6　2001~2012 年全国、宁夏及周边省份外贸依存度

单位:%

年份	全　国	宁　夏	内蒙古	陕　西	新　疆	甘　肃
2001	39.0	13.1	12.3	8.5	9.8	5.7
2002	43.1	9.7	12.8	8.2	13.8	5.9
2003	52.2	12.1	10.8	8.9	20.9	7.9
2004	59.9	14.0	11.0	9.5	21.1	8.6
2005	63.7	12.9	10.7	9.4	24.6	11.2
2006	65.3	15.8	9.4	8.8	23.3	13.4
2007	62.6	13.2	8.8	8.7	28.4	15.4
2008	56.9	10.9	7.2	7.8	36.3	13.2
2009	44.3	6.1	4.7	7.0	22.1	7.8
2010	50.5	7.9	4.9	7.9	20.9	11.8
2011	50.1	7.0	5.2	7.4	21.8	11.0
2012	48.3	6.2	4.5	6.4	21.1	10.0

资料来源：全国及各省份相应年份统计年鉴和统计公报。

全国水平相比则差距更大，贸易依存度只相当于全国的 1/8 左右。

2012 年，宁夏的贸易依存度相当于新疆的 1/3 左右，这可以理解，因为新疆边境线长，接壤国家多，贸易口岸多，但宁夏近几年的开放度甚至低于同为内陆省份的陕西和甘肃就让人很难理解了。这说明宁夏的对外开放还有很多工作要做，任务还很艰巨。宁夏内陆开放型经济试验区和银川保税区的建设，必将对宁夏扩大对外开放以及促进向西开放发挥积极作用，产生重大影响。

（七）主要贸易伙伴集中在欧美和日韩等国家和地区

由图 2 - 7 和表 2 - 7 至表 2 - 9 可以看出，宁夏的贸易伙伴主要集中于

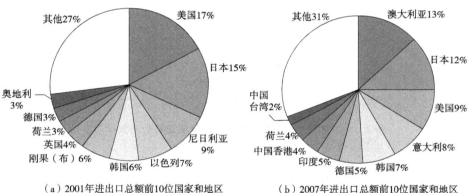

（a）2001年进出口总额前10位国家和地区　　　（b）2007年进出口总额前10位国家和地区

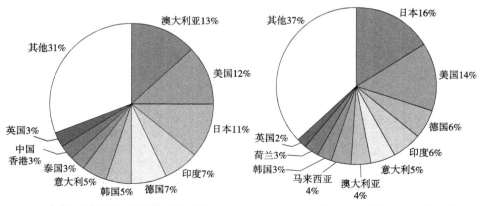

（c）2009年进出口总额前10位国家和地区　　　（d）2011年进出口总额前10位国家和地区

图 2 - 7　2001 年、2007 年、2009 年和 2011 年宁夏进出口总额前 10 位国家和地区
资料来源：《宁夏统计年鉴》（2002 ~ 2012 年）。

表 2-7　2001~2011 年宁夏进出口总额前 10 位国家和地区

年份	位次									
	1	2	3	4	5	6	7	8	9	10
2001	美国	日本	尼日利亚	以色列	韩国	刚果(布)	英国	荷兰	德国	奥地利
2002	日本	美国	韩国	澳大利亚	意大利	中国香港	德国	印度	荷兰	英国
2003	日本	韩国	美国	中国香港	澳大利亚	德国	荷兰	意大利	英国	印度
2004	日本	美国	韩国	中国香港	意大利	澳大利亚	印度	荷兰	德国	英国
2005	美国	日本	澳大利亚	意大利	印度	中国香港	韩国	英国	荷兰	德国
2006	美国	日本	澳大利亚	韩国	意大利	印度	德国	荷兰	中国台湾	英国
2007	澳大利亚	日本	美国	意大利	韩国	德国	印度	中国香港	荷兰	中国台湾
2008	日本	澳大利亚	美国	德国	印度	意大利	韩国	中国香港	马来西亚	泰国
2009	澳大利亚	美国	日本	印度	德国	韩国	意大利	泰国	中国香港	英国
2010	日本	美国	澳大利亚	德国	印度	意大利	韩国	马来西亚	荷兰	中国台湾
2011	日本	美国	德国	印度	意大利	澳大利亚	马来西亚	韩国	荷兰	英国

资料来源：《宁夏统计年鉴》（2002~2012 年）。

表 2-8　2001~2011 年宁夏出口总额前 10 位国家和地区

年份	位次									
	1	2	3	4	5	6	7	8	9	10
2001	美国	日本	以色列	韩国	英国	奥地利	德国	意大利	荷兰	中国香港
2002	日本	美国	韩国	意大利	荷兰	德国	印度	英国	中国台湾	加拿大
2003	日本	韩国	美国	中国香港	意大利	荷兰	英国	德国	印度	中国台湾
2004	日本	美国	韩国	中国香港	意大利	荷兰	英国	中国台湾	德国	印度
2005	美国	日本	意大利	中国香港	印度	韩国	英国	荷兰	德国	中国台湾
2006	韩国	日本	美国	意大利	印度	荷兰	中国台湾	中国香港	英国	德国
2007	日本	美国	意大利	韩国	印度	中国香港	荷兰	德国	比利时	中国台湾
2008	日本	美国	印度	意大利	中国香港	韩国	德国	比利时	加拿大	泰国
2009	美国	日本	印度	韩国	意大利	中国香港	德国	泰国	比利时	英国
2010	日本	美国	印度	意大利	韩国	荷兰	中国台湾	泰国	英国	加拿大
2011	美国	日本	印度	意大利	荷兰	韩国	德国	英国	奥地利	中国台湾

资料来源：《宁夏统计年鉴》（2002~2012 年）。

欧美和日韩等国家和地区，其中进口主要来自澳大利亚、日本、德国和美国，出口主要集中于美国、日本和韩国，相比较而言，目前宁夏对阿拉伯国家和地区的贸易量并不是很突出。这既对宁夏实施向西开放战略提出了严峻的挑战，同时也为宁夏扩大开放提供了巨大的空间。

2012 年宁夏对阿拉伯国家出口增长 35.1%，实现出口额 5167 万美元，占宁夏 2012 年出口总额的 3.15%，主要出口产品为羊绒衫、抗生素、铁合

表 2 - 9　2001～2011 年宁夏进口总额前 10 位国家和地区

年份	位　次									
	1	2	3	4	5	6	7	8	9	10
2001	尼日利亚	刚果（布）	日　本	美　国	澳大利亚	荷　兰	德　国	加拿大	英　国	中国香港
2002	澳大利亚	美　国	日　本	印　度	德　国	意大利	尼日利亚	英　国	中国台湾	比利时
2003	日　本	澳大利亚	美　国	德　国	印　度	尼日利亚	英　国	加拿大	比利时	意大利
2004	澳大利亚	日　本	美　国	印　度	德　国	意大利	韩　国	中国台湾	英　国	比利时
2005	澳大利亚	日　本	印　度	美　国	意大利	德　国	英　国	荷　兰	比利时	奥地利
2006	澳大利亚	美　国	德　国	日　本	意大利	印　度	比利时	英　国	韩　国	荷　兰
2007	澳大利亚	德　国	日　本	美　国	意大利	奥地利	中国台湾	韩　国	荷　兰	中国香港
2008	澳大利亚	德　国	马来西亚	日　本	美　国	泰　国	意大利	印　度	韩　国	南　非
2009	澳大利亚	德　国	日　本	美　国	马来西亚	泰　国	韩　国	意大利	英　国	法　国
2010	澳大利亚	德　国	日　本	美　国	马来西亚	韩　国	泰　国	莫桑比克	意大利	奥地利
2011	日　本	德　国	澳大利亚	马来西亚	意大利	美　国	南　非	加　蓬	巴　西	泰　国

资料来源：《宁夏统计年鉴》（2002～2012 年）。

金、涂布牛皮纸等，可见，阿拉伯国家对于宁夏来讲是一个潜力巨大的待开发市场。相信在向西开放战略的推动下，在宁夏回族文化禀赋优势的支撑下，宁夏未来对阿拉伯国家的贸易一定会得到迅速发展，届时将形成欧美、日韩与阿拉伯国家三足鼎立的开放格局。

二　宁夏内陆开放型经济试验区货物贸易相关规划和重点

（一）宁夏内陆开放型经济试验区规划概述

2012 年 9 月 10 日，国家正式批复《宁夏内陆开放型经济试验区规划》（以下简称《规划》）。9 月 12 日，中共中央政治局常委、国务院副总理李克强在 2012 年宁洽会暨第三届中阿经贸论坛开幕式上，正式对外宣布设立宁夏内陆开放型经济试验区。宁夏成为我国内陆地区首个也是唯一一个覆盖整个省级区域的试验区。

《规划》旨在将宁夏打造成我国向西开放的桥头堡，推动深化中国和阿拉伯国家的经贸交流、投资合作和友好往来，在空间上形成沿海、沿边和内陆开放互为依托、相辅相成的战略格局。对于宁夏而言，内陆开放型经济试验区的建设，有利于资源型地区转变发展方式，探索可持续发展的新模式，也有利于促进少数民族地区跨越发展和民生改善，维护民族团结和社会稳定。

根据《规划》，试验区建设的主要内容是：确立四大战略定位、构筑三大平台、推进五大领域开放合作、落实五项任务、建设八大基地。四大战略定位是：国家向西开放的战略高地；国家重要的能源化工基地；重要的清真食品和穆斯林用品产业集聚区；承接产业转移的示范区。三大平台是：以沿黄经济区为平台，推进区域经济合作；以中阿博览会为平台，拓展对外交流合作；以综合保税区为平台，引领外向型经济发展。五大领域开放合作是：经济贸易合作；能源开发合作；科技教育合作；文化旅游合作；投资金融合作。五项任务是：创新对外开放体制机制；建立推进特色产业开放合作机制；推进能源领域开放合作；提高对外开放支撑保障能力；构建和谐稳定社会环境。八大基地是：国家能源加工转化和战略储备基地；清真食品和穆斯林用品产业集聚地；特色优势农产品生产加工基地；区域战略性新兴产业基地；新亚欧大陆桥重要的物流中转基地；承接产业转移基地；国际旅游目的地；中阿合作人才培训基地。

建设宁夏内陆开放型经济试验区，要充分发挥试验区的综合平台作用，"创新体制机制，鼓励先行先试，实行灵活的开放政策，积极探索更加务实的合作方式"。这为试验区的建设和发展提供了十分广阔的政策创新空间，为试验区承担国家战略提供了有力的政策保障。同时，国家还赋予试验区一些具体的支持政策，主要包括以下4个方面的内容。在财税政策方面，加大对试验区的均衡性转移支付力度；对试验区贫困地区和符合条件的清真食品和穆斯林用品产业贷款给予贴息。在金融政策方面，引导和鼓励金融产品和服务创新，引进国内外各类金融机构落户试验区，鼓励宁夏企业参与国家金融创新试点业务；探索构建防沙治沙和退耕还林还草土地抵押贷款方式，鼓励县域法人金融机构将吸收的存款主要用于在当地发放贷款。在土地政策方面，开展土地管理综合改革试点、建设用地审批改革试点和低丘缓坡荒滩等未利用土地开发利用试点；适当增加试验区用地指标。在其他政策方面，国家对试验区重点基础设施建设给予支持，加大中央对铁路、公路、民航和水利等项目的投资力度。支持宁夏组建股份制航空公司，将银川列为第五航权试点区域，积极研究为试验区各类人员提供便利的出入境措施。

（二）宁夏内陆开放型经济试验区货物贸易相关规划及其重点

《规划》中与货物贸易相关的内容主要包括以下几方面：一是从平台建设的角度，打造中阿博览会和银川综合保税区两大对外经济交流平台，为宁夏商品走向世界搭桥修路，建设对外贸易的"高速公路"；二是从体制机制的角度，创新对外开放体制机制，建立推进特色产业开放的合作机制，通过对外开放支撑保障能力，为宁夏商品走向世界提供政策和制度保障；三是从产业发展角度，打造清真食品和穆斯林用品产业集聚地、特色优势农产品生产加工基地、区域战略性新兴产业基地及承接产业转移基地，为宁夏商品走向世界提供技术和生产保障。

《规划》中关于货物贸易的内容主要包括以下4个方面：一是银川综合保税区建设，形成引领外向型经济发展的新载体；二是构建特色优势产业体系，强化发展内陆开放型经济新支撑；三是打通对外通道，构建对外开放综合网络体系；四是创新对外开放的体制机制。

（三）银川综合保税区建设情况

银川综合保税区于2012年9月10日经国务院批准设立，规划面积为4平方公里，位于银川河东机场南侧。银川综合保税区是宁夏全力推进内陆开放型经济试验区建设的核心"引擎"，也是中阿经贸合作的核心战略平台。

银川综合保税区的功能定位是以保税物流为先导，以保税加工为主导，以保税服务为引导；产业定位是集中发展高端穆斯林用品产业、保税物流和电子商务产业，以及通用飞机维修、拆解，通用航空技能培训和实习等临空产业。

　　银川综合保税区的战略定位，一是要大力发展具有清真特色和地方优势的出口加工区，打造高效、便捷的对外贸易服务平台，最终将银川综合保税区建设成为集保税物流、加工服务于一体，面向阿拉伯国家及穆斯林地区的开放先导区；二是在"向西看"的同时，更要在产业转移方面"向东看"，发挥承东启西的作用，以开放促发展，努力把银川综合保税区建成带动宁夏产业结构转型升级的新引擎。

　　目前银川综合保税区可以享受的优惠政策主要有税收政策、贸易管制政策、保税物流监管政策和外汇政策。其中税收政策可概括为"四免、一保、一退"。"四免"即区内生产性的基础设施建设项目所需的机器、设备、厂房、仓储设施等基建物资免征进口关税和进口环节税；区内企业生产所需的机器、设备、模具及其维修用零配件免征进口关税和进口环节税；区内企业和行政管理机构自用合理数量的办公用品免征进口关税和进口环节税；区内企业之间货物交易免征增值税和消费税。"一保"为进口货物入区保税。"一退"为境内（指境内区外）货物入区视同出口实行出口退税。企业可享受的最直接的贸易便利是减少运输、储存成本，入区企业还可在保税加工、保税物流、进出口贸易、采购分销、金融服务、展示展览等方面享受优惠。

　　建设银川综合保税区，一方面，要扩大国内合作，加强与中东部地区的技术和经济交流，主动承接中东部地区能源和食品深加工、轻纺、机电等产业转移，同时要加强与周边省区在经济社会发展中的多领域合作，为周边地区现代生产服务业的发展提供良好平台，从而促进银川成为全球分拨、配送物流基地和吸引东部地区产业转移的重要基地；另一方面，要深入开展与阿拉伯国家和穆斯林地区的洽谈协商，努力引进一批高成长性、高技术含量、具有市场前瞻性的高端产业。通过引进高新技术产业，在价值链的研发环节获取更高收益，同时要充分发挥综合保税区的政策优势，大力发展现代仓储物流业，使区内企业由低附加值的加工环节转向高附加值的流通环节，努力把银川综合保税区建成带动宁夏产业结构转型升级的新引擎。

（四）构建特色优势产业体系

构建具有竞争优势的产业发展体系，既是宁夏开放型经济所要实现的目标，也是开放型经济的新支撑。只有把产业体系做大做强了，才能实现对外贸易的跨越式发展，才能更好地落实宁夏向西开放的发展战略。

做大做强特色优势产业，一是要建设清真食品和穆斯林用品产业集聚区，打造清真食品和穆斯林用品认证、研发设计、生产加工、展示交易和集散中心，进一步发挥自身优势，不断创新发展思路，推进国际交流合作，加快穆斯林商贸城建设，培育国际穆斯林商品展示交易中心。二是要加强现代农业产业体系建设，优化农业生产布局，发挥宁夏独特的自然资源和气候条件优势，做大做强特色优势农业，加大对优质特色农产品基地建设的支持力度，建设优质粮食、枸杞、酿酒葡萄、乳制品、清真牛羊肉、马铃薯、水产品、瓜果蔬菜等特色农产品生产基地和加工基地，建设贺兰山东麓百万亩葡萄长廊和加工基地。三是重点促进新能源、新材料、高端装备制造、生物医药、新一代信息技术等战略性新兴产业加快发展，建设区域战略性新兴产业基地。建设一批大型风电基地，加快发展风机制造及配套产业。推进硅材料－太阳能电池－光伏发电产业链建设，研发高效晶体硅太阳能电池，形成风能、太阳能、光伏产品生产及综合利用示范区。建设钽铌铍钛稀有金属材料研发生产中心和国内重要的镁合金材料、铝合金材料、铍铜材料生产基地以及碳基材料基地。加快发展数控机床、仪器仪表、煤机装备、汽车装备及零部件、铁路牵引变压器、精密轴承、智能化成套输配电设备等装备制造业。依托宁东基地丙烯等原料优势，大力发展工程塑料、特种橡胶、特种纤维等新型材料。大力发展高附加值的生物发酵、生物医药和生物制剂产品。

（五）全方位畅通对外开放通道

加快银川国际航空枢纽建设，大力发展以航空、铁路、公路多式联运为基础，以高效便捷通关为保障的综合网络体系，打通面向阿拉伯国家和穆斯林地区的空中通道，以及东向出海、西向出境的陆海通道。

重点建设银川至西安铁路、包兰铁路银川至兰州复线、宝中铁路复线、太中银铁路中卫至定边段和银川至定边段复线，规划研究银川至北京、新疆及中东部地区的铁路通道，强化宁夏与周边地区的经济联系和人员交往。进一步完善公路交通网络，加大国省干线改造力度，尽快打通省际"断头路"。加快实施银川河东机场三期扩建工程，提升中卫、固原支线机场服务功能，推进石嘴山通勤机场建设。支持宁夏回族自治区成立货运航空公司，并开通银川始发的国际货运航线。支持开通银川至迪拜、多哈、开罗、吉隆坡等一批国际客运航班，将银川机场建设成为西部地区重要的国际机场。

（六）创新对外开放体制机制

探索建立和完善高级别的中阿多边交流协商机制和互动合作机制，促进双方高层交往，鼓励宁夏与阿拉伯国家及世界穆斯林地区搭建双边国际合作平台，建立有利于政府、民间、企业的多层次交流合作机制；加快完善银川空运口岸、惠农口岸后续监管区基础设施，优化通关作业流程，提高口岸通关效率，提升服务功能和货物吞吐能力，加快地方电子口岸信息平台建设，进一步推动网上报关、电子支付、加工贸易联网监管等信息系统的开发与应用，促进区域内信息资源共享。

三 宁夏建设内陆开放型经济试验区货物贸易发展的瓶颈与政策诉求

（一）宁夏内陆开放型经济试验区货物贸易发展面临的瓶颈

首先，宁夏对外开放水平低，对外贸易和利用外资总量较小。2011年，宁夏进出口总额为22.86亿美元，仅占全国进出口总额的0.06%，在西部

12 个省区市中排名第 10 位。2011 年，宁夏进出口总额占自治区 GDP 的比重为 7.02%，外贸依存度在全国 31 个省区市中排在第 25 位。2011 年，宁夏实际利用外商直接投资 2.02 亿美元，吸引外资量仅占全国的 0.17%。2011 年，银川市与阿拉伯国家的双边贸易额为 1.2 亿美元，仅占全国总量的 0.1%。

其次，宁夏地处内陆，要素流动成本高。宁夏既无出海口和内河码头，也无陆路口岸，在以大运量、低成本的海运为国家间货物主要运输方式的情况下，宁夏的货物流动成本要远远高于东部沿海地区。宁夏的现代物流体系尚不健全，导致生产要素流动不畅，物流成本高。同时，西部地区人才不足问题比较严重，吸引国际化专业人才的难度大。

最后，宁夏的产业结构及外贸产品结构有待优化。要素流动的高成本导致制造业在宁夏分布较少，宁夏的工业体系以资源型产业为主。2011 年，宁夏产业结构中第二产业的占比超过 50%，第二产业中煤电产业的占比达到 51%。煤电产业独大的产业结构决定了宁夏的出口产品以高耗能的初级产品为主，主要包括铁合金、碳化硅、石墨制品等。这种以传统资源依赖型产业为主、高新技术产业匮乏的产业发展格局使得宁夏经济发展的质量和效益较差，出口产品的竞争力较弱。

（二）宁夏内陆开放型经济试验区建设中货物贸易发展的政策诉求

为了破解发展瓶颈，宁夏需要争取更大的政策支持。一是充分用好现有的配套政策，并积极向海关总署申请，赋予银川综合保税区有别于全国其他综合保税区的关税政策，同时，可以申请在银川综合保税区形成人民币与外币特别是阿拉伯国家货币自由兑换的市场，争取批准在综合保税区开展人民币离岸结算业务；二是争取给予各类人员入境优惠政策，如落地签等政策；三是建设银川市到中东、中亚、东南亚等地的国际航空直飞航路；四是争取相关部门支持宁夏加强信息网络建设，尤其是要提升物流企业的信息化水平，以拓展对外交流的途径。

四　宁夏向西开放战略：以开放促开发

（一）以开放促开发战略的内涵

以开放促开发是地区经济发展初期的一种战略选择，因为在发展初期，当地的特色资源、特色产业、基础设施等都有待开发，而当地资本、技术、人才、市场等促进经济发展的要素都比较欠缺，因此必须通过对外开放，引进外部的资本、技术和人才等要素，与本地特色的资源、产业相结合，并依靠开发外部的大市场来开启当地经济的起飞进程。同时，以开放促开发战略也是相对落后地区实现跨越式发展的重要途径，是站在全局的高度，把开放作为促进发展的强大动力，以开放来破解发展难题。

随着经济全球化进程的加快和中国对外开放领域的扩大，相对落后地区面临更多产业和资本流入的难得机遇，该地区可以通过"引进来，走出去"，更好地利用国外、国内两个市场和两种资源，提高自身的竞争力。

（二）以开放促开发是宁夏实现开放发展的重要战略途径

西部大开发战略实施以来，宁夏经济取得了突飞猛进的发展，但地处西北内陆的区位条件、经济发展起点低的现实以及资源依赖型的经济发展模式，使得宁夏的经济发展与东部地区相比仍处于起飞阶段，既缺资本，也缺技术和人才，而这些正是决定一个地区经济发展水平的关键因素。同时，宁夏区域面积小，人口少，依靠自身的要素和市场发展的空间有限，必须向外拓展才能不断做大做强。

对内对外开放滞后，是制约宁夏经济社会发展的突出问题。开放型经济是一种能够促进商品、资本、技术、劳动力等跨国或跨地区流动的经济。宁夏内陆开放型经济试验区的建设，旨在通过一系列战略和政策的调整和构建，将宁夏打造成为西部内陆开放型的经济高地，通过全方位开放，调动区内外所有有利要素，共同推动宁夏经济的发展。宁夏要通过扩大对外经贸交流和往来，获取世界最新的信息和先进技术，把资源优势转化为市场竞争优势，增强宁夏的国际竞争力。同时，要吸取东部地区在对外开放方面的经验，进一步改善宁夏的投资环境，吸引海内外客商和东部的产业转移，加速形成开放型经济格局。

（三）宁夏推动以开放促开发战略的主要内容

宁夏推动以开放促开发战略，首先，要对内开放。一方面，对周边省区开放，打造经济发展高地，改善投资环境，吸引资金、技术、人才等要素向宁夏集中，将宁夏建成内蒙古西部、陕西北部和甘肃南部重要的经济中心和现代服务业中心，将银川建成宁夏、陕西、甘肃、内蒙古交界区的中心城市；另一方面，对沿海地区开放，引入沿海的资金，加速宁夏经济的增长，承接沿海的产业转移，为宁夏做大产业提供产业支撑，借鉴沿海企业的先进管理经验，提升宁夏企业的管理水平。

其次，要向西开放。一方面，向阿拉伯国家开放。宁夏作为我国唯一的回族自治区和全国最大的回族聚居地，在同阿拉伯国家及世界穆斯林地区进行经贸文化交流合作中具有独特的人文优势，要在能源合作与清真食品和穆斯林用品的出口等方面加强与阿拉伯国家的交流与合作。另一方面，向欧美、日韩等发达国家和地区开放。宁夏目前对外贸易的市场主要集中在欧美、日韩等发达国家，要保持并不断扩展与发达国家的经济交流与合作，积极引进先进技术、先进设备和先进管理经验，增强宁夏经济发展的竞争力。

最后，综合保税区优惠的政策和便捷的通关环境，对于缺乏区位优势、"三不沿"的宁夏来说具有重要意义。银川综合保税区的设立，不仅将为宁夏承接加工贸易产业转移和向西开放提供重要支撑，也将为宁夏外向型经济增长和产业结构调整提供必不可少的发展平台。宁夏推动以开放促开发战略，要充分发挥银川综合保税区的政策优势，同时推进对内开放和向西开放，积极承接东部加工贸易向内陆转移，加强吸引外资工作，将宁夏以开放促开发战略推向更高的水平。

五　宁夏向西开放与中阿经贸合作

（一）中阿经贸合作的重要意义

开展中阿经贸合作对于维护中国与阿拉伯国家之间的长期友好交往传统，推动中阿互利共赢具有重要意义。首先，经济全球化已成为世界经济发展的一大趋势，中国经济在经历了 30 多年的改革开放后，已深深融入全球经济，中国是世界第二经济大国和货物贸易额第一大国，在经济崛起的关键时期，广大的阿拉伯国家市场是中国不可忽视的世界市场的一部分，也是中国实施市场多元化战略的重要区域。

其次，随着中国经济的发展，中国的对外开放战略也在做出相应的调整。国家"十二五"规划指出，要"适应我国对外开放由出口和吸收外资为主转向进口和出口、吸引外资和对外投资并重的新形势，必须实行更加积极主动的开放战略，不断拓展新的开放领域和空间"，广大阿拉伯国家是我国企业"走出去"的重要目的地之一，是中国工程承包、家电产业、电子信息产业、汽车产业等走向海外的重要市场。

最后，中国和阿拉伯国家的经贸合作关系，也体现了国家对战略资源的考虑。阿拉伯国家是世界上石油资源最丰富的地区，2011 年的石油产量占全球的 31%，储备量占全球的 58%。而中国经济发展受到资源、能源约束的程度不断加深，近年来，中国石油对外依存度已接近 60%，开发稳定的石油供应渠道日益重要，阿拉伯国家特别是中东地区就成为中国石油资源的主要供应地之一，占中国进口石油总量的近 50%。

（二）宁夏是中阿经贸合作的连接中枢和战略平台

自 2004 年中国提出建立中阿新型伙伴关系的四项原则以来，中阿双边贸易额年均增长率超过 30%，2011 年中阿双边贸易额达到了创纪录的 1959 亿美元，2012 年更是突破 2224 亿美元，中国已成为阿拉伯国家的第二大贸易伙伴，阿拉伯国家则成为中国第七大贸易伙伴。

2012 年 9 月 10 日，国务院正式批复设立宁夏内陆开放型经济试验区，这意味着宁夏将成为国家重点打造的中阿经贸合作的连接中枢和战略平台。这是因为宁夏具有国内其他省区所不具备的独特优势，从历史、文化、宗教等方面看，宁夏与阿拉伯国家有着天然的亲近性和关联性；从地理区位方面分析，宁夏地处东亚大陆和中国北部的中心，处在中东、欧洲和非洲空中通道的理想节点上，是中阿经贸物流的低成本通道。

（三）宁夏参与中阿经贸合作货物贸易领域的主要内容

2012 年宁夏对阿拉伯国家的出口快速增长，实现出口额 5167 万美元，增长 35.1%，主要出口产品为羊绒产品、抗生素、铁合金、涂布牛皮纸等。其中，羊绒产品主要包括羊绒成品、半成品和原料，2012 年三类产品的出口比例为 1∶0.61∶0.96，较 2011 年的 1∶0.36∶1.56 有了明显优化。另外，清真产品也是宁夏出口阿拉伯国家的重要产品，包括清真食品与穆斯林用品。出口的清真食品主要包括清真肉类及制品、清真油品及调味品、清真糕点及方便食品、清真营养保健食品等；出口的穆斯林用品主要包括服饰、装饰品以及牙膏、洗涤用品等轻工制品。

总体来看，虽然目前宁夏与阿拉伯国家的货物贸易额增长迅速，但存在商品种类少、技术含量低、缺乏品牌效益等问题。从中阿货物贸易的全景来看，2012 年中阿双边贸易额达 2224 亿美元，同比增长 14%，创历史新高，其中，中国对阿出口额达 913 亿美元，自阿进口额达 1311 亿美元，中国对阿出口商品以机电产品为主，服装、纺织产品、鞋类产品、农产品等传统大宗商品也占有相当大的比重，自阿进口商品以油气、矿产品、石化产品为主。由此可以看出，宁夏目前对阿拉伯国家贸易的水平不及全国平均水平，离宁夏作为中阿经贸合作的连接中枢和战略平台的发展定位还有一定差距。

（四）宁夏参与中阿经贸合作货物贸易领域的建议

在宁夏内陆开放型经济试验区建设中，在推行向西开放的发展战略过程中，宁夏要在对阿贸易上不断提高出口产品的技术含量与附加值，同时要注重推动特色农产品、轻纺产品与清真产品走向阿拉伯国家市场。

首先，要扩大清真产品出口的规模，增强竞争力。清真产业是宁夏发展对阿拉伯国家贸易的首选产业，发展清真产业，宁夏具有不可替代的文化优势，具有农业资源丰富、农产品品质优良的优势，还具有良好的产业发展优势，宁夏的清真产业已形成一定的规模，建立了较为完善的技术创新、人才引进、政策法规和管理服务体系，拥有一批上规模、上档次的行业龙头企业。但目前宁夏清真产品出口比重还很低，规模也不大，主要原因是宁夏清真产业的企业规模普遍较小，缺乏具有辐射带动能力的龙头企业，产品技术含量低，品牌效应也不强。宁夏要向西开放，扩大对阿拉伯国家的出口，就必须充分发挥自身在清真产业领域的独特优势，通过产业集聚培育和建立研发中心，培育龙头企业，生产名牌产品，同时，也要积极拓展阿拉伯国家市场，加强与伊斯兰国家之间清真产品的相互认证工作，并逐步使我国认证的清真食品得到伊斯兰国家的认可。

其次，要加快宁夏产业体系的升级和优化。不断优化的产业体系和不断提升的产业竞争力是宁夏出口产品竞争力的重要保障，也是宁夏开拓阿拉伯国家市场的核心竞争力。一是要继续提升当前主要出口产品的附加值，比如羊绒制品产业，出口成品与原料的比例不断改善，同时羊绒衫的出口也连年出现量价齐升的局面，这与宁夏羊绒产业已形成集羊绒分梳、绒条、纺纱、制衫、面料为一体的生产加工产业链，以及羊绒产业正在由生产初级产品向生产高端产品转变是直接相关的；又比如新材料产业是宁夏的特色优势产业，也是主要的出口产业，如铝镁合金、碳化硅、钢丝绳等产品出口量很大，但市场竞争比较激烈，产业必须向深度发展，不断提升产品的技术含量。二是在提升传统优势出口产业竞争力的同时，要打造具有出口竞争优势的新产业，比如数控机床、矿山机械、新能源装备制造产业等宁夏具有一定优势的技术含量较高的产业。

最后，宁夏要抓住阿拉伯国家"向东看"的机遇，加快开拓阿拉伯市场的步伐。阿拉伯国家的经济结构普遍比较单一，中东海湾国家以石油、天然气和相关石化产业为主，产值占其国内生产总值的 90% 以上，北非的阿拉伯国家则以磷酸盐及化肥产业为支柱产业，面积最大的阿拉伯国家苏丹，则是一个以农牧业为主的国家，农业人口占全国总人口的 80%。总之，阿拉伯国家的制造业比较落后，对工业制成品的需求很大。同时，2011 年以来，阿拉伯国家出现了一股"向东看"的思潮，开始由之前效仿欧美转而效仿东方特别是中国。宁夏要抓住这一大好机遇，在产业发展和出口结构上与阿拉伯国家的需求相衔接，成为中阿经贸合作的桥头堡和连接中枢。

六　宁夏内陆开放型经济试验区贸易先行先试政策

（一）探索清真产业发展新机制

清真产业是指符合伊斯兰教法规定及伊斯兰文化、穆斯林生活习俗的产业体系。宁夏加快发展清真产业，既有得天独厚的条件，对于宁夏实施内陆开放型经济试验区建设战略和向西开放战略也有重大的战略意义。

近年来，宁夏的清真产业进步明显，发展势头良好，但是也存在诸如产业规模小、产业层次低等问题，其中，缺乏一套全国统一的清真认证标准或体系，以及行业标准的国际化程度低是制约宁夏清真产品走出国门的重要因素。2009 年宁夏在全国率先制定出台了《宁夏回族自治区清真食品认证通则》这一地方标准，截至 2011 年底，宁夏只与 4 个伊斯兰国家的清真食品认证机构签署了《清真食品产业标准互认合作协议》，签约率仅为 7%。宁夏共有清真食品、穆斯林用品生产经营企业 2 万多家，其中从事生产加工、清真食品销售经营的有 1522 家，规模以上的清真食品企业有 150 多家。截至 2010 年上半年，仅有 16 家企业获得了 HALAL（清真）认证，极少有企业全部通过 HALAL、HACCP、GMP 以及 ISO9000 系列质量体系认证，绝大多数产品没有正规的 HALAL 认证标志（多数产品只是标有市或县级伊斯兰教协会认可的 HALAL 标志），严重制约着产业的国际化发展，致使宁夏的独特优势难以有效发挥。

因此，建议把宁夏打造成我国清真食品和穆斯林用品认证、研发设计、生产加工、展示交易和集散中心，重点建设国家级清真认证中心，推动全国清真食品和穆斯林用品国家标准的形成，同时提升"贸易外交"的工作层次，推进与世界伊斯兰国家清真产业标准互认合作的全面实现。争取国务院同意，组建国家级的清真食品产业标准互认合作谈判组，提升与世界伊斯兰国家以及相关经济组织谈判的级别和力度，围绕 HALAL 认证的双边协议，与伊斯兰国家逐一做好"贸易外交"。

（二）探索自由贸易新机制

自由贸易区是我国综合保税区未来的发展方向，所谓自由贸易区，指的是主权国内的贸易自由化，具体指向某一国家或地区境内设立的小块特定区域，实行优惠税收和特殊监管政策。相比国内目前的各类保税区，自由贸易区意味着有更优惠的政策、更大的开放度。2013 年 7 月 3 日，国务院批准《中国（上海）自由贸易试验区总体方案》，意味着上海外高桥保税区等 4 个海关特殊监管区将向自由贸易区转型。银川综合保税区具有口岸、物流、加工三大主要功能，具有仓储物流、对外贸易、国际采购、分销和配送、售后服务、商品展示、研发、加工、制造、口岸作业等方面的功能。宁夏应该模仿上海，适时积极推进银川综合保税区向自由贸易区转型。

同时，就结构而言，中阿自贸区建设有三个同心圆：第一个圆是海湾阿拉伯国家合作委员会（简称海合会）6 国；第二个圆是阿拉伯国家联盟（简称阿盟）22 国；第三个圆是分布在南欧、中东、北非、西非、中亚、南亚以及东南亚等地区的 57 个伊斯兰国家。宁夏应该积极参与推动中国–海合会自贸区谈判，参考中国–东盟自由贸易区的经验，积极筹备中国–阿盟自由贸易区，推动中国与伊斯兰国家的自贸区建设。

（三）探索内陆开放通道新机制

要打通宁夏内陆开放的陆空通道，在国际方面，要积极寻求国家政策的支持，规划建设宁夏面向中亚、中东、东南亚等阿拉伯国家和地区的国际出境通道,推动中巴铁路和中亚铁路建设,建设银川到中东、中亚、东南亚等的国际航空直飞线路;在国内方面,要加大国省公路干线改造力度,打通省级道路,要重点建设银川至西安铁路、银川至兰州复线等项目,规划研究银川至北京、新疆及中东部地区的新建铁路通道。

同时,要依托银川综合保税区及银川航空港、银川陆港、惠农陆港三大口岸,建设宁京津、宁鲁、宁夏—江浙沪、宁闽台、宁深港、宁夏—桂滇—东南亚和南亚、宁夏—内蒙古—东北亚、宁夏—欧亚大陆桥、宁夏—中亚—伊朗、宁夏—巴基斯坦—中东十大对外通道。

七 宁夏建设内陆开放型经济试验区与 国家经济安全问题

(一) 高度重视产业安全的监测预警和危机应对工作

随着宁夏内陆开放型经济试验区建设的不断推进,宁夏同世界经济的联系将变得越来越紧密,遭到国外贸易救济调查的案件数量也会随之上升,加强产业损害预警机制的建设就成为宁夏在经济开放过程中应对产业安全问题的重要手段。

2011 年下半年以后,多晶硅产业进入严冬期,现货价历经了 70% 的下滑,对宁夏的多晶硅企业产生了重大影响。2012 年 1～7 月,宁夏电子信息产品制造业实现销售收入 11.5 亿元,同比下降 35.7%,亏损 2.6 亿元。而在 2011 年,宁夏电子信息产品制造业全年实现销售收入 21.6 亿元,同比增长 20.3%,实现利润 2.1 亿元。据银川海关统计,宁夏多晶硅出口均价从 2011 年的 69.9 美元/千克跌落到 2012 年的 25.6 美元/千克,价格下降幅度为 63%,许多企业没有签订一份销售合同,开始停产检修,有的企业已连续 4 个季度亏损。2013 年 1 月 31 日,江苏阳光发布公告称,因为光伏市场持续低迷,宁夏阳光多晶硅生产成本严重倒挂,已资不抵债,且亏损局面将长期存在,为此向宁夏回族自治区石嘴山市中级人民法院申请破产清算。

国内多晶硅企业遭遇的困局，既与当年盲目投资相关，也与国外多晶硅低价倾销有关。2012 年我国进口多晶硅单价降至 25.36 美元/千克，较 2011 年全年均价下滑 56.87%。这个案例说明，宁夏在推进开放的进程中，一定要高度重视产业安全的监测预警工作，既要防范自身的价格倾销行为，也要及时预警、及时应对来自国外的倾销行为，尽量减少企业的损失。

（二）警惕跨国并购对宁夏经济安全的威胁

外资大量进入和并购国内企业，必然引发产业安全问题。如果不加防范，跨国公司就有可能在我国某些行业形成垄断局面，而国内长期的人才和技术积累也将拱手送给外方，由此带来的产业安全问题必须引起警惕。

西北轴承（以下简称西轴）是位于宁夏的一家轴承行业的龙头企业。该公司产品占全国铁路轴承市场的 25%，在行业内具有举足轻重的地位，其经营多年的 NXZ 商标是国家驰名商标。但是，由于大量产品滞留在流通环节，到 2000 年，企业资金沉淀达 6 亿元。为了摆脱财务困境，西轴决定与德国最大的轴承生产企业 FAG 公司合作。2001 年 12 月，正式签约组建合资公司——宁夏西北富安捷铁路轴承有限公司，合资公司的股权比例是：FAG 公司持有 51%，西轴持有 49%。合资之后，合资公司便连年亏损，不得不以追加投资的方式救活企业，在资金严重匮乏的情况下，西轴只好将自己持有的 49% 的股权卖给德国依纳公司（FAG 公司新的控股股东）。这样，合资公司便变成了德方独资企业，西部最大的轴承企业落入外方之手。原合资公司经营的中国品牌更换为德国品牌，德方独占了原中方拥有的生产铁路轴承的合法资格。

允许外资并购，积极吸引外商投资的初衷是利用国外的资金优势和技术优势来发展本国产业，振兴民族工业。但是如果不注重对国家经济安全的捍卫，则不但不能实现引进外资的目的，还会带来不容忽视的负面影响。宁夏内陆开放型经济试验区建设必须从这个案例中得到启发，要妥善利用外资促进宁夏产业竞争力提升与经济发展。

第三章　中阿经贸合作：宁夏与阿拉伯国家服务贸易合作与外资利用

服务贸易与利用外商直接投资是区域经济发展的两条重要途径。产业形态的发展规律表现为，服务业的发展往往落后于制造业的发展，服务贸易的发展相对落后于货物贸易的发展；对外经贸的发展规律表现为，货物贸易发展到一定水平，外商直接投资开始逐渐启动，跨境投资活动会促进货物贸易本身向纵深发展，也会带动服务贸易跟进。服务贸易的发展先是从生产性服务贸易开始，其后是生活性服务的跨境提供。服务贸易的发生形式与货物贸易不同，货物贸易的发生必然伴随着商品的跨境流动，而服务贸易的发生方式较为丰富，既有跨境支付和境外消费，也有自然人流动和商业存在。

宁夏地处内陆地区，货物贸易的发展水平较之东部沿海地区还有待大力提升，利用外商直接投资也处于初始阶段，服务贸易的发展尤其是 IT 和文化产业等前端服务贸易的领域相对落后。服务贸易的发展必然会带动货物贸易与跨境投资的发展，对宁夏区域经济发展模式、经济结构与产业结构的调整，具有重要的战略意义。

一　宁夏发展服务贸易的基础：服务业的发展

服务贸易的发展以区域性服务业的发展为基础，区域性服务业的发展既会形成服务的提供能力，也会创造区域经济发展对服务产品的需求，同时改变区域经济发展的产业结构特征。

（一）宁夏产业结构的服务特征趋于明显

自改革开放以来，宁夏的地区生产总值从 1978 年的 13 亿元提升到 2011 年的 2102 亿元，在这样的背景下，宁夏的三次产业结构发生了较为明显的变化，区域经济的服务特征趋于明显，服务业的发展水平为服务贸易的发展提供了坚实的基础。

如表 3 - 1 所示，1978 年，在宁夏地区生产总值中，第一产业占 24%，第二产业占 51%，第三产业占 26%，形成了以第二产业为主体，第一产业和第三产业两翼齐飞的格局。2011 年，在宁夏地区生产总值中，第一产业占 9%，下降了 15 个百分点，第二产业占 50%，基本保持不变，第三产业占 41%，增加了 15 个百分点。随着地区生产总值的增长，第一产业的比重明显下降，第二产业比重未变，第三产业比重明显上升，逐渐接近第二产业。

表 3 - 1　宁夏社会生产总值及三次产业结构（按当年价格计算）

单位：亿元，%

年　份	地区生产总值	第一产业	占　比	第二产业	占　比	第三产业	占　比
1978	13.00	3.06	24	6.60	51	3.33	26
1979	14.36	3.41	24	7.36	51	3.58	25
1980	15.96	4.26	27	7.27	46	4.43	28
1985	30.27	8.90	29	12.12	40	9.25	31
1990	64.84	16.84	26	25.34	39	22.66	35
1995	175.19	35.41	20	74.67	43	65.10	37
1996	202.90	43.28	21	80.54	40	79.09	39
1997	224.59	44.87	20	88.67	39	91.05	41
1998	245.44	48.75	20	95.11	39	101.58	41
1999	264.58	48.08	18	103.82	39	112.67	43
2000	295.02	46.03	16	121.43	41	127.56	43
2001	337.44	49.67	15	135.89	40	151.89	45
2002	377.16	52.95	14	153.06	41	171.14	45
2003	445.36	55.63	12	194.27	44	195.46	44

续表

年　份	地区生产总值	第一产业	占　比	第二产业	占　比	第三产业	占　比
2004	537.11	65.33	12	244.05	45	227.73	42
2005	612.61	72.07	12	281.05	46	259.49	42
2006	725.90	79.54	11	351.58	48	294.78	41
2007	919.11	97.89	11	455.04	50	366.18	40
2008	1203.92	118.94	10	609.98	51	475.00	39
2009	1353.31	127.25	9	662.32	49	563.74	42
2010	1689.65	159.29	9	827.91	49	702.45	42
2011	2102.21	184.14	9	1056.15	50	861.92	41

注：全国核算制度规定，从 2005 年起，农、林、牧、渔服务业包括在第一产业中，2004 年及之前包括在第三产业中。由于国民经济行业的调整，2004 年以前的交通运输、仓储和邮政业中包括电信和其他信息传输服务业，2005 年以后，行业更名为"交通运输、仓储和邮政业"。

资料来源：《宁夏统计年鉴》（2011 年），中国统计出版社，2012。

第一产业的比重由高到低降为 10% 左右。1978 年宁夏第一产业产值为 3.06 亿元，占当年地区生产总值的 24%。改革开放初期的发展突出地表现为第一产业的大发展，1985 年第一产业产值达到 8.90 亿元，占比达到了 29% 的历史高点。随着第二产业和第三产业的发展，第一产业的比重逐年下降，2011 年的产值为 184.14 亿元，但占比仅为 9%。

第二产业的比重基本稳定在 50% 左右。1978 年宁夏第二产业占地区生产总值的比重为 51%，2011 年这一比重为 50%，基本没有发生变化。1997~1999 年占比最低，为 39%，整个第二产业的占比呈现"高—低—高"的态势。

第三产业的比重提升到 40% 左右。宁夏第三产业产值从 1978 年的 3.33 亿元增长到 2011 年的 861.92 亿元，占地区生产总值的比重从 26% 提升至 41%。1997 年以来这一比重提升至 40% 左右，并基本稳定在这个水平上，显示出产业发展与区域生产总值发展的同步性。

1995~2011 年宁夏的三次产业比重如图 3-1 所示。

宁夏三次产业结构在改革开放中的结构性变化，显示宁夏的区域经济特点已发生改变。尽管制造业在区域经济中还保持着相当重要的地位，但

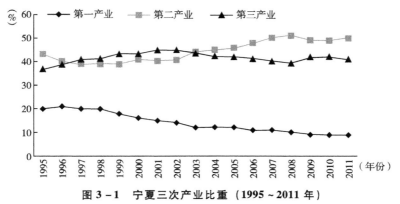

图 3 - 1　宁夏三次产业比重（1995 ~ 2011 年）

资料来源：笔者根据表 3 - 1 的部分数据制作。

是服务业的发展已经开始悄然地为区域经济发展模式带来了新的契机，同时也为宁夏服务贸易的发展提供了良好的基础条件。

（二）第三产业发展以传统服务业为主

在三次产业结构调整过程中，宁夏第三产业内部结构也在发生着悄然的变化。传统的第三产业部门，如交通运输、仓储和邮政业，批发和零售、住宿和餐饮业，金融业以及房地产业在宁夏第三产业的发展中具有重要的地位，但是其他服务业所涵盖的大量其他部门也有了长足的发展。

如表 3 - 2 所示，第一，交通运输、仓储和邮政业创造的产值，从 1978 年的 0.66 亿元发展到 2011 年的 174.1 亿元，30 多年来持续稳定地增长。2008 年后规模迅速扩大，迅速从 2007 年的 67.53 亿元上升到 2008 年的 93.29 亿元，其后 3 年三大步，年增长率都在 20% 以上。其占第三产业的比重虽有起伏，但基本保持在 20% 的水平上，与 1978 年持平。

第二，批发和零售、住宿和餐饮业创造的产值，从 1978 年的 0.96 亿元发展到 2011 年的 147.14 亿元，在第三产业所创产值中的比重从 1978 年的 29% 下降到 2011 年的 17%，减少了 12 个百分点。产值的高速增长与比重的大幅度下降形成了鲜明的对比，从一个侧面显示出，批发和零售、住宿和餐饮业的发展滞后于第三产业的发展，同时也滞后于宁夏社会经济的发展。

表 3 - 2   1978 ~ 2011 年宁夏第三产业结构（按当年价格计算）

单位：亿元，%

年份	第三产业	交通运输、仓储和邮政业	占第三产业比重	批发和零售、住宿和餐饮业	占第三产业比重	金融业	占第三产业比重	房地产业	占第三产业比重	其他服务业	占第三产业比重
1978	3.33	0.66	20	0.96	29	0.43	13	0.08	2	1.20	36
1979	3.58	0.65	18	0.97	27	0.53	15	0.09	3	1.34	37
1980	4.43	0.82	19	1.12	25	0.73	16	0.11	2	1.65	37
1985	9.25	1.75	19	1.87	20	1.98	21	0.22	2	3.43	37
1990	22.66	3.49	15	5.32	23	5.57	25	0.50	2	7.78	34
1995	65.11	9.84	15	15.36	24	19.32	30	2.15	3	18.44	28
1996	79.09	14.46	18	18.77	24	20.76	26	2.82	4	22.28	28
1997	91.05	18.69	21	20.87	23	21.96	24	3.94	4	25.59	28
1998	101.58	22.17	22	22.72	22	21.18	21	5.15	5	30.36	30
1999	112.67	26.16	23	24.33	22	20.47	18	7.01	6	34.7	31
2000	127.56	29.55	23	26.24	21	21.57	17	8.86	7	41.34	32
2001	151.89	37.04	24	29.18	19	21.37	14	13.19	9	51.11	34
2002	171.14	43.54	25	32.25	19	21.45	13	13.46	8	60.44	35
2003	195.46	49.97	26	36.53	19	24.8	13	16.85	9	67.31	34
2004	227.73	56.83	25	44.53	20	27.94	12	20.78	9	77.65	34
2005	259.49	47.53	18	52.19	20	32.25	12	22.97	9	104.55	40
2006	294.78	56.23	19	57.21	19	36.99	13	25.53	9	118.82	40
2007	366.18	67.53	18	71.76	20	51.05	14	29.49	8	146.35	40
2008	475.00	93.29	20	92.89	20	64.80	14	38.85	8	185.17	39
2009	563.74	114.77	20	100.11	18	75.54	13	47.56	8	225.76	40
2010	702.45	145.17	21	120.50	17	97.87	14	60.53	9	278.38	40
2011	861.92	174.10	20	147.14	17	134.18	16	79.01	9	327.49	38

资料来源：《宁夏统计年鉴》（2011 年），中国统计出版社，2012。

第三，金融业创造的产值从 1978 年的 0.43 亿元增长到 2011 年的 134.18 亿元，比重从 1978 年的 13% 提高到 2011 年的 16%。宁夏金融业产值的黄金年代是 1985 ~ 1998 年，在第三产业中的比重超过了 20%，1995 年更是达到了创纪录的 30%，然而从绝对规模来看，也只有区区的 19.32 亿元。从 1978~2011 年这个区间的比重来看，是先扬后抑。

第四，房地产业创造的产值从 1978 年的 0.08 亿元增长到 2011 年的 79.01 亿元，比重从 1978 年的 2% 提升到 2011 年的 9%。数据显示房地产业的市场化进程极其迅速，从无到有，从低到高，进入 21 世纪，基本保持与第三产业产值同步增长的水平。

第五，其他服务业创造的产值从 1978 年的 1.20 亿元，增长到 2011 年的 327.49 亿元，比重从 1978 年的 36% 提高到 2011 年的 38%，略有提高。其他服务业涵盖的服务部门十分庞杂，相对于交通运输、仓储和邮政业，批发和零售、住宿和餐饮业，金融业，房地产业等传统的第三产业部门而言，其他服务业构成了服务业发展的新增长点，蕴含十分巨大的发展潜力，是高端、精细化服务业发展的主体，尤其是 IT 业和文化产业的发展会提高宁夏服务业的发展质量，反过来会促进传统服务业的进一步发展。

1995~2011 年宁夏第三产业结构如图 3-2 所示。

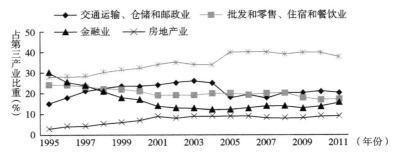

图 3-2 宁夏第三产业结构（1995~2011 年）

资料来源：笔者根据表 3-2 制作。

（三）第三产业就业比重明显上升

宁夏第一、第二、第三产业就业人员的结构，与三次产业产值的变化具有明显的对应关系。自 1995 年以来，宁夏三次产业就业人员结构发生了较大的变化，第三产业就业人员规模从 1995 年的 50.4 万人增长到 2011 年的 118 万人，增长了 134%，在三次产业就业人员中的比重从 20.9% 上升到 34.8%，而同期第一产业就业人员的比重从 59.7% 下降到 48.9%，第二产业就业人员的比重从 19.4% 下降到 16.3% （见图 3－3）。随着三次产业结构的调整，第一和第二产业就业人员在三次产业中所占比重持续下降，相比之下，第三产业所占比重持续上升，充分显示出第三产业在吸纳人员就业、提供工作机会方面的潜力。

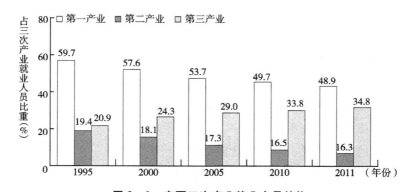

图 3－3　宁夏三次产业就业人员结构

资料来源：《宁夏统计年鉴》（2011 年），中国统计出版社，2012。

（四）第二产业在劳动生产率提升方面仍处于领先地位

1995～2011 年，宁夏三次产业的劳动生产率有了大幅度提高，1995 年三次产业总体劳动生产率为 0.7 万元，2011 年提高到 6.2 万元，提高了近 8 倍。其中，第一产业劳动生产率从 0.2 万元提高到 1.1 万元，提高了 4.5 倍，第二产业劳动生产率从 1.6 万元提高到 19.1 万元，提高了 10 倍多，第三产业劳动生产率从 1.3 万元提高到 7.3 万元，提高了 4.6 倍（见表 3－3）。

从劳动生产率的变动情况看，第二产业提高得最快，显示出第二产业的发展仍然是拉动宁夏经济增长的关键因素。第一产业与第三产业的劳动生产率提升速度持平，第三产业的发展在宁夏经济增长中的作用日益明显。

表 3 – 3 宁夏三次产业的产值、就业人数与劳动生产率（1995～2011 年）

年份	地区生产总值（亿元）	就业人数（万人）	劳动生产率（万元）	第一产业（亿元）	就业人数（万人）	劳动生产率（万元）	第二产业（亿元）	就业人数（万人）	劳动生产率（万元）	第三产业（亿元）	就业人数（万人）	劳动生产率（万元）
1995	175.2	240.6	0.7	35.4	143.5	0.2	74.7	46.7	1.6	65.1	50.4	1.3
2000	295.0	275.5	1.1	46.0	158.6	0.3	121.4	50.0	2.4	127.6	66.9	1.9
2005	612.7	299.6	2.0	72.1	160.8	0.4	281.1	51.8	5.4	259.5	87.0	3.0
2010	1689.7	326.0	5.2	159.3	162.0	1.0	827.9	53.8	15.4	702.5	110.2	6.4
2011	2102.2	339.6	6.2	184.1	166.2	1.1	1056.2	55.4	19.1	861.9	118.0	7.3

资料来源：《宁夏统计年鉴》（2011 年），中国统计出版社，2012。

二 宁夏服务贸易发展的新亮点：中国 – 阿拉伯国家博览会

宁夏作为内陆省份，发展货物贸易与服务贸易需要开阔战略视野和进行制度创新。中国－阿拉伯国家博览会作为宁夏实施向西开放战略的重要抓手，是我国改革开放总体战略的重要体现，为宁夏发展服务贸易提供了新的亮点。

（一）中国－阿拉伯国家经贸论坛启动了宁夏与阿拉伯国家在新时期的经贸联系

中阿经贸论坛是党中央和国务院确定向西开放战略的一个重要方面，同时也是宁夏发展服务贸易的一个重要平台。

第一，中阿经贸论坛为穆斯林概念的发展提供了新的平台。借助首届中阿经贸论坛召开的机会，第三届中国（银川）穆斯林企业家峰会，第三届中国（宁夏－吴忠）回商大会，第二届中国清真食品、穆斯林用品企业评选活动，回族传统名小吃评比暨清真饮食文化论坛，以及中阿人才合作交流研讨会和人口与发展国际研讨会等依托穆斯林概念的国际性交流活动蓬勃开展起来。

第二，中阿经贸论坛的平台作用不断加强。在第二届中阿经贸论坛召开期间，中国－阿拉伯国家科技合作论坛、中国－阿拉伯国家大学校长论坛、中国－阿拉伯国家广播电视合作论坛、中国－阿拉伯国家出版合作交流论坛等具有专项意义的高端论坛也召开了，同时还召开了题为"后金融危机下的中阿经贸关系纵深发展"的中阿经贸论坛高峰会议，突出了"携手发展、合作共赢"的主题，并细分出"新形势下的中阿合作商机与前景"贸易经济合作分会、"打造中阿能源全产业链合作新模式"能源合作分会、"构建中阿能源金融战略合作体系"金融合作分会、"丝绸之路上的新里程"青年领袖分会等分论坛。

第三，中阿经贸论坛的代表性越来越突出，务实发展成为论坛的主题。2012 年举办的第三届中阿经贸论坛已经吸引了 71 个国家、地区和国际组织的 7489 名嘉宾参会，签约 124 个项目，总投资额达到 2187 亿元，亿元以上的签约项目占 90% 以上，涉及高新技术、能源、化工、现代农业、基础设施、物流商贸、文化旅游等多个产业领域。

专栏 3 - 1

中阿经贸论坛

2010 年由商务部、中国国际贸易促进委员会、中国人民对外友好协会、宁夏回族自治区人民政府共同主办的第一届宁洽会暨中阿经贸论坛在宁夏回族自治区首府银川召开，成为中国和阿盟国家经贸领域级别最高、影响力最大的多边国际合作盛会，是继中国－东盟博览会、中国吉林－东北亚投资贸易博览会之后，我国区域性对外开放的又一个平台。

宁洽会暨中阿经贸论坛以高端论坛、商品展览和投资合作为 3 个主轴。高端论坛以"传承友谊、深化合作、共同发展"为主题，为中阿政府要员、商界精英和专家学者提供一个表达高端战略思想、企业家发展意愿和专家远见卓识的经贸对话平台。商品展览活动在中国国际投资贸易洽谈会和中国回商大会的基础上，建立中阿联合展会，设置中阿国家专题展、中阿国家商品展，以促进双方的商品贸易。投资合作促进活动为中阿工商界投资商提供能源、金融、工程承包等投资合作平台，展示投资机会，促进相互投资。

资料来源：中国网，www. nx. xinhuanet. com。

（二）中国－阿拉伯国家博览会为宁夏实施向西开放提供了重要抓手

在中阿经贸论坛成功举办 3 届的基础上，2013 年中国（宁夏）国际投资贸易洽谈会暨中国－阿拉伯国家经贸论坛更名为中国－阿拉伯国家博览会。

中阿博览会的成功召开意味着以更加固定的组织形态奠定了中国与阿拉伯国家经贸往来的关系基础，充分发挥了宁夏在穆斯林社会经济文化聚集方面的优势，为宁夏"两区"建设和向西开放的通道建设提供了一个国际性的制度平台。

{ 专栏 3－2 }

中国－阿拉伯国家博览会

2013 年中国（宁夏）国际投资贸易洽谈会暨中国－阿拉伯国家经贸论坛更名为中国－阿拉伯国家博览会。

在中阿经贸论坛成功举办 3 届的基础上，中阿博览会借助宁夏与阿拉伯世界联系的人文优势，形成了与 22 个阿拉伯国家和 57 个伊斯兰国家的所谓"凌空对接"的创新合作模式，成为推动"两区"建设的重要抓手。国务院批复的《宁夏内陆开放型经济试验区规划》中明确指出："鼓励宁夏与阿拉伯国家及世界穆斯林地区搭建双边国际交流合作平台，建立有利于政府、民间、企业的多层次交流合作机制。"着力构建商品贸易、服务贸易、金融投资、技术合作和文化旅游五大平台。

中阿博览会设置了"2＋5"活动板块，"2"即开幕大会和主宾国系列活动，"5"即农业合作板块、能源化工及新技术板块、文教旅游合作板块、金融投资板块、综合板块。安排了17项会议、8项展览展示和6项洽谈推广活动。

资料来源：中国网，www.nx.xinhuanet.com。

（三）中国银川（穆斯林）国际商贸城为宁夏实施向西开放创造了重要的交易平台

中国银川（穆斯林）国际商贸城是伴随着中阿经贸论坛的举办建成的，为中阿博览会的召开提供了常态化的重要交易平台。

第一，国际商贸城拥有完善的商贸设施。五星级国际酒店、高端精品住宅、万人商业广场、国际商务会议中心、千人餐饮广场、特色博览中心、职业体验馆、室内真冰溜冰场、专业网球馆、智能仓储物流中心等先进商业配套设施一应俱全，集商贸、会务、消费、休闲、娱乐等功能于一体，具备大型城市综合体的特征。来自德国、法国等国家的知名国际商家的入驻，促使形成了差异化的商业服务格局，增强了银川作为首府的辐射功能。

第二，国际商贸城构建了多元化的交易平台。批发与零售兼营的模式既可以服务于银川市当地的消费者，又可以为国内外商家服务。商品种类齐全，尤其是穆斯林用品、地方特色产品十分突出，涵盖箱包皮具、鞋类、皮草羽绒、羊毛羊绒、服装服饰、工艺礼品、洗化用品、仿真花卉、玻璃器皿、床上用品、窗帘布艺、文体用品、运动器具等专业市场业态，可一站式满足各类消费需求。

第三，国际商贸城是提供国际化服务的高端场所。国际商贸城可为涉外企事业机构提供办公场所，还可提供机票代理、多国语言翻译、对外电汇等多项服务，具有国际经贸服务优势。国际商贸城在建筑风貌方面突出了穆斯林风格，设有清真寺等宗教场所，开辟了中阿经贸专属区域，曾被指定为中阿经贸论坛分会址之一，是中国首屈一指的穆斯林商贸中心和中阿国际商贸交流大平台，也是银川市的地标式建筑之一。

第四，国际商贸城具有诸多优势。一是运输优势。以银川为中心，国际商贸城的影响力可辐射周边 300 公里的大商圈，覆盖宁夏全境和内蒙古巴彦淖尔、乌海以及陕西定边、靖边等 50 多个市县，覆盖人口总量超过 1000 万人；国际商贸城距京藏高速公路入口仅 1.5 公里，居银川兴庆区长达 10 公里的丽景物流带的龙头地位，距各种客运和货运交通枢纽仅半小时车程。二是品牌优势。银川是我国面向阿拉伯国家和穆斯林地区开放的前沿，国际商贸城是中阿经贸合作和中阿博览会战略平台上的商业旗舰，具有国际化的品牌效应。三是成本优势。宁夏及周边地区有大量生产、加工清真食品和穆斯林用品的产业基地，成本优势明显，土地、劳动力及能源等要素成本优势可以抵消自东部地区输入原材料和商品的运输成本。四是规模化经营优势。国际商贸城一期占地 1100 亩，总建筑面积达 110 万平方米，集商品交易、产品展示、商务办公、经营托管、区域管理、品牌孵化、金融会展、仓储物流、餐饮酒店和休闲娱乐等多功能于一体；二期占地 1860 亩，形成了原材料堆放、生产加工、商品配送等 22 个专业市场。

专栏 3－3

中国银川（穆斯林）国际商贸城

中国银川（穆斯林）国际商贸城作为中国向西开放的重要货物流通平台，以及国内穆斯林商品流通的重要渠道，在"两区"建设中，显示出西部商贸领域的实力。

中国银川（穆斯林）国际商贸城规划投资 160 亿元，占地 3100 亩，一期完成投资 36 亿元，已建成 5A 级商贸城 42.6 万平方米，仓储区为 10 万平方米，副食百货商贸城为 20 万平方米。国际商贸城雄踞银川商贸物流带的核心地位，毗邻京藏和银青高速公路出入口，临近银川长途客运站及城市公交总站。依据便捷的交通，辐射 300 公里的消费地域，形成了覆盖宁夏全境及内蒙古、甘肃、陕西等 50 余个市县共 2230 万人口的大商圈。

资料来源：中国银川国际商贸城官方网站，http://www.muslimmall.cn/，2012。

（四）把中阿博览会办成推动宁夏"两区"建设和实施向西开放战略的重要平台，把中阿博览会塑造成阿拉伯国家与地区经贸活动的世界品牌

自 2010 年以来，中阿经贸论坛已经连续举办 3 届，达到了启动区域经济发展和对外开放的预期。2013 年，在中阿经贸论坛的基础上，转型举办了中阿博览会。为了更好地发挥中阿博览会在推动宁夏"两区"建设、实施向西开放战略方面的重要作用，建议在以下 6 个方面做出努力。

第一，树立服务观念，扩展产业发展空间。中阿经贸论坛成功举办的关键因素之一是组织方对论坛进行了周密计划与妥善安排，但其基本思路偏向于具有传统行政特色的"接待"安排，关注参加论坛的各级部门重要人员的日程衔接以及会议活动与食宿安排，而缺少开放性的服务观念。中阿博览会的组织安排应以服务观念为统领，以博览会各个活动板块为依托，引入宁夏当地或全国范围内的市场因素，与博览会各项活动衔接，把中阿博览会办成一个中国与阿拉伯国家的企业与文化的盛会。

第二，以高端人物为先导，推进中阿自贸区谈判进程。借助首届中阿博览会之机，广泛邀请各国尤其是阿拉伯国家的政要，把中阿博览会办成与国内知名交易会齐名的博览会。以博览会的规模与水平带动货物贸易、服务贸易以及投融资等领域的活动。充分利用政府、业界和学界的力量，在博览会日程中开辟中阿自贸区①的专门论坛，针对当前有关中阿自贸区的制度推进等问题，进行广泛的讨论，形成专门的论坛成果，力争实实在在地助推中阿自贸区的签署进程。

第三，设置中阿博览会奖。向社会广泛征选中阿博览会的奖项名称，借助奖项征选活动为博览会造势，提高中阿博览会在国际上的品牌效应；

---

① 中阿自贸区指中国与海合会谈判中的自贸区。

借助奖项的发布为参展商品造势，为企业创造宝贵的无形资产，为品牌塑造提供助力，为行业树立追赶的标杆。中阿博览会奖应该具有伊斯兰文化的内涵，即通过中阿博览会的评奖凝聚阿拉伯国家的传统；中阿博览会奖应该具有国际商务活动的内涵，即通过中阿博览会的评奖活动，推动中国与阿拉伯国家之间的经贸关系走上一个新的台阶。

为推动企业尤其是西部企业通过中阿博览会走出国门，国家应该把获奖的商品和企业作为优先安排投资项目的对象，作为定向国际招投标的对象，作为扶持国际竞争力产品的对象，尤其是宁夏的地方产品和企业，更应该在"两区"建设的"先行先试"政策框架中予以体现，给予其一定的奖励和鼓励。

第四，以落实企业展示与产业协调为目标。政府搭台，企业唱戏，贯彻落实服务观念，以企业和产业为中阿博览会的基本服务对象，博览会的一切活动安排都应以促进各国、各地企业和行业的交流为宗旨。在展示方面，突出宁夏本地重点行业的展览内容，突出穆斯林文化特色产业的展览内容，突出向西开放的展览内容，稳定中阿博览会的基本定位，兼顾一般博览会的博览特点。

第五，依托国际贸易通路建设，发挥博览会场所的作用，拓展向西开放的战略深度。为了举办中阿博览会，我国在场馆及城市建设方面投入了大量的人力、财力、物力，需要妥善加以利用。借助中阿博览会，建立以银川为中心的穆斯林商品国际贸易的展示中心与集散中心。一方面，可以通过中心建设刺激宁夏市场对场馆设施的需求，为地方经济发展服务，形成宁夏区域内的经济网络，并借助综合保税区的建设与国际市场形成双向的贸易流动；另一方面，可以中阿博览会的举办为契机，通过国内经贸关系的拓展，使宁夏经济迅速融入全国的经济发展网络，依托中心开展定期或不定期的不同范围的商品交易会，内联流通网络，外联贸易通道。加强与义乌等国内现有的穆斯林商品集散地的联系，建设宁夏与阿拉伯国家之间的商品集散中心和对阿拉伯国家开展贸易的重要通道，拓展宁夏向西开放的战略深度。

第六，以中阿博览会为平台，推动阿拉伯国家在宁夏开展投资活动。建议在《中西部地区外商投资优势产业目录（2013 年修订)》的基础上，在宁夏"两区"建设"先行先试"的支持政策组合中，以阿拉伯国家为对象，结合宁夏经济及产业结构的特点，制定更加开放的投资政策，辅之以相应的财税及土地等优惠政策，鼓励其在宁夏进行直接投资，为宁夏的经济发展开辟一个新的资金来源，把中东石油美元的引入落到实处，以阿拉伯资金为主要依托，构建宁夏向西开放的双向投融资平台。

三 宁夏旅游业：服务贸易的传统领域

旅游服务贸易的发展具有自身的特点，会对区域经济发展形成重要的支撑。从统计的角度来看，旅游服务贸易的边界较为模糊，食、住、行、游、购、娱构成旅游活动的六大板块，国内旅游效益的统计已经具有较大的难度，旅游作为服务贸易的一个重要门类，其规模效益的边界就更加模糊。然而，旅游服务贸易能够给地方经济带来的好处确实是多方面的。首先，旅游服务贸易会促进地方经济收入的增长，包括外汇收入的增长；其次，旅游服务贸易有助于促进旅游资源的开发与多元化发展，国际游客的偏好会促进地方旅游资源的深度开发，形成适应国际游客需求的旅游项目；再次，旅游服务贸易有助于多元的跨境文化交流，通过外国游客的流动，加深对地方社会经济文化等多方面的认识，促进贸易与投资的跟进；最后，随着区域经济的发展和文化交流的推进，人们的思想观念会更新，在收获旅游服务贸易带来的经济利益的同时，坚定对外开放、开发区域经济的决心。旅游服务贸易不仅会对经济发展本身产生多元的外溢效应，也会对社会文化以及人们思想观念的更新发挥至关重要的积极作用，从而进一步推进改革开放的深入发展。

（一）海外客源国以发达国家为主

宁夏拥有丰富的旅游资源，接待海外游客的人数自 1990 年以来迅速增

加。1990 年共接待海外游客 1950 人次，其中外国人 1348 人次，港澳台同
胞 602 人次，分别占 69% 和 31%；2011 年接待 19479 人次，增长了将近 9
倍，其中外国人 13659 人次，港澳台同胞 5820 人次，分别占 70% 和 30%
（见表 3 – 4）。20 多年来外国游客与港澳台游客的比重基本保持稳定。

表 3 – 4　宁夏接待海外旅游者人数（1990 ~ 2011 年）

单位：人次

	1990 年	1995 年	2000 年	2005 年	2010 年	2011 年
海外旅游人数总计	1950	3655	7807	8162	17990	19479
其中：外国人	1348	2881	5792	6641	12861	13659
日本人	801	1379	1896	2106	2459	2662
美国人	82	187	392	600	1679	1638
加拿大人	10	50	151	295	450	490
英国人	38	84	353	374	408	553
法国人	18	80	180	528	514	486
德国人	87	126	298	229	1311	1398
意大利人	24	82	59	131	276	184
独联体人	8	6	104	41	125	158
澳大利亚人	30	46	115	131	444	482
新西兰人	2	28	10	37	84	103
港澳台同胞	602	774	2015	1521	5129	5820

资料来源：《宁夏统计年鉴》（2011 年），中国统计出版社，2012。

　　外国游客以发达国家居民为主，其结构特点主要表现为：第一，来自
日本、美国、加拿大、英国、法国、德国、意大利、独联体、澳大利亚和
新西兰 10 个国家和地区的游客 1990 年占外国游客总数的 82%，2011 年下
降至 60%，游客来源地的集中度下降了 22 个百分点；第二，外国游客从以
日本游客为主向更加多元化的方向发展，1990 年日本游客占外国游客总人
数的 59%，2011 年下降至 19%，而来自美国和德国的游客人数 2011 年分别

占外国游客总人数的 12% 和 10%，相对于 1990 年的 6% 都有了较大幅度的提升。

作为一个回族聚集的区域，宁夏的社会文化优势在旅游服务贸易中还有待充分发掘。从接待国际游客的国别结构来看，宁夏接待的来自阿拉伯国家和地区的游客规模有限，这与其自身的文化优势与社会习俗特点极不相称。可以看出，宁夏旅游发展的基本面还局限于自然性旅游资源的开发与开放上，在吸引国际游客的旅游产品开发方面还有巨大的发展空间。配合"两区"建设，搭建向西开放的平台，宁夏发展旅游服务贸易需要在文化特色旅游资源上多做文章。

（二）劳务性旅游外汇收入结构偏重于传统的服务项目

随着游客人数的增加，宁夏回族自治区的旅游外汇收入不断提高。1990 年旅游外汇收入为 175 万元，2011 年达到了 4026 万元，增长了 22 倍。其中商品性外汇收入从 1990 年的 43 万元增长到 2011 年的 878 万元，增长了 19 倍；劳务性外汇收入从 1990 年的 132 万元增长到 2011 年的 3148 万元，增长了 22 倍多。商品性外汇收入与劳务性外汇收入占外汇总收入的比重从 1990 年的 25% 和 75%，变为 2011 年的 22% 和 78%，商品性外汇收入的比重下降了 3 个百分点，劳务性外汇收入的比重提高了 3 个百分点。在商品性外汇收入中，商品销售收入和饮食销售收入的比重从 1990 年的 72% 和 28%，变为 2011 年的 73% 和 27%，变化很小；在劳务性外汇收入中，长途交通费、住宿费及其他费用的比重从 1990 年的 41%、16% 和 43%，变为 2011 年的 34%、22% 和 44%，长途交通费的比重有所下降，而住宿费的比重有所上升。劳务性旅游外汇收入的结构过于单调，且偏重于基本服务，高端服务业的比重不明显，至少从统计角度来看，没有单独列项，只是归纳到其他类别中，服务的专业性不明显，需要围绕国际游客的需要，尤其需要围绕阿拉伯国家及地区的国际游客的独特需要，开发有针对性的服务产品，扩大国际旅游市场，拓展服务贸易的空间。

表 3 – 5　宁夏回族自治区旅游外汇收入（1990～2011 年）

单位：万元

年份\项目	1990	1995	2000	2005	2010	2011
商品性外汇收入	43	323	341	303	846	878
商品销售收入	31	135	144	203	545	640
饮食销售收入	12	188	197	100	301	238
劳务性外汇收入	132	615	1911	1587	3221	3148
长途交通费	54	143	1009	811	1440	1083
住宿费	21	276	410	297	638	688
其他费用	57	196	492	479	1143	1377
合　计	175	938	2252	1890	4067	4026

资料来源：《宁夏统计年鉴》（2011 年），中国统计出版社，2012。

四　宁夏塑造跨国跨区产业链的重要平台：
银川综合保税区

（一）银川综合保税区的建立

银川综合保税区，为宁夏回族自治区和银川市本身提供了一个联通国际和国内的招商平台，为地区产业链向沿海地区上游延伸和向西延伸至阿拉伯国家乃至中东和中亚等国家和地区提供全方位的服务，是宁夏服务经济发展和服务贸易发展的重要平台，是宁夏改革开放的"航空母舰"。

银川综合保税区于 2012 年 9 月 10 日经国务院批准设立，规划面积为 4 平方公里，位于银川河东机场南侧。银川综合保税区自申请到批准建立仅用了两个月的时间，创造了所谓的"银川速度"。银川综合保税区是联通中国与阿拉伯国家的"宁夏通道"，对宁夏内陆地区对外开放，发展外向型经济，带动宁夏整体经济发展具有重要的意义。

专栏 3 - 4

综合保税区

综合保税区是我国海关特殊监管区域的一种升级管理模式。自 1990 年 6 月上海外高桥保税区建立以来，保税区、出口加工区、跨境工业园区、保税物流园区、保税港区和综合保税区等各种形态的海关特殊监管区数量已超过 100 个。2013 年 9 月 29 日，中国（上海）自由贸易试验区经国务院批准挂牌成立，掀开了我国海关特殊监管区的新篇章。

综合保税区是设立在内陆地区的具有保税港区功能的海关特殊监管区域，由海关依据相关规定对综合保税区进行管理，执行保税港区的税收和外汇政策，集保税区、出口加工区、保税物流区、港口的功能于一体，可以发展国际中转、配送、采购、转口贸易和出口加工等业务。海关对综合保税区实行封闭管理，境外货物进入保税区实施保税管理，境内其他地区的货物进入保税区视同出境，按照国家相应政策可以退还其生产过程中缴纳的增值税。外经贸和外汇管理部门对保税区也在不同程度上实行较区外相对优惠的政策。综合保税区在更高层面搭建了利用国内、国外两个市场和两种资源，带动区域经济发展，实现产业链聚合的桥梁，是我国对外开放过程中的一个重大推进。

综合保税区整合了原来保税区、保税物流园区、出口加工区等多种外向型功能区的优势，符合国际惯例，也具有更加开放的形态。截至 2013 年 9 月 25 日，经国务院批准设立的综合保税区有 33 家，其中就包括银川综合保税区。目前苏州工业园综合保税区、天津滨海新区综合保税区、北京天竺综合保税区、重庆西永综合保税区、郑州新郑综合保税区、广西凭祥综合保税区、江苏昆山综合保税区、苏州高新区综合保税区和沈阳综合保税区 9 家综合保税区已经封关运行。

（二）特殊经济区域在产业布局及产业链构建方面的作用

从我国改革开放的实践来看，各种特殊经济区域如保税区、保税加工区、保税物流园区、保税物流港区和综合保税区等，在产业政策及投资导向包括外商投资指导目录的引导下，形成了产业链的启动点，构成了产业链的关键环节，有力地推动了产业链的发育与完善，为特殊经济区所在地的产业发展提供了新的升级点，拉动了区域经济的发展，为国内产业纳入全球价值链提供了不同层面的对接点，形成了提升我国产业国际地位与国际竞争力的重要平台。

第一，银川综合保税区的功能定位。自 2012 年 9 月国务院批复《宁夏内陆开放型经济试验区规划》以来，宁夏提出了试验区建设的四大战略定位：一是国家向西开放的战略高地，二是国家重要的能源化工基地，三是重要的清真食品和穆斯林用品的产业集聚地，四是承接产业转移的示范区。宁夏提出以沿黄经济区为平台，推进区域经济合作，以中阿博览会为平台，拓展对外交流合作，以综合保税区为平台，引领外向型经济发展，即所谓的三大平台建设。其中，对银川综合保税区给予了明确的功能定位，即以保税物流、保税加工和保税服务三大功能为主，积极拓展口岸作业功能。这四项功能要求银川综合保税区做到以下几点：一是要重点发展现代物流业，着力吸引国内外知名物流企业设立区域性的物流中心、分拨中心以及配送中心，大力发展保税货物的存储拼装和国际采购业务，发展第三方物流，为自治区的加工贸易企业提供全面的供应链管理服务，延伸物流供应链和分销链，以发挥其保税物流的服务功能；二是要有选择地承接国际以及国内沿海地区的产业转移，优先发展先进制造业，重点承接清真食品和用品加工业，形成辐射周边的产业集群，以发挥其保税加工的功能；三是要发展与保税物流和保税加工配套的研发、检测、维修、展览展示等生产性和流通性服务，以发挥其保税服务功能；四是要收送、存储、中转通过保税区进出境的货物，开展装卸、托运、存储和分拨等基本的货运口岸作业，以发挥其口岸作业功能。

第二，银川综合保税区的优越地理位置。银川综合保税区的服务功能以及产业定位的实现得益于其优越的地理位置。首先，宁夏内陆开放型经济试验区建设、银川滨河新区建设和河东机场三期建设，为保税区的发展奠定了重要基础，这是银川综合保税区建设的区域环境因素；其次，向西开放通道的建设，构建了一个中阿经贸合作的重要平台，这是银川综合保税区建设的国际因素。

第三，银川综合保税区的产业定位。着眼于第三产业的发展，一是发挥宁夏的文化优势、市场优势和贸易优势，集中发展高端穆斯林用品产业，引进穆斯林食品、保健品和奢侈品等加工贸易企业，把保税区打造成具有国际竞争优势的面向阿拉伯国家和穆斯林地区的国际高端穆斯林用品加工制造中心；二是全力推进保税物流和电子商务发展，把保税区建成地方优势产品的展销平台，依托中阿博览会，打造面向中东、服务穆斯林群体的"北方广交会"；三是引进先进的电子交易平台，拓展口岸功能，创新金融产品，发展离岸结算等金融服务业务；四是培育发展临空产业，依托银川国际空港物流中心的总体规划和河东机场临空经济园区规划，发展航空运输产业和航空制造产业，建设通用飞机复装基地以及技能培训和实习基地。

银川综合保税区的规划设计融入了宁夏人的智慧与胆识，在宁夏内陆开放型经济试验区建设的推动下，通过税收政策、贸易政策、保税监管政策和外汇政策的适当引导，银川综合保税区的建成与高效运营必将成为宁夏服务贸易发展的新亮点和重要支点。

（三）银川综合保税区的实践要密切关注我国投资管理的创新模式

继货物贸易和服务贸易之后，跨国投资成为国际经贸领域的热点议题，投资协议成为我国与发达国家在国际谈判中的焦点问题。中国（上海）自由贸易试验区实践的重点内容之一就是对外商直接投资采取了新的管理模式，即为投资者提供准入前的国民待遇，并以"负面清单"形式进行适当的约束管理。从战略上看，上海自贸区建设是为了提供或创造在全国范围内可以复制并推广的经验，对产业发展及布局规划方面的问题需给予高度重视。

以"正面清单"为依据的定向招商对投资的引领作用受到挑战。定向招商是我国依据本地经济条件进行产业布局和产业升级，发挥宏观调控作用的重要体现。产业升级规划是特殊经济区域的管理方和地方政府调控产业链条的重要手段之一。招商工作中的"硬约束"即具有"正面清单"性质的投资指导目录，受到准入前国民待遇以及逐渐缩小范围的"负面清单"管理模式的挑战，企业投资尤其是外商直接投资的取向更多的是受其自身的经济利益与跨国企业全球布局战略的引导，追求与要素结合的效率以及与市场契合的程度。从客观上看，这削弱了政府在调控产业结构升级、抢占全球价值链高端环节和提升产业国际竞争力方面的作用。从这个角度来看，实施准入前国民待遇和"负面清单"管理，会给我国制造业密集的地区如珠三角地区的产业升级带来一定的风险，有必要在自贸区投资管理模式及经验的推广中加以控制。

（四）银川综合保税区的建设要以推动适应宁夏区域经济特点的产业链发育为首要任务

银川综合保税区建设要参考中国（上海）自由贸易试验区在管理外商直接投资方面的做法，着力培养适应宁夏区域经济特点的产业链。提高产业发展规划的实施水平是我国全面深化改革，实现治理能力现代化的重要表现之一，也是塑造政府与市场的新型关系，发挥市场在资源配置方面的基础性作用的必要条件。产业发展政策的实施必须实现从直接规划向间接引导的转变，构建更加有效的产业发展规划的执行体系。

第一，突出环境政策的作用。针对不同地区的环境要素特点，通过产业发展的环境标准，如对水域的保护标准，对地貌的维护标准，对植被的补充标准，对地下水开采额度的标准，对废气废水的处理要求及排放标准等，保障大气环境和局部环境的安全，提升环境政策在产业发展布局方面的作用，把环境政策作为引导企业投资方向的"硬约束"。

第二，突出劳动（就业）政策的作用。应根据地区和行业及工种的具体情况，结合国民经济发展水平，适当参考国际标准，制定具有法律约束力的动态的最低工资标准，以影响企业投资的区域及行业。同时，创造条件逐步实现政府、行业协会和工会组织协同的多元化保障机制，厘清劳工标准覆盖的内容，形成劳动者合理获取企业发展和经济增长及改革红利的内在机制。

环境标准和劳工标准是以美国为首的发达国家在多边贸易谈判中提出，在区域经贸安排中实施，用以限制贸易伙伴的产业竞争力，获取自身优势的手段，一方面构成了发展中国家参与国际经济的重要障碍，另一方面也预示着未来国际经贸规则的走向，无法回避。我国要融入更为高端的全球经贸环境和多边经贸安排，就要通过自贸区投资管理模式的改革在这些领域进行提前演练。

第三，突出技术政策的作用。对落后产能进行治理是我国产业结构调整的一个重要手段。自贸区的投资管理模式会在一定程度上削弱这一手段的作用，至少它对企业的技术装备水平将不再是一种"硬约束"。如何利用技术政策对企业决策的影响是一个需要结合资源消耗和环境标准考虑的问题。

第四，突出区域用地规划的作用。把环境与技术水平等因素对投资决策及资源配置的影响，通过区域用地规划加以细化，作为一种综合因素与对投资实行"负面清单"管理的模式结合起来，调节产业投资的发展方向。

第五，突出财税政策的调节作用。通过运营成本影响不同产业、不同生产规模、不同技术装备水平的企业对未来盈利水平的预期，引导产业布局及结构的优化升级。

五　宁夏利用外资：规模空间潜力巨大

（一）外商直接投资在全社会固定资产形成中仍有巨大发展空间

与我国东部沿海地区相比，利用外商直接投资在宁夏社会经济发展中的地位相对较弱。从 1990 年到 2011 年，以 10 年为一个单位，1990 年宁夏利用外资 4697 万元，占当年全社会固定资产投资的比重仅为 2.14%，2000 年利用外资 22497 万元，占比为 1.4%，2010 年利用外资 41294 万元，占比为 0.28%，呈现一个明显的降低趋势。对这一趋势的解读有助于深入了解外商直接投资在宁夏回族自治区社会经济发展中的真实作用。首先，两个 10 年间，外商直接投资有较大的增长，2000 年较 1990 年增长了 379%，2010 年较 2000 年增长了 84%。由于利用外商直接投资的初始水平较低，前一个 10 年的增长十分迅猛，随着总体规模的扩大，第二个 10 年的增长速度明显放缓。其次，全社会固定资产投资的增速更高，2000 年较 1990 年增长了 632%，2010 年较 2000 年增长了 811%，远高于利用外资的增长速度（见表 3－6）。

表 3－6　宁夏全社会固定资产投资（1980～2011 年）

单位：万元

	1980 年	1990 年	2000 年	2010 年	2011 年
国家预算内资金	24497	40934	185722	890205	1327129
国内贷款	2080	52510	490678	4191316	3576427
利用外资		4697	22497	41294	88561
自筹资金			492953	7121225	8910642
其他资金	13181	121422	416354	2399826	2747800
投资总额	39758	219563	1608204	14643866	16650559

资料来源：《宁夏统计年鉴》（2011 年），中国统计出版社，2012。

从资金来源看，全社会固定资产投资有 5 项来源，一是国家预算内资金，二是国内贷款，三是利用外资，四是自筹资金，五是其他资金。1980 年国家预算内资金占全社会固定资产投资的 62%，国内贷款占 5%，其他资金占 33%，利用外资和自筹资金项下为 0；1990 年国家预算内资金占 19%，国内贷款占 24%，利用外资占 2%，其他资金占 55%，自筹资金项下为 0；2000 年 5 项资金分别占 12%、31%、1%、31% 和 26%；2010 年国家预算内资金、国内贷款、自筹资金和其他资金分别占 6%、29%、49% 和 16%，利用外资比重不足 1%。可以看出：第一，国家预算内资金在全社会固定资产形成中的重要性明显下降，占比从 1980 年的 62% 下降到 2010 年的 6%；第二，国内贷款作为一种商业模式，占比从 1980 年的 5% 上升到 2010 年的 29%，逐渐成为社会固定资产形成的一项重要来源；第三，利用外商直接投资从无到有，但是所占比重不大，从 1990 年的 2% 下降到 2010 年的不足 1%，对全社会固定资产形成的作用不大；第四，自筹资金是改革开放以来全社会固定资产形成中的一个新鲜事物，直到 2000 年才有统计数字，但是其所占比重不可忽视，2000 年起点很高，占 31%，2010 年也占将近 50%，是全社会固定资产的最主要来源，也说明其在固定资产投资中的主导地位已经形成；第五，其他资金来源从 20 世纪 80 年代和 90 年代的辉煌逐渐式微，从 1980 年的 33% 和 1990 年的 55%，降到 2010 年的 16%。

（二）外商直接投资与港澳台资企业数量在全区企业中的比重不突出

2011 年宁夏回族自治区有企业法人 25644 家，其中外商投资企业 95 家，港澳台商投资企业 41 家，合计占比不足 1%。从当年的经营方式来看，在 95 家外商投资企业中，中外合资经营的有 55 家，中外合作经营的有 3 家，其他方式的有 37 家；在 41 家港澳台商投资企业中，合资经营的有 14 家，合作经营的有 4 家，独资经营的有 11 家，股份有限公司有 12 家。利用外资显示出如下特点。

第一，利用外资协议数量大幅度减少。如图 3 - 4 所示，2011 年宁夏签订利用外资协议 19 个，比 1995 年的 53 个，2000 年的 42 个，2005 年的 41 个，以及 2010 年的 37 个，都有大幅度的减少。其中外商直接投资项目也呈现大幅度减少的态势，2011 年签订外商直接投资项目 15 个，比 1995 年的 42 个，2000 年和 2005 年的 32 个，以及 2010 年的 25 个，也都有大幅度的减少。

第二，实际利用外商直接投资规模呈现明显增长趋势。与利用外资协议项目及外商直接投资项目的数目减少形成鲜明对比的是，自 1995 年以来宁夏实际利用外资额与实际利用外商直接投资额都呈现增长的态势。1995

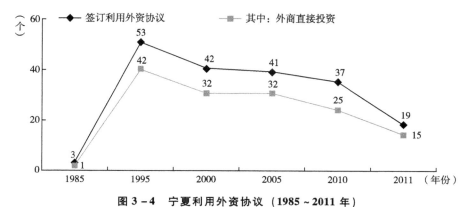

图 3 - 4　宁夏利用外资协议（1985～2011 年）

资料来源：笔者根据《宁夏统计年鉴》（2011 年）制作。

年实际利用外资规模达 6715 万美元，2011 年增长到 34226 万美元，其中利用外商直接投资规模从 3205 万美元增长到 20199 万美元。

第三，项目规模明显扩大。在利用外资协议数量减少的情况下，单个项目的投资额明显增加，吸引与利用外资的项目规模从 1995 年的 126 万美元增加到 2011 年的 1800 万美元，实际利用外商直接投资的项目规模从 1995 年的 76 万美元增加到 2011 年的 1347 万美元。

第四，利用外商直接投资在实际利用外资中的比重起伏不定。实际利用外资包括对外借款、外商直接投资和外商其他投资 3 项主要内容，外商直接投资的规模表现为外国企业在本地资本形成中的作用。1985 年宁夏外商直接投资在实际利用外资中的比重为 25%，1995 年为 48%，2000 年为 14%，2005 年为 48%，2010 年为 35%，2011 年为 59%。起伏的主要原因在于对外借款规模发生相对变化，如 2000 年的对外借款较 1995 年增长了 1 倍多，而同期外商直接投资却下降了 60%，其结果是外商直接投资在实际利用外资中的比重骤降。再如 2010 年，对外借款规模较 2005 年增长了 1 倍，外商直接投资却仅增长 21%，导致外商直接投资在实际利用外资中的比重下降。2011 年的情况刚好相反，对外借款规模下降，而外商直接投资的增长超过 1 倍，导致其比重大幅度上升。

宁夏实际利用外资情况如图 3 - 5 所示。

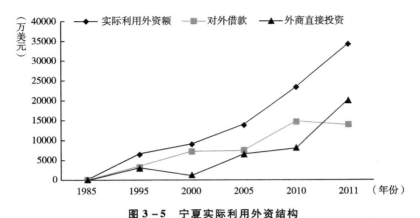

图 3 - 5　宁夏实际利用外资结构

资料来源：笔者根据《宁夏统计年鉴》（2011 年）制作。

（三）外商投资企业在创造城镇就业机会方面的作用有待提高

1995 年宁夏城镇从业人员有 81.1 万人，2011 年增长到 130.7 万人，同期外商投资企业用工人数从 0.9 万人增加到 1.4 万人，略低于城镇从业人员的整体增幅。从就业人员数量来看，外商投资企业的作用呈现下降的趋势，远不如私营企业在吸纳就业人员方面的作用大。同期，宁夏私营企业的城镇就业人数从 1995 年的 1.9 万人上升到 39.2 万人，在整个城镇就业人员中的比重从 2.3% 上升到 30%，成为城镇就业机会的主要提供者。

六　宁夏发展服务贸易与利用外资的新动向

第一，高度关注我国在利用外商直接投资管理模式创新中的新挑战。开发与开放、吸引国内外直接投资是推动宁夏"两区"建设的重要因素，在招商引资工作中需要审慎地考虑区域经济的产业发展规划。一般说来，特殊经济区发展的一个重要目的就是为在一定区域内形成产业链集群服务。2013 年，中国（上海）自由贸易试验区设立，引进了新的招商引资模式，以准入前国民待遇和"负面清单"模式对投资活动进行管理。这一模式的试行与推广，必将给全国范围内特殊经济区的引资工作带来新的挑战，给特殊经济区土地资源的合理利用及产业结构的升级带来新的课题。控制利用外商直接投资的质量，通过合理构建银川综合保税区的产业链条，带动宁夏经济发展的良性循环，需要在"两区"建设中解放思想，通过制度创新，提高利用外商直接投资的治理能力和管理水平。

第二，审慎对待流通领域的免税购物政策。在调研过程中，宁夏方面提出在宁夏"两区"建设中争取在宁夏仿照海南模式，开放免税购物的特殊政策，以吸引更多的游客到宁夏购物。这一设想在推动地方经济发展方面具有很大的诱惑力，但也应该看到在宁夏实施免税购物政策有一定的难度。一是单纯的免税购物政策在吸引游客方面未必具有决定性的意义；二是要考虑基础设施条件能否满足增长的需要；三是非税商品与免税商品的甄别会加大管理成本。为此，可以考虑通过银川综合保税区建立一个可供选择的模式，即在综合保税区中开放零售市场，以此达到免税购物的目的。

第三，突出环保政策在影响宁夏区域经济发展中的作用。宁夏整体工业发展水平与东部或其他中西部省份相比，尚处于中下游水平，对自然环境的影响相对较小，发展经济，尤其是发展能源化工产业，需要认真考虑自然环境所具有的承载能力，避免走先污染再治理的老路，否则，未来环境的治理将是十分棘手的问题。

第四，发挥穆斯林文化在发展宁夏服务贸易与利用外资方面的基础性作用。宁夏具有很强的穆斯林文化传统，并延伸到了生产、服务、消费等诸多领域，特别是在服务贸易中，穆斯林文化传统有着重要的影响。因此，了解穆斯林的文化理念，尊重穆斯林的传统习俗，是所有企业在与阿拉伯国家和地区进行经贸往来时要重点注意的事情。应充分借助中阿博览会在联系阿拉伯国家、弘扬穆斯林文化方面的积极作用，政府搭台、企业唱戏，带动双边与多边的经贸往来，发挥宁夏的特有优势，内联沿海东部地区，外联阿拉伯国家，形成跨国、跨省的产业链条，创造宁夏与周边地区对银川综合保税区经贸平台的需求，建立常态化的联席组织机制与沟通渠道，通过中国银川（穆斯林）国际商贸城的批发交易平台和网上交易平台，以政府引导、市场运作的方式，创造中阿博览会世界级品牌。

第四章　中阿金融合作：宁夏与阿拉伯国家金融合作

建设宁夏内陆开放型经济试验区，促进中阿经贸合作，推动中国向西开放，是一项国家战略。要实现这一战略，需要多方面的配合，要在一些领域有所突破。加强文化交流是经贸合作的基础，深化金融合作是经贸合作的加速器。如果没有文化交流，则中阿经贸合作的规模很难扩大；如果没有金融合作，则中阿经贸合作难以驶上快车道。在当前形势下，立足宁夏，推动中阿金融合作，既是建设宁夏内陆开放型经济试验区和推动中国向西开放的内在要求，又是提升中国国家金融影响力和推动现行国际金融治理框架变革的一个突破口。

一　宁夏金融发展现状

（一）宁夏金融发展的基本情况

近年来，宁夏金融业改革和发展步伐不断加快，有力地促进了宁夏经济社会的发展。但总体上看，宁夏金融业总量较小，银行业是主体，证券、保险市场规模偏小，法人类信托等机构几乎空白，市场体系还不健全。

1. 银行业

截至 2011 年末，宁夏全区银行业金融机构超过 19 家，其中政策性银行有 2 家（国家开发银行、中国农业发展银行），国有大型商业银行有 6 家（中国工商银行、中国农业银行、中国银行、中国建设银行、中国交通银行、中国邮政储蓄银行），全国性股份制银行有 1 家（招商银行），城市商业银行有 2 家，村镇银行有 7 家，营业网点有 1136 个。2011 年末全区银行业本外币各项存款余额为 2978 亿元，其中人民币存款余额为 2966.87 亿元。本外币各项贷款余额为 2907 亿元，比年初增加 488 亿元。人民币各项贷款余额为 2860.58 亿元，比 2010 年增加 461.88 亿元。其中，短期贷款余额为 944.83 亿元，比 2010 年增加 241.91 亿元；中长期贷款余额为 1800.47 亿元，比 2010 年增加 192.31 亿元。

2001～2011 年宁夏地区金融机构人民币各项存贷款余额如表 4－1 所示。

表 4－1　宁夏地区金融机构人民币各项存贷款余额

单位：亿元

年份	各项存款		各项贷款			
	总额	其中：储蓄	总额	其中		
				短期贷款	中长期贷款	票据融资
2001	468.87	257.97	441.39	202.12	229.56	3.57
2002	578.16	306.75	524.56	230.69	281.22	10.02
2003	746.35	377.70	681.61	288.02	365.08	25.14
2004	841.16	425.52	762.14	308.39	425.37	25.24
2005	985.34	509.50	833.88	344.38	458.63	26.87
2006	1131.22	581.14	983.37	410.26	532.52	38.94
2007	1278.52	613.96	1184.57	472.84	650.65	59.71
2008	1590.58	794.06	1402.56	534.14	796.53	71.36
2009	2058.49	967.72	1917.40	683.41	1156.54	77.26
2010	2573.64	1170.25	2398.70	702.92	1608.16	87.38
2011	2966.87	1351.30	2860.58	944.83	1800.47	114.41

资料来源：《宁夏统计年鉴》（2012 年）。

调研资料显示，截至 2013 年 2 月末，全区 19 家金融机构的存款余额为 3388.9 亿元。其中，建行存款余额为 570.2 亿元，占 16.83%，居第一位；宁夏银行的存款余额为 494.4 亿元，占 14.59%，居第二位；农行的存款余额为 459.1 亿元，占 13.55%，居第三位；农村信用社的存款余额为 415 亿元，占 12.25%，居第四位；工行的存款余额为 410.1 亿元，占 12.10%，居第五位。截至 2 月末，全区 19 家金融机构的储蓄存款余额为 1792.9 亿元。其中，宁夏银行的储蓄存款余额为 185.8 亿元，占 10.36%，居第五位；比年初增加 20.5 亿元，增量市场排第三位。

截至 2013 年 2 月末，全区 19 家金融机构的各项贷款余额为 2735.5 亿元。其中，建行的贷款余额为 530.3 亿元，占 19.39%，居第一位；工行的贷款余额为 467.3 亿元，占 17.08%，居第二位；农行的贷款余额为 324.1 亿元，占 11.85%，居第三位；宁夏银行的贷款余额为 314.2 亿元，占 11.49%（上年末占 11.59%），居第四位。1~2 月，全区 19 家金融机构的各项贷款比年初增加 90 亿元，宁夏银行的各项贷款比年初增加 7.9 亿元，市场增量占 8.81%。

2. 证券业

截至 2012 年 8 月末，全区有上市公司 12 家，总股本有 42.97 亿股，流通股本有 36.86 亿股；总市值达 364.50 亿元，流通市值达 317.33 亿元，环比分别增长 0.49% 和 0.54%。证券经营机构有 26 家。期货营业部有 3 家，分别是格林期货、华龙期货和中证期货公司的银川营业部。

3. 保险业

截至 2011 年末，全区保险公司分支机构有 15 家，其中财险公司有 6 家，寿险公司有 9 家。2011 年，保险公司区内实现保费收入 55.3 亿元，比上年增长 4.9%。其中，财产保险保费收入达 21.88 亿元，人身保险保费收入达 3.5 亿元。全年支付各项赔款和给付 14.75 亿元，增长 26.3%。保险密度（人均保费收入）为 860.7 元/人，保险深度（即保费收入占国内生产总值的比例）为 2.7%。

（二）宁夏金融发展中存在的突出问题

第一，地方经济总量较小。金融业的发展与地区经济基础和总量息息相关。与发达省份相比，宁夏的经济基础依然薄弱，产业集群发展水平不高，经济总量相对较小。2012 年，宁夏实现地区生产总值 2627 亿元，不到同期广东省的 5%，金融业快速发展缺乏必要的经济支撑。

2002～2011 年主要年份中国各省份地区生产总值如表 4 - 2 所示。

表 4 - 2　主要年份中国各省份地区生产总值比较

单位：亿元

地　　区	2011 年	2010 年	2009 年	2005 年	2002 年
北　京	16251.93	14113.58	12153.03	6969.52	4315.00
天　津	11307.28	9224.46	7521.85	3905.64	2150.76
河　北	24515.76	20394.26	17235.48	10012.11	6018.28
山　西	11237.55	9200.86	7358.31	4230.53	2324.80
内蒙古	14359.88	11672.00	9740.25	3905.03	1940.94
辽　宁	22226.70	18457.27	15212.49	8047.26	5458.22
吉　林	10568.83	8667.58	7278.75	3620.27	2348.54
黑龙江	12582.00	10368.60	8587.00	5513.70	3637.20
上　海	19195.69	17165.98	15046.45	9247.66	5741.03
江　苏	49110.27	41425.48	34457.30	18598.69	10606.85
浙　江	32318.85	27722.31	22990.35	13417.68	8003.67
安　徽	15300.65	12359.33	10062.82	5350.17	3519.72
福　建	17560.18	14737.12	12236.53	6554.69	4467.55
江　西	11702.82	9451.26	7655.18	4056.76	2450.48
山　东	45361.85	39169.92	33896.65	18366.87	10275.50
河　南	26931.03	23092.36	19480.46	10587.42	6035.48
湖　北	19632.26	15967.61	12961.10	6590.19	4212.82
湖　南	19669.56	16037.96	13059.69	6596.10	4151.54
广　东	53210.28	46013.06	39482.56	22557.37	13502.42
广　西	11720.87	9569.85	7759.16	3984.10	2523.73

地　　区	2011 年	2010 年	2009 年	2005 年	2002 年
海　南	2522. 66	2064. 50	1654. 21	918. 75	642. 73
重　庆	10011. 37	7925. 58	6530. 01	3467. 72	2232. 86
四　川	21026. 68	17185. 48	14151. 28	7385. 10	4725. 01
贵　州	5701. 84	4602. 16	3912. 68	2005. 42	1243. 43
云　南	8893. 12	7224. 18	6169. 75	3462. 73	2312. 82
西　藏	605. 83	507. 46	441. 36	248. 80	162. 04
陕　西	12512. 30	10123. 48	8169. 80	3933. 72	2253. 39
甘　肃	5020. 37	4120. 75	3387. 56	1933. 98	1232. 03
青　海	1670. 44	1350. 43	1081. 27	543. 32	340. 65
宁　夏	2102. 21	1689. 65	1353. 31	612. 61	377. 16
新　疆	6610. 05	5437. 47	4277. 05	2604. 19	1612. 65

资料来源：国家统计局官方网站。

第二，区域金融生态环境有待改善。区域金融生态环境的好坏直接影响区域金融业的发展。与发达经济区相比，宁夏的金融生态环境仍存在不少问题，如社会信用体系不健全，企业和个人逃废债务行为时有发生。金融依法维权较难，"赢了官司赔了钱"的现象仍然存在。社会担保体系建设不完善，融资性担保公司经营规模较小，担保能力有限，企业融资担保难的问题较为突出。

第三，金融市场体系不健全。金融市场体系多元化是金融深化的结果和标志。目前，宁夏没有地方法人证券公司、基金公司、期货公司、信托投资公司、保险公司、金融租赁公司，现代金融服务体系尚未建立，金融服务中介机构较少，金融聚集能力还很有限。间接融资仍占绝对比重，企业融资过度依赖银行贷款。受股权结果、信贷规模、跨区域政策调控等因素影响，金融业市场化程度较低，发展步伐趋缓。

（三）宁夏本地关于推动金融发展的诉求

为更好地加快"两区"建设，推动本地金融发展，宁夏地区相关部门提出了如下一些建议和诉求。可以看出，这其中有许多工作是需要本地政府完成的，而有一些则是需要在国家层面考虑的。

第一，加强政策引导和支持。结合"两区"建设实际，尽快制定出台《金融支持宁夏内陆开放型经济试验区建设的指导意见》，明确今后一段时期金融业发展的总体思路、目标任务和支持重点。积极争取国家政策支持，努力在打造银川区域性国际金融中心、实施"石油美元"资本项目定额定向开放、构建中阿金融合作机制等方面，争取国家在外汇资本跨境流动、信贷规模、再贷款、存款准备金率等方面的差别化政策。

第二，发挥财政资金与信贷资金的合力支持作用。抢抓国家加大对中西部贫困连片地区财政支出力度的机遇，成立由各级财政部门、银行、企业等共同出资的地区性慈善基金会、产业投资基金会、投资集团等，加大对自治区"黄河善谷"建设和特色优势产业发展的资金支持力度。参照《国家级边境经济合作区基础设施项目贷款财政贴息资金管理办法》，对试验区内重大基础设施和产业项目给予额度倾斜和利率优惠，财政部门给予贷款贴息、税收优惠、资金补贴等政策倾斜，共同促进试验区建设。积极探索开展基础设施建设资产证券化，通过境外发债等方式募集建设资金。

第三，持续优化金融生态环境。加快"信用宁夏"的建设步伐，进一步完善客户和个人信用评价制度，强化失信惩戒机制，严厉打击逃废金融债务、骗保骗赔及非法集资等非法金融活动。建立政府相关部门与监管机构的信息共享机制，引导金融机构加强行业自律和公平竞争，规范民间融资行为，防范金融风险。加快完善融资担保体系和创业投资体系，为中小企业、个体工商户、特色优势产业及战略性新兴产业的发展提供支持。

第四，加快完善区域金融市场体系。加大"金融招商"的力度，积极吸引银行、证券公司、保险公司、信托公司、基金公司等金融机构及产权交易机构来宁夏设立地区总部或分支机构，加快培育发展一批有实力的会计、审计、律师、资产评估、信用评级、经纪代理等中介服务机构，完善金融服务体系。对引进或新设的金融机构给予各类税费部分减免、返还、降低税率、财政补贴等政策优惠。积极探索设立或支持有条件的企业设立地方保险公司、信托投资公司、基金管理公司、金融租赁公司等金融机构，完善地方金融机构的经营机制，促进其提高市场化程度，完善地方金融服务功能。

专栏 4－1

关于《国家级边境经济合作区基础设施项目
贷款财政贴息资金管理办法》

2009 年 2 月 25 日，财政部印发《国家级边境经济合作区基础设施项目贷款财政贴息资金管理办法》。适应该办法的地区包括内蒙古、广西、云南、新疆、黑龙江、吉林、辽宁。覆盖的基础设施项目包括以下7 个方面。第一，区内道路、桥涵、隧道等项目。第二，区内污水、生活垃圾处理及生态环境建设项目。第三，区内供电、供热、供气、供水及通信网络等基础设施项目。第四，区内政府所有，为中小企业创业、自主创新提供场所服务和技术服务的孵化器，以及公共技术支撑服务平台。其内容包括：物理场所建设、软硬件设备系统购置以及专用软件开发等，不包括中小企业拥有和开发的部分。第五，区内为集约利用土地，节约资源，服务中小企业，政府所有的边民互市市场、保税仓库、标准厂房、公共物流中心及其附属设施等项目。第六，区内口岸、边检、联检及其附属设施等基础设施项目。第七，区内其他符合公共财政支持范围的基础设施项目。

该办法的主要内容包括贴息原则及范围，贴息资金的申报、审查和下达，贴息资金财务处理及监督管理，其要点如下。

一　贴息原则及范围

第五条　贴息资金实行先付后贴的原则，即项目单位必须凭贷款银行开具的利息支付清单向财政部门申请贴息。

第六条　贴息范围：本办法规定的国家级边境经济合作区内已落实贷款并支付银行贷款利息的基础设施在建项目，均可按规定申报贴息。

第七条　贴息资金计算：贴息资金根据项目单位符合贴息条件的银行贷款余额、当年贴补率和当年实际支付的利息数计算确定。

第八条　贴息期限：按项目建设期限贴息。原则上所有项目享受财政贴息期限不得超过 5 年。

根据合作区基础设施项目的特点，对项目建设期少于 3 年（含 3 年）的，按项目建设期进行贴息；对项目建设期大于 3 年的，均按不超过 5 年进行贴息；属于购置的，按两年进行贴息。

第九条　贴息标准和时间：财政贴息的贴补率由财政部根据年度贴息资金预算控制指标、项目当期的银行贷款利率和项目对贴息资金需求，按不高于 3% 的比例一年一定。

贴息时间为 2008 年 6 月 21 日至 2009 年 6 月 20 日。

二　贴息资金的申报、审查和下达

第十条　符合本办法规定的基础设施项目，由项目单位申报财政贴息。凡已申请其他贴息资金的项目，不得重复申报。

第十一条　项目单位申报财政贴息，应按要求填制基本建设贷款财政贴息项目申请表一式两份，并附项目批准文件、借款合同、银行贷款到位凭证、银行签证利息单等材料，经贷款经办行签署意见后，报送合作区财政部门。

合作区财政部门根据本办法的规定，对本区项目单位提交的贴息材料进行认真审核后，填写基本建设贷款财政贴息项目汇总表，并附项目单位报送的有关材料，上报省（自治区）财政厅。

各有关省（自治区）财政厅对本省（自治区）项目申报的贴息材料进行审核后，填写基本建设贷款财政贴息项目汇总表，并附项目单位报送的项目批准文件、借款合同、银行贷款到位凭证、银行签证利息单、贷款经办行意见等材料，经财政部驻当地财政监察专员办事处签署审核意见后，于2009年7月底以前上报财政部审批。未经财政部驻当地财政监察专员办事处审查的材料，财政部不予受理。

上述申报材料应按本办法第三条所列分类别填报具体项目和提交相关材料，不得打捆上报，否则不予贴息。

第十二条　财政部驻有关省（自治区）财政监察专员办事处根据本办法规定的贴息范围、贴息期限等条件，加强对当地项目单位报送的基本建设贷款财政贴息材料真实性的审核，剔除重复多头申报项目，并将审核的书面意见在规定的时间内随申请贴息材料一并上报财政部，以便财政部在核定财政贴息时参考。

第十三条　财政部对各地上报的贴息材料进行审查后，根据年度预算安排的贴息资金规模，按具体项目逐个核定贴息资金数，并按规定下达预算。对不符合条件和要求或超过规定上报时间的项目，财政部不予贴息。

第十四条　财政贴息资金通过财政部门拨付到项目单位。

三　贴息资金财务处理及监督管理

第十五条　项目单位收到财政贴息资金后，分以下情况处理：在建项目应作冲减工程成本处理；竣工项目作冲减财务费用处理。

第十六条　各有关省（自治区）财政厅及合作区财政部门对区内的基础设施项目建设及资金落实情况要定期进行检查，会同有关单位督促项目按合理工期进行建设，已建成的项目，要及时办理竣工决算。

贴息资金下达后，省级财政主管部门要定期对财政贴息资金的落实情况进行监督、检查，确保贴息资金发挥效益，并于每年年底向财政部报告贴息项目的执行情况和财政贴息资金的落实情况。

第十七条　各项目单位要严格按照国家规定的贴息范围、贴息期限、贴息比率等事项填报贴息申请表。同时，财政贴息资金是专项资金，必须保证贴息的专款专用。任何单位不得以任何理由、任何形式截留、挪用财政贴息资金。

第十八条　违反规定骗取、截留、挪用贴息资金的，依照《财政违法行为处罚处分条例》的规定进行处理。

二 宁夏开展中阿金融合作的进展和评析

（一）宁夏银行开展伊斯兰金融业务的基本情况

就伊斯兰金融而言，不考虑中国香港和台湾地区①，中国在这方面的突破始于宁夏银行。2009 年 12 月 24 日，宁夏银行在总行设立了伊斯兰金融事业部，该部门作为总行的职能部门之一，负责制定伊斯兰银行业务的规章制度和操作流程，制定并组织实施业务营销策略，负责授权范围内融资业务的审查审批，指导服务中心会计核算以及业务培训等。银监会首批授权吴忠支行等 5 家支行设立了伊斯兰金融服务中心，作为向广大客户宣传和办理伊斯兰银行业务的窗口。设立了由伊斯兰宗教人士及熟悉伊斯兰商法的专家学者组成的伊斯兰金融咨询委员会，负责审核伊斯兰银行产品的教义合规性，使银行产品更切合穆斯林的习惯，避免产生声誉风险和教义方面的纠纷。伊斯兰金融咨询委员会及成员不参与银行的实际经营管理，不存在对银行经营的干预和控制问题。

专栏 4 - 2

伊斯兰金融

简单说，所谓"伊斯兰金融"，就是完全遵从伊斯兰教规（Shariah）的

---

① 香港是中国最早提出搭建伊斯兰金融平台想法的地区，香港政府在 2007 年提出要大力发展伊斯兰金融。2007 年 8 月，香港金管局批准马来西亚丰隆银行（香港）有限公司推出香港市场首个伊斯兰银行业务窗口；同年 11 月，丰隆银行（香港）有限公司又发行了首支针对零售投资者的伊斯兰基金；同月，恒生投资管理有限公司（恒生银行）推出一伊斯兰基金，第一个月就募集到 6500 万美元。2008 年初，在沙特阿拉伯首都利雅得，时任香港特别行政区行政长官曾荫权表示："香港金融服务基建设施稳固，法律制度灵活完备，完全可以成为东亚地区的伊斯兰金融交易中心。"台湾相对香港起步较晚，在伊斯兰金融浪潮之下，官方及行业组织开始举办地区性伊斯兰金融论坛。

金融交易行为，英文称作"Shariah-eompliant Finance"。相对应的，我们通常熟悉的金融则称为"普通金融"（Conventional Finance）。

伊斯兰教规有两大法源，其一是《古兰经》，其二是公元 7 世纪穆罕默德时代开始的阿拉伯半岛的社会习俗。从金融角度看，伊斯兰教规的核心原则是禁止收取利息和投机，鼓励共同投资、分担风险。根据《古兰经》，"阿拉允许贸易但禁止利息"。对于伊斯兰教而言，由于承担风险而赚取回报是合理的，但收取利息是被禁止的。

需要注意的是，伊斯兰教中的"利息"（Riba），与我们通常所说的"Interest"的含义并不完全相同，从起源看，其更接近于"高利贷"（Usury）。更重要的是，伊斯兰教认为，货币虽然是储藏价值的手段，但它本身并不是商品，不借助实物投资等实际经济活动，货币本身不会产生任何实际产品，也就是说，仅仅通过货币的融通或借贷就能获取收益，这有悖伊斯兰教义特别强调的公平、合作的原则，也会阻碍经济发展；通过货币借贷进行投资活动所产生的风险应该被分担，而不是交易。

伊斯兰金融在实际操作中，是一个较为广义的概念，包括银行、债券、股票、基金等。

1. 伊斯兰银行业务。伊斯兰金融回避利息限制的做法主要有两种。一种是充当商品交易的中介，这里的商品以前是普通的物品，后来扩展到动产、不动产。主要业务品种有：①Murabaha（类似贸易融资，一种加价形式的融资）；②Ijarah（类似金融租赁）；③Istisna（类似委托订单生产）。另一种是通过共同投资分享投资损益，主要业务品种有：①Mudaraba（利润分享）；②Musharaka（类似出资参与，即银行和一方或多方签署一个共同投资协议，以出资份额确定损益分配）。从表 1 可以看出，Murabaha 仍是主要的银行类伊斯兰金融工具。

从伊斯兰银行的业务来看，银行既可以充当借贷双方的中介，也可以直接作为投资的一方。也就是说，它既可以是商业银行，也可以充当投资银行，两种不同形式的业务完全混合在一起，而且中间没有设置任何防火墙。

表1　伊斯兰金融产品与传统金融产品的比较

单位：%

产品名称	特　征	份　额
Murabaha（成本加融资）	银行购买顾客所需商品，并且以更高的价格出售给顾客，如有折扣，则向顾客通知并分享折扣；客户根据合同规定付款，一般为一次性付款或分期付款，商品最终价格包括金融机构支付给原销售方的价格以及银行的利润；一旦出现违约，则客户只对合同上的销售价格有偿还义务	75
Mudaraba（利润分享）	一方投入全部资本金并由另一方经营所投资的项目；利润按照事先约定分成；这种形式通常用于投资基金，伊斯兰银行管理投资者的资本，并按约定收取管理费用	10
Musharaka（股本参与）	所有对生意有贡献的参与者都有权参与经营；利润按照事先约定分享；贡献按照现金流或其他形式计算	5
Ijarah（租赁）	伊斯兰银行根据客户的需要购买某项资产或物品，在特定的时间内租赁给客户并收取固定的租赁费，且拥有对该项资产或物品的拥有权，并承担风险和责任	10

在伊斯兰银行的两大类业务中，80%左右为商品交易中介业务，其余为共同投资业务。由于前者风险较小，因此，伊斯兰银行的经营总体上是稳健的。伊斯兰教规忌讳投机活动，银行通常对高杠杆的公司（例如负债超过市值33%）禁止贷款。伊斯兰银行的权益资本很多，资本杠杆小于普通商业银行，容易应对意外事件的冲击。

2. 伊斯兰债券（Sukuk）。伊斯兰债券是近年来伊斯兰金融迅速发展的主要推动力量，其发行种类较多，比较常见的一种形式是 Ijarah – backed-Sukuk（租赁债券）。这种债券也是伊斯兰国家发行证券所采取的主要形式。这种债券的发行首先需要有一个独立的发行主体。第一步，资金需求方（资产供应者）将自己的资产（如不动产等）质押给发行主体，获得相应的资金，发行主体以资产为担保，发行债券，获得资金；第二步，在债券存续期间，资产供应方提供租金，投资方获得票息；第三步，资产供应方偿还资金，收回资产所有权，发行主体偿还投资者本金。

关于伊斯兰金融业务的监管，伊斯兰银行都设有教规委员会，他们认为这种自我监管的形式已经足够了。但是，伊斯兰教规本身并没有统一的权威解释，各国的监管标准存在分歧。随着伊斯兰金融业务规模的扩展，内部竞争不可避免，而且当它作为国际金融体系的一部分进入国际市场时，监管协调显得更有必要。1991 年，"伊斯兰金融机构会计与审计组织"（AAOIFI）成立，本部设在巴林，在 29 个国家拥有 100 多个会员，发布了 50 多项行业标准，涉及会计、审计、公司治理、伦理等内容。2002 年，为了进一步确立伊斯兰金融的国际标准，成立了"伊斯兰金融服务局"（IFSB），总部设在马来西亚，由 16 个国家的中央银行参加，被视为"伊斯兰版的 BIS"，近年来在风险管理、自有资金比率等领域取得了一些进展。但是，由于各国对教规本身的解释存在差异，统一的监管还处在摸索的过程之中。

资料来源：瞿强著《伊斯兰金融的近期发展》，《国际金融研究》2008 年第 11 期；易诚著《伊斯兰金融产品与传统金融产品的比较》，《华北金融》2006 年第 5 期。

宁夏银行开展伊斯兰银行业务以来，获监管部门批准推出的产品有保管账户、理财账户和加价贸易 3 种，目前实际办理的业务为保管账户和加价贸易两种。保管账户是银行与客户签订合约，为客户保管资金，负责客户存款本金的安全，客户可以随时提取本金，银行不向客户支付收益，但可以礼品形式回馈客户的一种类似储蓄存款的产品。理财账户是银行与客户签订合约，向个人或机构募集资金，按照约定的条件，将资金投向伊斯兰教教义规定的资产或项目，银行和客户按照事先约定的比例进行收益分配的一种产品，相当于理财产品。宁夏银行已发行了一期 4000 万元半年期财富金账户产品，利润率为 3.4%，已顺利兑付。加价贸易是客户与银行签订购买合约，约定由银行代客户向商品供应者购买商品，银行再以购买成本加上利润卖给客户，加价部分就是银行的收益，客户延期支付货款，属于贸易融资产品。目前，宁夏银行伊斯兰银行业务试点的服务对象为穆斯林个人客户和经营活动符合伊斯兰教义要求的法人客户。

截至 2012 年 6 月 30 日，宁夏银行累计开立保管账户 1011 户，首次突破 1000 户，账户余额达 5382 万元，较上年增加 2905 万元。其中个人保管账户为 858 户，账户余额为 3287 万元，较上年增加 1335 万元；对公保管账户为 153 户，账户余额为 2095 万元，较上年增加 1570 万元。截至 2012 年 6 月 30 日，加价贸易业务总余额为 71406 万元，较年初增加了 15416 万元，其中小微型企业业务余额为 49696 万元，占业务总余额的 69.6%；大中型企业业务余额为 18950 万元，占业务总余额的 26.5%；个人业务余额为 2760 万元，占业务总余额的 3.9%。

按照监管部门的要求，宁夏银行严格要求分支机构重点对遵循伊斯兰教教义的法人客户和信仰伊斯兰教的个人客户进行营销，法人客户原则上要求产品具有清真品牌或企业法定代表人信仰伊斯兰教。目前该业务的适用群体范围逐步扩大，主要涉及农副产品、乳品饮料、羊绒、粮油、调味品、鱼类、牛羊肉加工及钢材流通、煤炭生产、流通等行业。同时，加价贸易业务在资金发放当天全部将货款直接支付给供货商，不经过融资人账户，避免资金不按用途使用，有效防范了资金的挪用风险，进一步保障了贸易背景的真实性。

从整体的资产、负债及收入状况来看，截至 2012 年 6 月 30 日，宁夏银行伊斯兰银行业务的资产总额为 70873 万元，占全行总资产的 1%，较上年增加了 15252 万元；负债总额为 68229 万元，占全行总负债的 1.04%，较上年增加了 15772 万元；伊斯兰金融业务的收入总额为 2800 万元，占全行营业收入的 1.18%，利润总额为 2643 万元，占全行利润总额的 4.34%。资产、负债等各项指标都有所增加，伊斯兰银行业务正向规划的方向发展。

（二）伊斯兰金融的发展特征和若干新进展

伊斯兰教教义是阿拉伯国家和伊斯兰金融的内在联结点。阿拉伯国家中的绝大部分人都信奉伊斯兰教，而伊斯兰金融的基本思想均发轫于伊斯兰教教义。梳理伊斯兰金融 30 余年的发展历程可以看出，伊斯兰金融的产生与存在具有现实的宗教基础、政治基础和经济基础。其一，伊斯兰金融发展的过程是一个传统金融形式与伊斯兰教教义两者相互调和的过程，而现代伊斯兰金融实质上是现代金融与伊斯兰宗教相融合的产物，既具有浓厚的宗教色彩，也吸收了现代金融的发展和监管理念。其二，伊斯兰金融在阿拉伯国家的政治基础有所差异。一部分阿拉伯国家本身就在大力发展伊斯兰金融，典型的如巴林、科威特、卡塔尔、伊朗、马来西亚等。当然，也有一部分阿拉伯国家（如安哥拉、摩洛哥、土耳其、利比亚）对伊斯兰金融不太认可或者仍持观望态度。其三，伊斯兰金融的产生和发展是阿拉伯国家经济发展的结果。20 世纪 70 年代海湾地区产生了大量石油美元，为了维护民族权益和有效控制巨额的石油美元，符合伊斯兰教教义的伊斯兰金融机构应运而生，并与传统金融机构并存。发展至今，伊斯兰金融已经成为国际金融领域的一支新兴力量。

2008 年伊斯兰金融在部分地区的发展概况如表 4 - 3 所示。

表 4 - 3 伊斯兰金融在不同地区的发展概览（2008 年）

	吉隆坡 （马来西亚）	迪拜 （阿联酋）	麦纳麦 （巴林）	多哈 （卡塔尔）	伦敦 （英国）	新加坡
总人口（万人）	150	130	71.8	92.9	750	460
伊斯兰人口占比（%）	4	96	4	78	8	15
金融市场产值（亿美元）	3875	3400	2511	8130	191000	2760
伊斯兰金融产值（亿美元）	500	463	164	148	100	180
伊斯兰金融占比（%）	12.9	13.6	6.5	1.8	0.1	6.5
最主要参与者	汇丰银行	努尔伊斯兰银行	Al - Baraka Bank	卡塔尔伊斯兰银行	英国伊斯兰银行	渣打银行

资料来源：《伊斯兰金融兴起 6 国抢当全球伊斯兰金融中心》，*Digitimes*，2008 年 4 月 29 日。

美国金融危机之后，西方国家主流的金融体系普遍受到较大冲击，伊斯兰金融则因为其严格禁止投机行为以及与实体经济紧密联系而没有受到影响，反而爆发出更强的生命力。目前，伊斯兰金融的规模不断壮大，在监管、业务和地理上都表现出一些新的特点，并引起了许多国家和地区的重视。根据恩永公司发布的《世界伊斯兰银行业竞争力报告 2013》，排名前 20 位的伊斯兰银行在过去 3 年中保持了年均 16% 的增长，沙特阿拉伯、马来西亚、阿联酋伊斯兰银行业的资产依次位居前三，全球伊斯兰银行业的资产由 2011 年的 1.3 万亿美元增长到 2013 年的 1.8 万亿美元。2011 年，沙特阿拉伯伊斯兰银行业资产居全球之首，达 2070 亿美元。马来西亚伊斯兰银行业资产达 1060 亿美元，阿联酋伊斯兰银行业资产达 750 亿美元，分列第二位、第三位。由于大多数穆斯林社团没有银行账户，而且需要来自海合会的投资，因此，对伊斯兰金融产品的偏好和需求将继续增长。在印尼、埃及、伊拉克和利比亚，伊斯兰金融业务增长较快。整个非洲对伊斯兰债券（Sukuk）的需求更加明显，南非更是将伊斯兰金融引入税法。报告认为，伊斯兰银行业将在非洲呈现增长势头。这主要得益于强劲的全球市场增长预测，以及非洲经济的活跃，特别是南非等非洲国家即将发行主权伊斯兰债券。①

在发展过程中，伊斯兰金融形成了政府监管与宗教监管相结合的监管体系。伊斯兰金融服务理事会（IFSB）被认为是伊斯兰世界里的"巴塞尔委员会"②，其对金融机构的资本金要求、风险管理、公司治理、关联交易、市场运营秩序等都做了明确的规定。同时，还有一个与政府监管并行的类似于宗教顾问委员会的组织，来对伊斯兰金融机构的相关业务做出界定。由于伊斯兰金融只从事符合伊斯兰教教义的商业活动，交易原则是所有的产品和服务都必须以实物资产为基础，伊斯兰金融拥有更强的责任机制和稳健的财务约束，相关金融资产大都具有较高的安全性。举例来说，传统金融体系中以利息为基础的贷款仅仅要求银行承担客户使用贷款投资的风险，这导致放贷方更多地关注借款者的偿付能力，而不是实际投资或所要购买的资产风险。相比之下，伊斯兰金融主张交易各方能够充分理解并把

---

① 该报告同时指出，尽管伊斯兰银行业将进入部分国家，资产规模将持续扩大，但在收益率方面还需要 2~3 年的转型才能追赶上整个银行业的水平。如果转型成功，2015 年伊斯兰银行的总利润将增加 25%。该报告预计伊斯兰银行业将面临一些挑战。其中，如何建立一个促进主权和公司两种伊斯兰债券的适当监管框架是最大的挑战。

② 截至 2008 年 9 月，共有 35 个国家和地区的 175 家伊斯兰金融机构成为其会员。但仍有部分伊斯兰金融机构以宗教原则为理由，不遵从协议规定。目前，各伊斯兰金融机构的资本充足率从 21% 到 7% 不等，不同于《巴塞尔协议》的 8% 的世界统一标准，这也增加了伊斯兰金融监管一体化的难度。

握交易的标的、条件、价格等要素，以帮助他们共同预防并控制交易中的各类风险。在伊斯兰金融法中，买卖行为应以享有所有权和占有的资产或证券为前提，禁止卖空行为，因为卖空行为交易的是借来的证券，卖空者并不持有标的物的所有权。此外，卖空交易采用保证金进行，也涉及利息支付，同样违反了伊斯兰金融对于利息禁止的原则。

当前，受到多种力量的推动，伊斯兰金融在业务上不再局限于伊斯兰银行，而更多地向债券和保险的方向发展。近几年来，伊斯兰市场快速成长，伊斯兰基金的增长速度在30%以上，伊斯兰保险每年的增长速度在20%左右，伊斯兰债券的增速在15%以上。从地域扩张情况来看，伊斯兰金融开始以中东及东南亚为中心逐步向全球发展，其对宗教地域上的要求正在逐渐弱化，许多伊斯兰金融机构正在将投资重点从西方重新转移到亚洲。马来西亚由于多年的发展，已经成为区域性的"伊斯兰金融中心"和"穆斯林的金融圣地"。几乎每个海湾国家，尤其是沙特阿拉伯和阿联酋都力争成为中东地区的金融中心。日本金融机构也大举进军伊斯兰金融，日本加入了伊斯兰金融服务委员会（IFSB），筹备发行伊斯兰债券和成立伊斯兰保险。在伊斯兰世界以外的国家中，英国是伊斯兰金融业务发展最迅速的国家。英国政府一直致力于改变监管法规，以便适应和吸引伊斯兰金融业。例如，英国取消了对曾使用 Murabaha 而不是抵押贷款方式的购房者两倍征税的法律。

专栏 4-3

英国力争成为全球伊斯兰金融中心

乔治·奥斯本（英国财政大臣）

来自 100 多个国家的 1000 多名投资者和 15 个国家的政府首脑昨天为第九届世界伊斯兰经济论坛（World Islamic Economic Forum）揭开了序幕。

本次论坛不在迪拜、雅加达或伊斯兰堡，而是在伦敦举办。这是该论坛第一次在非伊斯兰国家举办，英国有幸成为东道国。这也体现了英国作为全球金融中心的地位。我们希望保持这样的地位。

正因如此，我已经着手确保伦敦金融城成为各种快速增长的新市场的中心，无论是印度的基础设施基金，还是离岸人民币。现在我们给自己制定了这样的目标：成为西方独一无二的伊斯兰金融中心。

这不仅将为英国创造就业，也将为英国带来投资。伦敦碎片大厦（Shard）和 2012 年奥运会期间的奥运村就是在伊斯兰金融业的支持下建成的。在重建英国基础设施方面，伊斯兰投资将继续发挥关键作用，比如马来西亚对巴特西发电厂（Battersea Power Station）的 4 亿英镑投资，该项目将让伦敦九榆树（Nine Elms）地区在经历几十年的没落之后恢复活力，还有迪拜对英国第一个深海集装箱港口伦敦门户港（London Gateway）15 亿英镑的投资。

看看这些数据：伊斯兰金融业比传统银行业增速快 50%，并且有着巨大的增长潜力。世界 1/4 的人口是穆斯林，但全球只有 1% 的金融资产是符合伊斯兰教教法的。整个中东和北非，只有不到 20% 的成年人有正式的银行账户。这一缺口是呈现在英国面前的一个巨大的经济机会。

我们将在现有优势的基础上发展。有着 190 亿美元报告资产的伦敦已经成为伊斯兰世界以外的一个主要伊斯兰金融中心。

英国遵从伊斯兰教教法的银行比任何其他西欧国家都多。英国有十几所大学或商学院提供伊斯兰金融高管课程，包括剑桥大学本月公布的一门针对高管的新课程。

如果英国要收获伊斯兰金融的全部果实，那么就需要采取更多行动。因此，我们宣布了计划，要让一些政府项目，比如学生贷款、创业贷款以及企业补助，符合伊斯兰金融规则。

在世界伊斯兰经济论坛于伦敦召开之际，我们更要抓住时机，迈出勇敢的一大步，巩固英国在伊斯兰金融世界的声誉。英国首相昨天在这次论坛上宣布说，英国财政部正准备发行总额大约为 2 亿英镑的伊斯兰债券。

我们的目标很明确：让英国成为伊斯兰世界以外第一个发行伊斯兰债券的主权国家。伊斯兰债券不支付利息，而是赋予投资者获得标的资产收益的权利，从而符合伊斯兰教教法。

这些债券将支持伊斯兰银行业在英国的拓展，同时为穆斯林和非穆斯林带来经济收益，其中包括生活在英国的 300 万穆斯林。

英国政府发行伊斯兰债券的举动，将推动企业机构采取类似做法，进一步拓展伊斯兰债券在全球资本市场作为一种资产类别的作用，也有助于英国基础设施获得更多急需的海外投资。

在向世界开放的时候，英国就会处于最佳状态。因此，当其他西方国家不愿变革的时候，英国政府却积极迎接变革：为英国企业擂鼓助威，开拓新市场，张开双臂迎接海外投资。为了在全球竞争中获得成功，我们已经做好准备，采取必要的重大步骤。

不管是吸引中国投资，拒绝破坏性的保护主义和金融交易税，还是第一个在西方世界发行主权伊斯兰债券，本届英国政府正在采取必要措施，让英国向企业开放，获得新的金融资源，创造更多就业。

资料来源：《金融时报》，FT 中文网，2013 年 10 月 30 日。

从风险管理状况来看，伊斯兰银行业务和常规银行业务一样面临市场、信用、操作等风险，但伊斯兰银行业务的风险还包含伊斯兰教教义风险、受托风险、回报率风险、业务错置风险、对冲风险等特殊风险。为应对这些风险，宁夏银行的伊斯兰银行业务尚处于试点阶段，经营规模、服务地域、产品种类和客户群体还十分有限。宁夏银行在经营中坚决贯彻党的民族宗教政策和国家安全政策，注重从制度上和技术上有效防范风险，不断完善业务制度和业务体系，努力实现伊斯兰银行业务的持续、稳定、安全发展。

为了确保伊斯兰银行业务中的各种风险可控，宁夏银行采取了一系列措施。第一，严格遵循监管要求。遵照监管要求，在试点期间，伊斯兰银行业务的服务对象仅限于穆斯林和有穆斯林背景的法人客户；在服务网点方面只在经监管部门批准的支行开设伊斯兰金融服务中心；在地域方面，只限于向宁夏当地符合条件的居民和企业提供服务，业务币种也只限于人民币。第二，严格区分资金用途。针对试点伊斯兰银行业务实施独立风险掌控，在常规业务和伊斯兰银行业务之间建立"防火墙"，建立风险补偿、应急和退出机制。

在实务操作中严格区分资金使用流向，即传统银行业务资金可以用于伊斯兰银行业务，但禁止伊斯兰银行业务资金用于传统银行业务。第三，增强风险合规意识。宁夏银行总行要求支行牢固树立风险合规意识，严格遵守伊斯兰银行业务各项规章制度和操作流程，认真落实总行批复中提出的相关要求，严禁将不符合伊斯兰银行业务要求的传统银行业务移植为伊斯兰银行业务，正确处理好发展转型与合规经营之间的关系，将实际操作中发现的风险隐患及时上报总行，确保试点伊斯兰银行业务健康发展。

（三）对开展伊斯兰金融业务和推动中阿金融合作的评析

人们对于在宁夏银行开展伊斯兰金融业务有各种各样的顾虑。比如，现有金融体系能够满足宁夏回族自治区的金融需要，不需要额外组建伊斯兰金融体系；可能会导致恐怖资金的流入和极端宗教势力的渗透；会增加外汇资本的跨境流动，给金融稳定带来冲击。客观地讲，这些顾虑都有其合理性，但在当前形势下，开放与合作应该成为主旋律。首先，开展伊斯兰金融试点的意义绝不仅仅是服务于宁夏当地的穆斯林，更是以此作为了解伊斯兰金融并实现中阿金融合作的突破口，进而以金融合作推动经贸合作和向西开放。就此而言，试点的象征意义远高于其实际价值，这一行为事实上向阿拉伯国家提供了一个信号，即中国对伊斯兰金融是持开放心态的，是允许开展经营活动的。其次，诸如恐怖资金、外汇跨境流动等影响金融稳定和国家安全的问题，即便在主流金融体系中也是客观存在的，并不是因为伊斯兰金融而新出现的事物。当然，开展伊斯兰金融活动或许会增加这些问题，但这仅仅还是一种猜测。通过合理的监管和防护措施，相信我们完全有能力把可能的不稳定因素控制在最小范围乃至消除。

我们认为，引进伊斯兰金融和推动中阿金融合作，最大的障碍和困难在于两套金融体系在关键概念上的差异以及由此而产生的法律冲突和政策协调问题。伊斯兰金融明确禁止收取和支付利息，其银行体系主要通过参与股份制和加价制等方式开展业务。在融资结构方面，仍然是以 Murabaha（类似于贸易融资，是一种加价形式的融资）为代表的间接融资为主导；在直接融资形式中，则是与传统金融工具差异较小的伊斯兰债券和伊斯兰投资基金占主导地位。伊斯兰金融的这些特征使其在交易原则（以实物资产转移为基础）、产品设计、收益体系、会计准则、重复计税等诸多方面都与传统金融模式有着本质差别，与中国现行的金融法规存在诸多冲突。同时，伊斯兰金融的核心在于其投资银行业务，事实上是具有全功能的金融牌照，这与我国现行的分业经营、分业监管框架也不适用。

随着美国金融危机的爆发和欧洲债务危机的蔓延，发达国家与发展中国家在全球经济治理中有望形成新的、更有利于发展中国家的平衡。加强国际金融合作，共同改革全球金融监管规则，推动金融宏观审慎监管和防范系统性金融风险，已经成为当前的全球共识。受美国在全球范围内加大反恐力度的影响，阿拉伯国家的资金在欧美国家普遍受到较为严格的监管和约束。同时，欧美经济下滑也使得这些资金的投资空间不断收窄，投资收益率大幅下降。在这种背景下，伊斯兰金融开始把目光转向新兴的经济体特别是亚洲国家，许多东亚国家也尝试对本国的金融体系进行调整和扩大金融业对外开放，以此吸引来自阿拉伯国家的资金。中国是最大的发展中国家和世界第二大经济体，但实现从大国向强国的转变还有很长的道路；宁夏是中国唯一的省级回族自治区和最大的穆斯林聚居区，在对接伊斯兰金融方面具有先天优势。借力伊斯兰金融，推动和深化中阿金融合作，是一项有战略意义的工作。

三　以中阿金融合作推动宁夏金融和经济社会发展的建议

（一）推动中阿金融合作的总体思路和基本策略

当前，全球经济一体化和国际金融服务贸易自由化催生中阿金融合作与发展的动力。中阿在经济、金融、贸易等方面具有很强的互补性，合作潜力很大。准确把握和有效发挥宁夏在深化中阿经贸合作中的地位与作用，对于促进宁夏内陆开放型经济发展具有重要意义。"十二五"时期，国家将在深化沿海开放和加快沿边开放的同时，支持宁夏发展内陆开放型经济。此次国务院关于宁夏内陆向西开放试验区和银川综合保税区的决定，必将使宁夏成为中国向西开放和阿拉伯国家"向东看"的战略交汇点。基于宁夏的实际条件，助力中阿经贸合作，服务西部开发建设，引领内陆金融开放，应成为宁夏在中阿金融合作中的战略定位。

在中阿经贸合作不断深化的大背景下，我们不仅要看到宁夏发展内陆开放型经济面临着难得机遇，更应看到中阿在金融发展水平、金融制度、金融监管等方面存在较大差异。特别是从目前的发展情况来看，宁夏金融业的总量偏小，银行业是主体，证券、保险市场规模很小，法人类信托等机构还是空白，市场体系不够健全，地方金融发展较为滞后。这种现状在很大程度上制约了金融支持和保障作用的发挥，也难以满足建设内陆开放型经济试验区和银川综合保税区的需要。引进伊斯兰金融，一方面能够为宁夏经济社会发展注入新的资金，另一方面也能倒逼当地金融，有利于促进其创新发展，更好地服务于实体经济和两区建设。

立足宁夏，推动中阿金融合作，首先要明确目标，转变观念和思维，尝试以一种开放和包容的心态看待伊斯兰金融，以合作而非排斥甚至打压的态度开展工作。应该认识到，诸如风险和安全等问题，在现有金融体系中也是客观存在的，并不是引入了新的体系才产生的；金融从诞生的第一天起就和各种风险相伴随，金融的国际化道路也必然会产生资本跨境流动、恐怖资金和洗钱等安全问题。党的十八大提出，我们应该坚定道路自信、理论自信和制度自信。对待中阿金融合作不能因噎废食，而应在发展和合作中解决问题。

其次要注重策略，以开放与合作的心态推动，但又不急于突破既有格局。可以考虑按照如下策略分步骤、分阶段地推进中阿金融合作。第一，恢复宁夏银行的伊斯兰金融试点业务，稳步扩大试点业务范围，为深入了解伊斯兰金融的运作模式积攒经验，同时将服务对象从穆斯林放开至各民族居民，淡化民族色彩。第二，允许境外的伊斯兰金融机构在宁夏设立办事处和分支机构，开展境内业务。第三，在适当时机可将宁夏银行的伊斯兰金融事业部分离出来，成立单独的宁夏伊斯兰发展银行。第四，允许境外伊斯兰金融机构入股，实现宁夏伊斯兰发展银行的合资经营，推动经贸合作加速发展。在上述过程中，应该注重强调伊斯兰金融的金融职能，不断淡化其宗教色彩。

（二）关于国家扶持政策和宁夏配套措施的建议

加快"两区"建设，推动中阿金融合作，有许多问题是需要从国家层面进行考虑的，对宁夏的支持政策需要中央政府统筹考虑。结合调研的相关诉求和中阿金融合作的重要性，我们提出以下建议。

第一，统筹考虑，配合宁夏"两区"建设的目标和任务，适时对金融法律法规中的相关内容进行修订完善，为开展中阿金融深层次合作创造有利条件。在引进中东项目资金、监管外汇资本跨境流动、成立中阿合作金融机构和全国微型金融改革试验区等方面给予宁夏更多政策支持。同时，尽快制订出台中阿经贸合作背景下加快宁夏金融业发展的政策措施。

第二，扩大对阿拉伯国家的金融开放。以金融开放带动资金、人才、项目向宁夏汇集，努力培育宁夏参与国际分工和国际竞争的新优势。吸引阿拉伯国家金融机构在宁夏设立分支机构和开展金融服务，特别是要大力引进能够助推宁夏煤化工、羊绒、枸杞、穆斯林清真产业发展的外资金融企业，扩大外资利用规模，改善利用外资的质量和结构。支持宁夏地方金融机构在中东阿拉伯国家开设分支机构，连接宁夏和中东国家的资金融通渠道，传递项目、资金、商贸信息。积极开展贸易融资等业务，支持涉外企业加快发展，促进贸易增长方式转变和结构升级。

第三，搭建中阿金融合作平台，拓宽金融合作渠道。打造包括伊斯兰金融在内的金融市场体系，实现中阿金融体系对接，以适应国际分工和国际合作中对金融资源的配置需要，以开放型金融体系支撑内陆开放型经济发展。坚持金融先行、产业联动发展模式，优先开展双方在股权投资、跨境并购等方面的合作，鼓励和支持宁夏地方金融机构积极参股设立股权投资基金、合资银行等金融机构，如成立"宁夏伊斯兰投资基金管理公司"和"伊斯兰开发银行"等，为资本跨境流动提供通道和搭建平台，为中阿经贸重点领域合作及宁夏内陆开放试验区重点项目建设提供配套资金支持和服务。在大型基础设施项目建设方面，探索开展资产证券化业务，通过发行伊斯兰债券或合资设立产业投资基金等方式，将项目"打包"成收益稳定、风险较低的证券投资工具，吸引阿拉伯国家的投资者投资项目建设，有效破解项目融资难题。

第四，开展个人人民币跨境业务试点，支持符合条件的个人以人民币结算进出口贸易。目前，我国企业以人民币进行跨境贸易结算和直接投资已不存在政策障碍，但个人在跨境贸易中以人民币进行结算仅在义乌和深圳进行试点。在宁夏"两区"获批的政策机遇下，一些外向型产业如羊绒产业的个体工商户具有丰富的经验和能力，但缺乏议价能力，汇率波动承受力相对较弱，对以人民币结算进出口的需求同样非常迫切。为进一步促进宁夏贸易投资便利化，建议人民银行总行考虑在宁夏内陆开放型经济试验区试点开展个人跨境贸易人民币结算业务。

第五，将民族贸易和民族特需商品生产贷款承贷金融机构范围扩大至全部银行业金融机构。在有关部门的共同努力和密切配合下，民贸民品生产贷款贴息政策在宁夏得到了较好的贯彻落实，对宁夏清真食品和穆斯林用品生产企业发挥了积极支持作用。目前办理该贴息贷款的金融机构有农发行、五大国有银行、城商行、农商行、农村信用社和招商银行。在宁夏"两区"获批的政策机遇下，有望吸引更多类型的金融机构进驻，支持宁夏民族产业发展。为进一步扩大中小民贸民品企业的融资渠道，调动金融机构参与和落实优惠政策的积极性，建议人民银行总行会同财政部和国家民委，将该项优惠政策的承贷金融机构范围扩大至全部银行业金融机构。

在国家给予政策支持的同时，宁夏也需要从自身出发，及时解决发展中的问题，提出明确的发展方案。对此，我们提出以下建议。

第一，健全和完善本地金融生态环境。金融生态环境直接决定一个地区对金融资源的吸引力进而制约着金融业的发展。宁夏应从以下几个方面建设绿色金融生态环境：①加强金融基础设施建设，建立健全适应中阿经贸合作特点的支付体系、会计准则、投资者保护制度等金融基础设施，为各类市场主体营造良好的发展环境；②全力推进社会信用体系建设，加快"信用宁夏"的建设步伐，扩大征信产品的使用范围，推进建立信用信息共享交换机制，研究建立失信惩戒机制和守信奖励机制，为金融更有力地支持内陆开放型经济发展打下坚实的信用环境基础；③完善担保支持体系，着力改善中小企业融资担保的制度环境和信用环境，促进商业银行与担保机构之间建立风险共担机制，积极开展项目再担保、授信再担保、增信再担保、联保再担保等再担保业务，丰富担保体系；④优化金融服务环境，加大政府的资源整合力度，统筹协调，建立服务机制，搭建服务平台，为金融机构提供优质、便捷、高效、全面的服务。

第二，明确金融支持实体经济的重点。首先，加强对中阿能源合作的金融支持。紧紧围绕宁夏打造国家重要的能源化工基地这一目标，积极创新金融服务中阿能源合作的模式和手段，大力支持煤炭、电力、煤化工等能源产业发展；探索在中阿石油贸易中以人民币作为计价和结算货币；鼓励保险机构开发满足能源化工和新兴产业生产经营需求的保险产品，为中阿在原油贸易、油气勘探开发、石油服务、石化、新能源开发等领域的合作提供金融支持。其次，加强对重点区域的金融支持。鼓励金融机构在沿黄经济区、银川综合保税区、银川滨河新区等重点区域和产业聚集地带发展分支机构和开展金融业务，并不断加大金融支持力度，充分发挥重点区域对宁夏内陆开放型经济的带动作用。再次，鼓励金融机构结合宁夏经济开放和特色优势产业特点开展金融产品和服务创新，加大对特色农业、清真产业、文化旅游产业、物流交通及战略性新兴产业的金融支持力度，充分发挥金融在助推宁夏产业结构调整和升级中的积极作用。最后，加大对中小企业的金融扶持力度。鼓励金融机构向符合民族地区发展政策的中小企业提供融资支持，引导金融机构加快设立中小企业金融服务专营机构。鼓励金融机构围绕应收账款、存货等创新多种物权组合担保形式，进一步拓宽中小企业的抵押担保范围，大力发展供应链、产业链等融资业务，为企业提供多样化、特色化的金融产品。鼓励金融机构加强与私募股权投资基金、风险投资及担保机构的合作，探索推出不同模式的融资途径，切实解决中小企业融资难、担保难的问题。

第三，搭建服务平台和创新服务模式。首先，加强资金供求双方的联系和对接。政府牵头采取协调会、会商会、对接会以及项目推介会等形式，搭建项目推介平台，加强金融机构与重点项目、重点区域、重点行业的沟通，提高产业集群项目与资金的对接能力，实现经济、金融共生共赢。其次，不断建设和完善金融产业链。加强政策支持和引导，大力引进与金融发展相配套的研发、代理、经纪、评估等金融中介机构。再次，政府应构建创业风险补偿机制，落实国家对创业投资企业的税收优惠政策，支持多种形式的创业投资机构在宁夏设立和发展，研究支持股权投资机构在宁夏发展的政策措施，支持股权投资基金管理机构在宁夏发展，鼓励地方金融机构参股设立宁夏创业投资引导基金和风险补偿基金，完善创业投资服务支持体系。最后，创新项目融资模式。对于内陆开放型经济中的大项目、大工程建设，可积极采用 BOT、TOT、ABS、PPP 等新的融资模式，引导内外部社会资本参与公共建设，提高项目建设和运行效率，消除发展瓶颈，科学配置各种资源。

（三）注重风险防范机制和金融安全机制的构建

国际金融危机凸显了加强国际金融监管合作的重要性和必要性。在中阿经贸合作背景下，要推动中阿金融合作，应切实加强各国政府与本国金融监管部门之间的协调，加强阿盟成员国监管机构与中国金融监管机构之间的合作。鉴于伊斯兰金融活动与中国现行法律和监管框架存在冲突，必须在风险防控、组织机构和安全机制方面有充分的保障措施。

第一，允许开展伊斯兰金融业务，可能带来的风险包括政治风险、金融风险和法律风险，因此所有的业务活动都应在政府的组织领导下开展，并形成能够追踪每一笔资金往来的风险管理机制。由于涉及对外经济金融合作，建议在国家层面设置中阿金融合作的沟通联络机制，并将具体办事和执行机构设在宁夏。通过与国际金融组织、国际金融机构在业务往来、人才培养等方面的交流合作机制，通过政府间的交流与合作，推动"两区"建设。

第二，在现有的监管体制之外，组建由民族、宗教和金融监管部门共同组成，符合党的民族宗教政策的伊斯兰金融监管委员会。同时，制定相关管理办法，构建符合伊斯兰金融标准且具有中国特色的伊斯兰金融管理框架。此外，对于大型跨境金融机构，还应采取监管团制度，即以金融机构母国监管者为主导者，联合其他东道国监管机构共同监管该机构。

第三，在主流金融业务和伊斯兰金融业务之间建立"防火墙"，实现风险隔离；针对伊斯兰金融活动建立风险补偿和应急处理机制，预防可能发生的各种风险事件。由于伊斯兰金融业务的特殊性，在开展此类业务时，有必要对常规业务与伊斯兰金融业务实施风险隔离。如在同一家机构同时经营两类业务，应实行分账核算、独立的风险控制机制和独立的薪酬激励约束制度。

第四，加大对金融人才特别是伊斯兰金融方面人才的引进和培养力度。完善引进和培养金融人才的激励机制，通过交流访问、开展论坛、聘请专家顾问、招募国际化的专业人才等形式，着重加大对金融高端人才、金融急需人才的吸引、聚集力度。搭建金融人才服务平台，设立金融人才服务中心，为金融人才在宁夏聚集和发展提供全方位服务。

第五章　中阿金融合作：宁夏与战略引进阿拉伯国家石油美元

　　进入 21 世纪以来，随着石油需求的大幅上升和美元的不断贬值，石油出口国聚集了万亿级规模的巨额石油美元存量，而石油美元的流向也从欧美金融市场逐渐向新兴市场国家特别是亚太地区倾斜。在石油美元投资流向逐步转变之时，作为全球第二大经济体的中国无疑成为对石油美元极富吸引力的投资市场。与此同时，当前我国西部地区经济快速发展，对高质量的外商直接投资和战略性的金融资本需求强烈。在这种情况下，引进石油美元不仅有利于加强我国与中东石油国家的经贸联系，同时对我国深入推进西部大开发战略具有十分积极的意义。

　　宁夏是回族聚居区，穆斯林人口比例较大，拥有丰富的穆斯林文化和独具特色的清真食品和穆斯林用品等特色产业，具备发展伊斯兰特色金融中心的区位优势。2012 年，宁夏回族自治区成功举办了中阿经济论坛，与中东国家的经贸往来进一步加深。我们认为，作为与中东石油出口国之间有深厚的文化宗教渊源的民族自治区，宁夏可以作为石油美元进入西部地区的首选目标，以定额开放等形式，在引入石油美元的同时对石油美元流入的规模进行控制，以利用石油美元扶持宁夏乃至西部试点地区的经济发展。

一　当前石油美元的存量估算

（一）石油美元的存量现状

　　近年来，全球原油市场的供需失衡以及美元贬值等因素共同推动了原油价格步步攀升，在原油产量稳定增加而国内吸收不足的情况下，产油国以石油美元的形式积累了大量的盈余财富，当前产油国所坐拥的万亿级石油美元已成为国际资本市场和世界经济格局上的一支举足轻重的力量。

石油价格飙升是石油美元规模剧增背后的直接因素。如图 5 - 1 所示，进入 21 世纪以来，石油价格一直持续上升，并在 2008 年年中创下了近 150 美元/桶的历史最高纪录，虽然其后经历了 2008 年金融危机的短暂冲击，但油价在最近几年总体上保持在 100 美元/桶左右的高位。在石油价格一路攀升的背景下，石油出口国获得的石油收入快速增长。2002 ~ 2007 年主要石油出口国经常项目收支情况及石油美元盈余如表 5 - 1 所示。

表 5 - 1　2002 ~ 2007 年主要石油出口国经常项目收支情况及石油美元盈余

单位：亿美元

	2002 年	2003 年	2004 年	2005 年	2006 年	2007 年
俄罗斯	290	350	590	870	950	720
沙特	120	280	520	870	950	830
挪威	240	290	350	500	550	540
科威特	40	90	170	320	410	390
阿联酋	40	80	120	290	360	430
加拿大	130	130	220	250	210	250
卡塔尔	30	60	110	170	160	220
委内瑞拉	80	110	140	250	270	180
阿尔及利亚	40	90	110	220	290	240
利比亚	10	50	70	160	240	200
伊朗	40	10	40	150	190	210
尼日利亚	- 50	- 20	30	120	140	220
其他	- 140	- 80	- 40	50	180	180
小计	870	1440	2430	4220	4900	4610
石油美元盈余	—	2310	4740	8960	13860	18200

资料来源：《世界经济展望》，IMF，2007 年 10 月；《国际金融统计》，IMF，2007 年 11 月。

（二）对石油美元规模的未来判断

尽管石油出口国已经聚集了巨额的石油美元存量，但其增长势头仍未

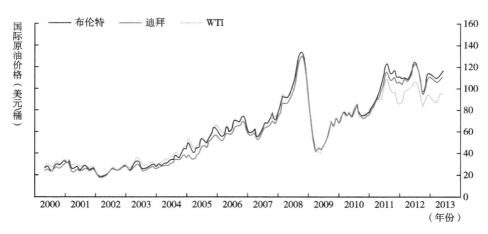

图 5 - 1　2000 ～ 2013 年国际原油价格走势
资料来源：《世界经济展望》，IMF，2013 年 4 月。

放缓。目前，全球经济逐步复苏，新兴经济体特别是亚太地区对石油的需求依然强劲，其石油需求量稳步上升，而各国积极开发替代能源作为日常使用的比例却较低，石油作为主要能源的地位在短期内不会有根本性的改变，未来对石油资源的需求依旧旺盛，石油出口国将获得较高的石油收入。

与此同时，在美国量化宽松政策下，美元的持续走低将加大石油出口国的贸易顺差，进一步增加其石油美元盈余。在美元贬值预期下，主要石油出口国的货币也跟随美元走低，这促进了其石油出口竞争力，并抑制了其进口需求。由此可见，在两方面的共同作用下，未来石油美元规模将继续扩大。据此判断，未来石油美元的增长趋势仍将延续。如果未来全球经济温和复苏，同时新兴经济体特别是亚太地区对石油的需求依然强劲，并且各国使用替代能源的比例较低，则石油仍将占据全球主要能源的地位。在这种情况下，假若国际油价维持在每桶 100 美元，按照当前每年 6000 万美元的增速，到 2020 年，全球范围内的石油美元将达到惊人的 10 万亿美元的规模。

另外，对石油美元产生负面冲击的因素也是不可忽视的。尽管当前全球经济处于温和复苏中，但未来一旦全球经济形势出现反复，将直接影响全球石油市场的供需平衡和石油美元的存量规模。此外，替代能源的开发也对石油美元构成潜在威胁。近年来，美国不断加大对页岩气的开发力度，其产量在短短几年间就增加了近 1000 亿立方米，虽然目前天然气仅占全美能源结构的 9%，但预计其比例在未来将继续上升，这无疑会给石油美元带来巨大冲击。在上述不利因素的影响下，未来石油美元的增幅可能会受限。照此估计，石油美元的年增长量可能降至 3000 万美元。即便如此，到 2020 年，全球范围内的石油美元存量仍可以达到 7 万亿美元的庞大规模。

2000~2013 年世界石油需求增长情况如图 5-2 所示。

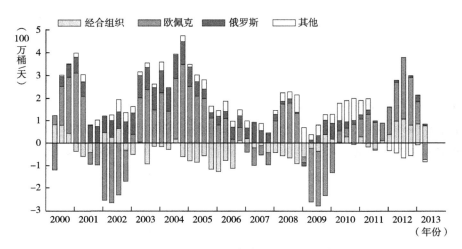

图 5-2 2000~2013 年世界石油需求增长
资料来源：《世界经济展望》，IMF，2013 年 4 月。

二 石油美元流向和投资模式的转变

（一） 石油美元的流向趋势变化

规模巨大且不断增长的石油美元的流向无疑会对世界经济和资本市场产生重大影响。在麦肯锡 2008 年评出的主导当今全球经济走向的四大资本运营主体中，石油美元已超越亚洲中央银行、对冲基金以及私募股权投资基金排名首位，其影响力可见一斑。

从 20 世纪七八十年代开始，产油国开始将一部分石油出口收入用于国内基础设施建设，进口先进技术装备，而将大量剩余石油美元资金投向了欧美发达国家，石油出口国家的主权基金和私人投资机构或是购买美国国债，或是把石油美元存放在欧美的几家国际大银行。然而，石油美元规模的不断扩张对市场的规模和流动性提出了要求，但石油输出国自身的市场狭小，吸收资金有限，这使得一些主要石油输出国石油出口收入的增加与国内资金吸收能力之间的矛盾凸显，其国际收支经常项目盈余不断累积。大量石油美元的盈利要求在国内市场无法实现，具有最大收益机会和空间的欧美金融市场就成了石油美元去向的首选。反观石油进口国，油价上涨带来的进口石油支出大幅增加，导致各国纷纷出现了巨额国际收支逆差，其迫切希望石油美元能够回流到当地货币市场，在这种张力和引力的相互作用下，石油美元向欧美金融市场的回流机制逐渐形成。

进入21世纪以来，石油美元的地区投向有所改变。除继续投向美国和欧洲的货币市场和债券市场外，伴随着新兴国家特别是亚太地区经济的快速发展，各产油国开始加大对新兴市场国家特别是亚太地区的投资力度，流入新兴市场国家的石油美元逐年增加。BIS 2006年的季报显示，1999～2005年，各产油国在世界范围内的石油美元投资总额超过8000亿美元，其中美国2770亿美元，日本1860亿美元，中国和其他亚洲国家2450亿美元，欧盟760亿美元。由此可见，亚洲地区特别是中国成为欧佩克国家石油美元流向增量最大的地方。照此趋势，预计到2020年，中东石油国家在欧美地区的投资比例将减少到一半以下，更多的石油美元将向新兴经济体特别是亚洲地区倾斜。

石油美元存量巨大且投资流向逐渐转变，对新兴经济体来说无疑是一个吸引外资的好机会，这其中，东南亚各国近年来通过发展伊斯兰金融实现了对石油美元的大量吸收。进入21世纪以来，全球伊斯兰金融业务蓬勃发展，马来西亚、印度尼西亚、新加坡、泰国等东南亚国家抓住机遇大力发展伊斯兰金融，由此形成了与阿拉伯石油美元持有国之间共同的伊斯兰金融基础。在阿拉伯国家看好东南亚国家投资潜力的情况下，石油美元开始流入东南亚，并推动了这些国家的经济发展。

在东南亚国家吸引石油美元的进程中，马来西亚成为佼佼者。经过多年的经营和发展，马来西亚的伊斯兰债券市场、基金市场和股票市场发展迅速，发展了大量针对中东伊斯兰投资者的投资产品，其吸收的石油美元逐年增加。2011年，马来西亚与阿拉伯国家委员会签署有关经济合作及技术与投资的工作框架，为石油美元的进一步流入创造了良好的条件。马来西亚总理纳吉布在马来西亚投资研讨会表示，欢迎阿拉伯国家的投资者前来投资，期望与阿拉伯国家建立双赢的新合作关系。

总的来看，中东石油美元纷纷将其原先集中于西方市场的投资向亚洲地区分流，一方面是因为在全球金融危机之后，亚洲地区的经济依然保持强劲的增长势头，另一方面是亚洲国家尤其是东南亚国家（比如巴基斯坦、马来西亚和印度尼西亚等国），与中东产油国有着密切的宗教和政治联系。但东南亚国家的经济深度和广度难以消化中东产油国巨大的石油美元规模，这意味着未来石油美元将可能转向中国、印度和韩国等亚洲新兴市场国家。

（二）石油美元投资模式的转变

不仅如此，石油美元的投资方式也开始发生较为显著的变化。石油美元在全球金融市场的投资方式趋于多样化，从原来较为单一的购买美国国债或投向欧美发达国家的资本市场转变为以直接投资、组合投资等多种方式持有外汇资产。IMF的相关研究显示，从20世纪90年代后期开始，欧佩克各国开始注重投资回报和风险分散，在世纪之交，其使用组合投资的比例升至28%，存放在国外大银行的资金则从1982年的58%骤降至47%，而在2000年之后，这种趋势则更为明显。

主权投资基金是中东产油国对外投资的主要方式。国际金融协会报告指出，受益于高油价及石油增产，2012年中东产油国的境外资产总额达1.9万亿美元，其中境外资产的60%由主权财富基金管理。主权投资基金投资方式可以追溯到20世纪70年代的石油危机，当时石油美元源源不断地涌入中东国家，使这些国家的经济实力和政治影响力不断提高。中东国家的经济发展与石油价格的相关性过高，而且除石油工业外没有建立成套的工业体系，现代服务业也非常薄弱，是一种畸形的发展模式。为了降低对石油资源的依赖，这些国家纷纷成立了主权财富基金，一方面大举收购海外资产，另一方面对本地的基础设施、工业及服务业进行投资，以加强经济体系的稳定性。在过去几十年内，中东地区以石油美元为资本，通过在欧美市场上购买股票和债券，已积累了超出石油收入的财富。进入 21 世纪以来，石油价格飙升带来滚滚石油美元，主权财富基金也随着石油收入的增加而水涨船高。目前，阿联酋、沙特、科威特主权财富基金占全球总额的比例分别为 18%、11% 和 5%。中东产油国主权财富基金在本质上是专业化的商业机构，其主要目的是在非再生资源（石油）枯竭之前，为国家和民族可持续发展思考，实现财富的代际转换，因此它们往往是资本市场上的长期投资者，投资于收益率较高的外国资产。这些主权财富基金在促进国内经济建设、积累海外资产等方面发挥了应有的作用。据伦敦国际金融服务机构（IFSL）的预测，到 2015 年海合会国家主权财富基金将增加到 5 万亿～6 万亿美元，接近全球主权财富基金的一半。

就主权财富基金的投向历史来看，中东产油国主权财富基金的投资策略较为保守，主要投向欧美地区的国债和指数基金（以美国为主）。据统计，85% 的中东产油国的主权财富基金投资于欧美发达国家的股票、债券、生产或金融类企业、房地产等，少部分资金投资于非洲、亚洲等新兴市场国家。

近年来，全球金融危机和欧元区债务危机的爆发加速了美元贬值以及欧元等国际主要货币的贬值，而新兴经济体则保持经济快速发展的态势，在这种国际新形势下，中东产油国的主权财富基金投资越来越表现出新的特征，主要表现在以下三个方面。

第一，投资目标由单一的欧美地区的国债和指数基金转变为多元化投资。中东产油国主权财富基金的投资对象从低风险、低收益的资产（如债券和指数基金）转向高风险、高收益的资产，加大了股票、基础设施、私募股权、房地产、商品和对冲基金等领域的投资力度，如阿布扎比投资局向花旗银行投资 75 亿美元，科威特投资局购买戴姆勒－奔驰公司的股份，卡塔尔投资局购得巴克莱银行7%的股份，迪拜国际资本购得汇丰控股10亿美元股份，迪拜投资更将其60%的资产投资于世界各主要城市的地产。

第二，中东产油国的主权财富基金投资领域由金融和房地产转向高科技企业，如阿布扎比主权财富基金购买奥地利石油天然气公司（OMVAG Group），收购挪威的北欧化工（Borealis），以满足国内化工企业博禄公司（Borouge Corp.）的技术需要；巴林主权财富基金收购英国迈坎伦集团（MClaren Group）30%的股份来促进本国铝业发展，并借助该公司的专业技术发展本国汽车配件制造业。这进一步提高了阿拉伯各国自身的生产和管理技术水平，有利于发展本国经济并改变本国单一、脆弱的资源经济状况。

第三，主权财富基金投资的货币构成多元化。全球金融危机以来，为稳定投资收益，中东国家中央银行储备资产仍以美元为主（这些国家的美元资产比例仍超过70%），与此同时，这些国家的主权财富基金投资局开始关注亚洲新兴市场国家，其投资资产中新兴市场国家的货币比重不断提高。

总的来看，国家主权财富基金是中东国家管理石油美元的主要投资方式，虽然其在基金管理、信息披露和风险控制上尚有待提高，但多年积累的专业化管理、投资途径、投资区域、投资战略的多元化方面的经验和教训使得这一地区的基金运作日益成熟。其主权财富基金管理正逐渐从传统的以规避风险为目的的流动性管理模式向更加多元化和具有更强风险承受能力的资产管理模式转变。这种转变，使主权财富基金能够积极拓展储备资产的投资渠道，在有效控制风险的条件下构造更加有效的投资组合，进而获取更高的投资回报。

三　我国西部地区引入石油美元的必要性和可行性

（一）中阿金融合作的背景和意义

我国与阿拉伯国家金融合作的基础是双方经济结构的互补性。我国与阿拉伯国家作为世界上最大的能源消费国和能源生产国，又是机电产品主要出口国和进口国，经济上呈现强烈的互补关系。同时，作为世界上最大的两个顺差经济体，外汇资产的保值、增值，是我国与阿拉伯国家面临的共同问题。

第一，阿拉伯国家庞大的石油美元为中阿金融合作奠定了良好的基础。以海合会国家为例，得益于国际油价自 2000 年后的逐步走高，海合会国家出现大量的国际收支盈余。在产量保持相对稳定和油价维持相对高位的前提下，IMF 预测阿拉伯国家在未来 5 年每年都将有超过 6000 亿美元的石油美元收入。可观的石油美元收入意味着海合会国家在未来仍将保持可观的经常项目顺差。

阿拉伯国家的石油美元已催生出庞大的主权财富基金，且石油美元呈现"向东"投资之势。据主权财富基金研究所 2012 年的研究报告，在全球最大的 60 支主权财富基金排名中，阿联酋主权财富基金资产为 8032 亿美元，总量列第二位，其比例为 16.1%。沙特 SAMA、科威特 KIA 和卡塔尔 QIA 资产分别达到 5328 亿美元、2960 亿美元和 1000 亿美元，同样规模庞大。由于全球金融危机以及欧债危机的双重影响，阿拉伯国家石油美元呈"向东看"和"向东流"的趋势，石油美元正在寻找新的价值投资，这无疑为我国与阿拉伯国家之间深化合作提供了难得的机会。

长期以来，美国在中东地区实施把控中东以掌握能源的外交战略，但是美国推行"大中东计划"，并没有真正从阿拉伯国家的长远利益考虑，并没有帮助阿拉伯国家改变单一的经济结构，建立现代化、多样化的国民经济体系，提高阿拉伯国家的技术能力，发展现代工业和基础工业以逐步改变单纯依赖石油收入的状况。因此，在一定程度上，阿拉伯国家也希望摆脱西方大国的控制，开始转向急需能源的亚洲国家，这无疑为我国加强与阿拉伯国家的合作提供了难得的机会。"向东看"，重点之一是向中国看，阿拉伯国家与我国加强合作，一方面可直接分享我国经济稳定增长的成果，另一方面可改变其单一的经济结构，提高其经济发展的可持续性，符合其战略利益。

近年来，全球金融危机和欧洲债务危机相继爆发，欧美发达国家的经济遭受重创，投资于欧美国家的资产遭受巨大的损失，阿拉伯国家的主权财富基金的投资回报率总体在下降，但是投资亚洲新兴市场的回报率明显要高于投资欧美发达地区。在这样的背景下，阿拉伯国家的石油美元"向东看"是其直接经济利益驱动的结果。

第二，深化双边互补性经贸往来是中阿金融合作的直接动因。我国的贸易以出口制成品与进口原材料和中间投入品为主要模式。尽管我国在制造业产品上具有很大优势并有巨额的顺差，但我国的大宗商品高度依赖进口，石油的进口依存度在 2011 年已达 55%。世界银行的数据显示，2011 年我国进口原油 25378 万吨，其中，从沙特、阿曼、科威特、阿联酋四国进口的原油分别为 5027.24 万吨、1628.31 万吨、954.34 万吨和 595.05 万吨。阿拉伯国家与我国的贸易结构正好相反，制造业产品主要依赖进口，出口则主要依赖原油，从我国进口的商品中，机电产品、纺织品、鞋帽以及钢铁等制造业产品的比重达到 2/3。

近年来，中阿双边贸易的高速增长正反映了我国与阿拉伯国家之间的贸易互补性。我国与阿拉伯国家经贸关系日益紧密的一个标志是双方于 2004 年 7 月 8 日签署了《经济、贸易、投资和技术合作框架协议》，当年，中阿双边贸易额达到 247.36 亿美元，此后，双边贸易额不断攀升。以沙特为例，我国海关统计数据显示，2011 年我国出口沙特 211.98 亿美元，其中机电产品 85.42 亿美元，纺织类产品 47.98 亿美元，贱金属及制品 20.32 亿美元；从沙特进口 890.05 亿美元，其中矿产品和油料 793.59 亿美元，化学工业及相关产品 65.12 亿美元，塑料及制品 29.64 亿美元。2011 年我国和沙特的双边贸易额已经超过美国和沙特的双边贸易额。此外，2011 年我国出口阿联酋 401.99 亿美元，其中，机电产品出口 193.83 亿美元，贱金属及制品 28.48 亿美元，纺织类产品 92.52 亿美元，塑料及制品 14.89 亿美元；从阿联酋进口 148.16 亿美元，其中矿产品及油料 132.12 亿美元。2011 年我国出口阿曼 14.42 亿美元，其中机电产品 7.59 亿美元；进口 287.24 亿美元，其中矿产品和油料 279.22 亿美元，化学工业及相关产品 5.53 亿美元。

依此趋势，未来我国和阿拉伯国家之间的贸易必将保持持续增长态势，日益密切的中阿经贸往来必然要求相应的中阿金融合作，包括银行贸易融资、保险、结算清算、资本投资、外汇交易等许多方面，以为双方的贸易往来和资金往来提供支持。因此，我国和阿拉伯国家的金融合作是双方贸易往来的必然需要。

第三，中阿金融合作是实现中阿双方储备资产保值增值的良好契机。阿拉伯国家大量的外汇资产迫切需要实现长期保值增值。阿拉伯国家的传统投资目的地是西方发达国家，但这些国家普遍存在增长乏力、货币有长期贬值趋势和回报率偏低的问题，无法满足阿拉伯国家的投资需要。在金砖国家中，巴西和俄罗斯也是资源出口国家，其资产与阿拉伯国家资产的互补性差，南非和印度的经济规模仍然较小，可供投资的资产有限。我国是世界经济增长的亮点，经济规模大，资本回报率整体比较高，货币币值有升值空间，我国的投资需求大、投资机会多、投资领域广。其中，潜在的具有稳定回报和规模效益的投资项目是西部地区的基础设施和综合社会项目（教育、卫生、退耕还林等），我国中央政府也会在国家经济全局层面考虑东部、中部、西部的经济和社会效益，统筹布局管理好投资。因此，我国有潜质成为阿拉伯国家理想的投资目的地。

与中东阿拉伯国家的情况类似，在当前的形势下，我国的外汇资产也有着很强的保值、增值需求。由于我国将长期依赖进口来满足自身的原油需求，保持外汇资产相对于原油价格的购买力稳定是我国外汇投资的一个重要目标。阿拉伯国家资产的回报率与石油价格关联度高，以阿拉伯国家股市为例，阿拉伯国家股市与国际原油价格呈正向关联关系，由于国际原油价格上涨，2012 年第一季度阿拉伯国家的股票市场出现大幅上扬，阿拉伯地区股市 2012 年第一季度的市值达 8100 亿美元，比 2011 年底增长了 870 亿美元。其中，沙特股市股指平均增长 22.1%，市值达 4100 亿美元，日均流动 28 亿美元；阿联酋迪拜股指 2012 年第一季度增长 21.8%，日均资金流动 20 亿美元；阿联酋阿布扎比股市 2012 年第一季度股指增长 6.3%；科威特股市第一季度股指增长 3.6%。因此，投资于阿拉伯国家的资产相当于间接投资于石油，相对于直接购买原油储备，有成本低和不会对市场油价造成冲击的优点，因此阿拉伯国家也是我国实现外汇资产保值增值的理想投资目的地。就当前而言，我国和阿拉伯国家之间的金融合作尚未充分实现。

第四，中阿金融合作可以在促进中国经济发展的同时，促进阿拉伯国家的经济转型。一方面，阿拉伯国家需要减少对石油收入的依赖，发展制造业等产业以改变其单一的经济结构，增强其经济发展的可持续性。投资我国的制造业可以帮助阿拉伯国家获得来自制造业的收入，使其收入流多元化，而且阿拉伯国家可以通过投资我国的制造业直接生产其需要的制造业产品。另一方面，面临国内产能过剩的经济环境，我国需要寻找新的出口目的地，且需要从简单加工组装的低附加值出口模式向出口技术、管理和品牌的高附加值出口模式转变。对于我国而言，投资阿拉伯国家，可以实现开辟新市场和转变出口模式的双重目的；对于阿拉伯国家而言，其可以从我国引进发展制造业和进行基础设施建设的经验、技术等，实现在当地发展制造业的目标。与发达国家相比，我国的优势在于，我国不仅拥有在海外建设基础设施和生产各类消费品和投资品的技术和能力，能够满足阿拉伯国家的需要，而且我国的制造业技术比发达国家的制造业技术更符合阿拉伯国家现有的工业水平和吸收能力，我国国家层面的推动保证了我国企业的行为能为国家战略服务，可以避免西方国家在资源输出国主要注重资源开发而不投资培育其他产业的情况。从这个意义上讲，我国和阿拉伯国家之间的产业合作也需要相应的金融服务作为后盾，因此，中阿金融合作是双方的内在要求。

（二）我国西部地区引入石油美元的必要性和可行性

近年来，中阿经贸往来密切。以宁夏为例，2012 年 9 月，在宁夏举办的中阿经贸论坛上，西部地区与中东主要石油出口国之间建立了广泛的经贸合作关系，共有 124 个项目洽谈成功，总投资额达 2187 亿元。可以说，中阿经贸论坛的举办加强了我国与中东石油国家的经济往来，为我国西部地区引进石油美元打下了良好的基础。

未来，中阿金融合作应以石油美元为突破口，引导阿拉伯国家的石油美元投资我国内陆地区，为我国经济、社会的全面发展提供新动力。值得注意的是，落实引入中东石油美元的战略，应从实现我国经济发展战略目标的高度出发，在顺应阿拉伯国家经济发展需要及其对外投资习惯的前提下积极引导投资的区域和行业，并结合我国内陆省份的具体情况发展各自的特色产业，如宁夏的清真行业和伊斯兰金融等。

从引入石油美元的区域布局角度考虑，我国西部地区的发展迫切需要资金投入，西部地区应作为引入重点。就我国当前的经济形势而言，中西部地区发展不平衡的局面凸显。未来，加快中西部地区特别是西部地区的发展已经迫在眉睫，国家已经高度重视并付诸行动。2012年8月，国务院批复同意设立兰州新区，兰州新区成为第五个国家级新区；2012年9月，国务院批复同意宁夏内陆开放型经济试验区规划建设，把宁夏全区列为对外开放特别是向西开放的经济试验区。但是由于西部地区的基础设施相对薄弱，发展经济需要大量的资金支持，因此，战略引进阿拉伯国家的石油美元就是一条重要途径。为此，国家在引入石油美元的过程中，无论是建立产业基金、发行债券还是进行股权融资，都应着重照顾西部地区。引入石油美元参与商业项目时，在区域分布上可综合协调西部、中部和东部，在保证投资回报和可持续性的前提下，适度向中西部特别是向西部地区倾斜。

当前我国经济继续保持高速发展，全国各经济区域特别是西部地区仍需要不断地引进和利用外资，但近年来国内外环境的双重压力使我国吸收外资的形势日趋严峻，在这种情况下，引入石油美元作为外资投入的新来源就显得尤为必要。

经济的快速发展使我国对高质量的外资和战略性的金融资本的需求强烈，而对处于发展起步阶段的我国西部地区来说，这种需求尤为明显，石油美元的引入对于西部地区的持续发展是必要而有益的。中东国家的大量石油美元不仅可以直接投资于西部地区的基础设施、环境保护、教育、卫生等项目，从而促进西部地区社会的全面发展，还有助于西部金融市场的建设，而西部地区发达的金融市场必将给西部地区的企业提供必要的资金支持，从而有助于更好地推进西部大开发战略。

与此同时，在中国从发达国家吸收外资的形势日趋严峻的情况下，石油美元可以成为未来我国外资来源的重要替代，引入石油美元具有必要性。受全球经济放缓和中国国内劳动力成本上升及土地资源供应紧张的影响，欧美跨国公司对华投资意愿趋弱，2012年中国利用外资额出现了负增长，较2011年减少了100多亿美元。与之相比，东南亚国家和南美国家吸收外资的能力则不断加强，其在2011年吸收外资的增速和数量就已超越了中国。全球经济的不确定性和竞争对手的崛起表明中国吸收发达经济体资金的形势不容乐观。在我国对欧美资金吸引力下降的情况下，石油美元的巨额存量无疑能够切合中国的外资需求，可以成为未来我国外资的重要来源。

一方面，从国际原油价格和中东国家对外投资的趋势来看，未来5~10年，石油美元的对外投资将继续增加；另一方面，国际金融危机、欧债危机导致投资于欧美市场的石油美元受损，这迫使中东各国重新思考其投资战略。从主权财富基金和石油美元的流向来看，未来，经济始终处于高速增长的中国无疑将成为石油美元的一个重要流入地。

石油美元资本进军中国市场始于2006年，当年中国工商银行首次公开募股，阿拉伯资本高调竞购。英国经济学家情报部（Economist Intelligence Unit，EIU）报告称，从全球范围看，目前流向中国的资本在中东资本的全球投资组合中的占比还比较小，但成长很快。近几年，中东国家的对华投资规模迅速扩大，投资领域也从原先的基础设施建设扩展到金融、地产、酒店等领域，能源领域的合作进一步加强。目前，中国已经成为中东石油美元的重要投资区域，中东国家的主权财富基金已购得四川久大盐业、中国工商银行、中国农业银行等中国企业的股份，其中，迪拜投资股份有限公司收购了汉思能源有限公司9.91%的股份，并在上海设立代表处，这是迪拜投资股份有限公司首次在阿联酋以外的地区设立海外代表处。另外，中东石油美元的对华投资存在巨大潜力。据估计，未来石油美元在中国、日本、印度等亚洲国家的投资比例将由目前的10%提高至15%~30%，而在欧美地区的投资比例将由现在的75%降到50%左右。

　　除此之外，随着我国资本市场的发展和政策的逐步开放，石油美元进入我国的障碍会逐渐消除，引进和利用石油美元的可行性也将不断提高。一方面，我国与石油输出国之间的经贸联系呈现良好的发展态势，这为引进石油美元打下了良好的基础。2012 年中国与阿拉伯国家双边贸易额达到 1550.3 亿美元，同比增长 15.9%，同年宁夏顺利举办了中阿经贸论坛，并升格为中阿博览会，以推动中国和中东石油出口国家间的交流与合作。另一方面，随着我国经济的持续发展和改革的不断深入，我国的经济金融开放程度势必不断提升，多层次资本市场将不断完善和成熟，同时诸如资本项目管制等政策限制也将逐渐放宽，加之政府针对西部地区实施了一系列外资优惠政策和产业扶持政策，我国引进石油美元是完全具有可行性的。

　　从引入石油美元的行业来看，非石化领域是引进石油美元的重点行业。目前阿拉伯国家对进口依赖度高的消费品、机械制造和金属制品等行业都可以作为优先进入的领域，阿拉伯国家通过投资这些行业，可以解决自身的进口问题，并从进口中获得一部分收益。石化行业是阿拉伯国家期望进入的领域，是阿拉伯国家延长产业链、提升附加值的自然选择，应当从国家战略的层面允许阿拉伯国家适度进入石化领域，这是促进我国和海合会全面合作和保证石油供应的一种方式。考虑西部内陆地区的地理位置和生态环境，石化行业对阿拉伯国家的开放应在沿海地区相机推进。对于我国西部地区需要重点发展的行业领域（包括基础设施、特色产业、教育、卫生、环境保护等社会效益大的项目），应重点引进石油美元，特别是应将西部省份的特色产业作为利用石油美元的重点对象，如可利用石油美元做大做强宁夏的牛羊肉产业链，形成供、产、销网络，打造宁夏国际化清真牛羊肉品牌，走向阿拉伯国家乃至全世界，以牛羊肉产业带动新疆、甘肃等西部地区经济建设。

　　（三）我国西部地区引入石油美元的可能方式

　　可以以外商直接投资（FDI）、产业投资基金和石油美元债券 3 种形式在西部开发中利用石油美元。

第一，FDI 方式。FDI 对于我国经济发展有着重要意义，但 FDI 在国内的区域分布很不均衡，大部分 FDI 流向东部地区，西部地区获得的 FDI 所占比重较小。究其原因，与东部地区利用 FDI 的领域宽广、结构合理的特点相比，西部地区利用 FDI 的产业结构较为单一，技术层次相对较低，以劳动密集型工业为主，缺乏资本密集型项目和高新技术项目，且西部利用 FDI 的产业结构与西部本地产业的关联度较低，尚未形成良好的产业集聚和产业配套条件。在这种情况下，以 FDI 方式流入西部地区的石油美元微乎其微。

近年来，西部地区经济持续高速发展，投资环境不断改善。中央政府也逐步引导外资投向往西部地区转移，西部地区的 FDI 占全国的比重逐年提高，从 2008 的 8.3% 上升至 2011 年的 13.7（见表 5 - 2）。与此同时，西部地区引进 FDI 的模式开始从单一的成本低廉型逐步向市场导向性转变，其对 FDI 的吸引力不断加强。再加上西部地区面积辽阔，人口众多，资源丰富，其目前仍保持着成本优势，平均工资标准远低于我国其他地区。以上因素都表明引入石油美元在西部地区直接投资企业或建立跨国公司具有良好的发展前景，进而能够满足石油美元对投资规模和盈利性的要求。

表 5 - 2   2008 ~ 2011 年中国各地区外商直接投资占全国比重

单位:%

	2008 年	2009 年	2010 年	2011 年
东　部	68.1	64.7	60.9	57.2
中　部	13.1	14.0	14.6	16.0
西　部	8.3	9.4	11.2	13.7
东　北	10.5	11.9	13.3	13.1
全　国	100	100	100	100

第二，产业投资基金方式。除了 FDI 以外，另一个引进石油美元的方式是通过合作建立针对西部地区的产业投资基金。产业投资基金是直

接投资于产业领域的一种特定类型的投资基金，通常可分为基础产业投资基金、创业投资基金（风险投资基金）和企业重组基金等。产业投资基金的特点在于它不仅能为企业融资，还积极参与企业的经营和发展，实现其"价值创造"的目的。20世纪90年代以来，产业投资基金极大地促进了世界各地的经济发展。在欧美发达国家，创业投资基金培育了微软、英特尔、谷歌等一大批高新技术企业，引领了未来发展的潮流；在东南亚等一些新兴市场国家，基础产业投资基金成为这些国家引进外资的一种重要手段，为这些国家的基础设施建设和产业结构发展做出了显著的贡献。

就目前来看，我国西部地区中小企业众多，其在具有良好发展潜力的同时往往缺乏发展壮大的资金，自身通过国内资本市场进行融资的能力十分有限。在这种情况下，产业投资基金可以构建石油美元投资者和西部中小企业之间的融资通道，实现石油美元的引进。

石油美元的投资者大部分来自中东地区，其投资着眼于未来10~20年石油减产之后的稳健回报，这与我国西部地区未来良好的发展前景和产业投资基金长期投资的特点是十分吻合的。西部地区可在发展与石油出口国经贸关系的基础上建立针对西部项目和企业的产业投资基金，并引进石油美元购买这些产业投资基金。

第三，石油美元债券方式。与FDI和产业投资基金相比，通过债券方式直接引入石油美元无疑可以更直接有效地满足企业的融资需求。就目前来看，石油美元大多以伊斯兰债券的形式为企业提供融资。近年来，以发行伊斯兰债券形式募集的石油美元增长迅速，2012年其一级市场发行规模达到1312亿美元，其中，巴林、马来西亚等国的伊斯兰债券市场吸引了一半以上的石油美元流量。有鉴于此，我国可加强与巴林和马来西亚这样的伊斯兰金融中心的合作，还可利用伊斯兰金融新兴的香港市场，甚至可以发展自身有效的伊斯兰债券市场，以债券形式吸收石油美元。西部地区更可以凭借地区高速发展的经济预期和一些高效益企业的优良资质，直接在中东石油出口国发行外国债券，吸引当地石油美元投资者。

四　我国西部地区引入石油美元的问题和对策

（一）　西部地区引进石油美元的措施建议

第一，在资本项目下，我国西部地区对中东石油美元试点定额定向开放。考虑到阿拉伯国家倾向于投资金融资产的投资习惯，引入石油美元的主要方式之一必须是允许石油美元投资于我国的金融资产，这就要求对我国现有的资本项目管制措施做出必要调整，对石油美元通过资本项目流入我国开放渠道。但是，不加引导地对石油美元开放资本项目将对我国造成较大冲击，而且石油美元不一定会流向西部。因此，对石油美元开放资本项目的方式可以是定额定向开放。定额即对流入的总额度进行控制，允许阿拉伯国家按一定比例将向我国出口石油所得资金留存于我国进行金融资产投资；定向即仅允许留存下来的石油美元流入西部地区和当地鼓励发展的行业，并对中东石油美元的投资方向做出明确规定，确保资金的最终流向是西部地区的实体经济，服务西部大开发战略。在阿拉伯国家，符合这些标准的领域为基础设施、公共服务以及阿拉伯国家希望发展且我国愿意参与的制造业部门，包括消费品、石化和家电等，双方可商定项目的组合。

第二，由中阿双方共同出资建立产业投资基金。考虑到密切的中阿经贸往来，产业投资基金由我国和阿拉伯国家共同出资建立，资金可以来自官方，也可以来自非官方机构，或通过少量官方资金撬动更多的非官方资源。根据侧重点不同可以建立若干个基金，委托专业人士和机构进行日常管理运作。在投资项目的选择上，产业投资基金应兼顾社会效益和经济效益。

具体做法可以是将西部地区具有较高社会效益的基础设施、环境保护、教育、卫生、文化事业等项目与经济效益较高的产业项目，包括具有伊斯兰特色的产业以及符合双方产业发展需要的制造业，以及一定数量的农业项目进行打包，产业基金对打包后的项目进行整体投资。这样既保证了投资回报率，又兼顾了经济社会发展的需要。鉴于我国西部地区的经济发展和民族情况，可优先在发展较为滞后的宁夏回族自治区建立产业投资基金，积累运作经验，然后逐步向西部地区全面铺开。

第三，推动人民币在中阿双边贸易和金融合作中作为计价、清算和结算货币，允许阿拉伯国家人民币的合理回流。借人民币国际化契机，鼓励流入中东阿拉伯国家的人民币形成回流机制。阿拉伯国家如有意在双方贸易和金融合作中使用自身的货币，我国可给予便利和支持。双方中央银行可签署货币互换协定，并打通使用双边货币清算和结算的途径。在引进石油美元的过程中，可适度放开重点地区和领域的外债额度。如果外债是以人民币计价的，额度可进一步放开或单独计算。为此，应着力建设中国与阿拉伯国家间的外汇市场，发展双边外汇交易的即期市场和远期市场，积极推动在双边贸易中使用人民币计价和结算，特别是在石油贸易中使用人民币计价和结算。双方的中央银行建立合作机制，解决人民币使用过程中的问题。同时建议允许和鼓励阿拉伯国家主权财富基金和官方储备持有人民币，并使用在岸市场进行交易；鼓励阿拉伯国家货币和人民币挂钩（目前是与美元挂钩）；允许阿拉伯国家对我国出口使用人民币计价和结算的资金收入提高留存的比例，扩大投资地区、行业和金融资产的范围。在条件成熟的情况下，可开展人民币和阿拉伯国家货币的直接兑换。

第四，中阿在传统金融领域和伊斯兰金融领域开展深入合作。在传统金融方面，在符合双方准入条件的前提下，首先鼓励双方银行类（包括金融租赁、信托等）机构、证券公司和保险公司在对方设代表处，应鼓励阿拉伯国家金融机构在西部省份设立代表处和分支机构。逐渐鼓励双方银行类机构、证券公司和保险公司在对方设立分支机构（分公司或子公司），提供存贷款、贸易融资、股权和债权融资、外汇交易、保险等全方位的金融服务。在伊斯兰金融方面，应鼓励宁夏银行试点伊斯兰金融，同时探索与伊斯兰金融相关的监管准则。在此基础上，应鼓励与阿拉伯国家的伊斯兰金融机构合作，为防范相关风险，可以考虑由一家银行专门负责与中东国家伊斯兰金融的往来业务。

第五，打造伊斯兰金融中心以吸引中东石油美元。之所以要打造伊斯兰金融中心，首先是考虑到近年来伊斯兰金融的迅速发展。据 IFSB 在世界伊斯兰经济论坛上发布的报告，英国、马来西亚等国的伊斯兰金融已粗具规模，并明确要打造伊斯兰金融中心，日本、韩国、美国等国都意欲发展伊斯兰金融，多个国家都在谋求占据发展伊斯兰金融的先机。从中东石油美元的流向趋势来看，虽然在欧美国家金融危机之后，阿拉伯国家庞大的石油美元呈现"向东看"的特点，我国市场是中东阿拉伯国家资本的目标对象，但就目前而言，流向我国的石油美元仍与欧美国家有较大差距。究其原因，除了与我国和阿拉伯国家之间的金融合作不够有很大的关系外，还与阿拉伯国家的投资习惯和投资渠道有很大的关系。与阿拉伯国家的金融体系相比，我国银行体系是以利率作为资金供求的杠杆，金融体系中不允许银行的资金交易直接对应实物资产，这与以伊斯兰教教义为指导的伊斯兰金融体系相悖，因此让许多有合作意愿的伊斯兰国家的投资商望而却步。考虑到我国西部地区的民族宗教环境，可以利用宁夏的区位优势，同时结合宁夏在伊斯兰金融方面的实践基础、政治社会环境稳定等优势，在宁夏打造伊斯兰金融中心，与阿拉伯国家之间开展伊斯兰金融合作，以更符合伊斯兰金融特点的方式引入中东石油美元，这对我国吸引石油美元特别是吸引石油美元投资于我国西部地区大开发将起到巨大的推动作用。

（二）西部地区引进石油美元面临的问题和对策

尽管如此，西部地区距离真正实现引进石油美元的目标还有一段路要走，面临着政策、法律和金融市场等方面的一系列问题。

首先是政策限制。西部地区无论通过直接投资方式还是产业投资基金方式引入石油美元，都需要石油美元进入我国，但是当前我国资本项目总体上的开放程度还处于较低水平，这成为石油美元流入的一大障碍。

就目前来看，我国已基本取消了对外国直接投资流入的管制，但对外国间接投资的限制始终比较严格。在资本流动方面，虽然近年来通过 QFII 和 QDII 逐步解除了对证券投资的限制，但在债务融资等短期资金流入方面的限制依旧十分严格。在种种政策限制下，当前石油美元流入西部地区的主要途径就局限在直接投资和 QFII 上，石油美元投资者对我国西部地区发放贷款和进行债务投资的愿景无法实现，这无疑会打击倾向于多元化投资和长期投资的石油美元投资者的投资热情。同时，直接投资的沉没成本较高、流动性较差的特点也无法满足石油美元对流动性的要求，而我国对 QFII 投资者有较高的审查要求，抬高了石油美元进入的门槛，这些政策极大地限制了石油美元以产业投资基金和债券方式流入西部地区。

其次是市场限制。目前我国的主要金融中心在东部沿海地区，北京、上海、深圳成为各大银行、券商、基金公司等金融机构的落户之地。相比之下，西部地区尚未形成一个区域性的金融市场，驻足西部地区的金融机构少之又少，结果是西部地区缺乏金融中心和活跃的金融市场，且金融机构实力参差不齐。在本地金融市场和金融机构欠发达的情况下，金融产品的推出和创新就无从谈起，这导致石油美元难以获得在西部地区流通的渠道。

最后是法律和监管问题。引入石油美元对西部发展的意义重大，但石油美元引进后的监管和法律问题是不容忽视的，这既包括以 FDI 和产业投资基金方式引进石油美元的相关法律法规和监管问题，也包括伊斯兰石油债券带来的监管和法律框架的问题。鉴于中东石油国家大多以伊斯兰教教义为基础建立金融体系，我国西部在引入石油美元的过程中将不可避免地面临伊斯兰金融与我国金融监管体系如何接轨的问题。

上述问题都表明我国西部地区引进石油美元还需要政府的正确引导，为此，应做好以下几个方面的工作。

第一，适当调整资本项目向西部地区开放。近年来，我国资本项目开放趋势明显，为满足引入石油美元的需要，可考虑在西部地区加快资本项目开放的节奏，逐步试点资本项目在西部地区定额定向开放。

当然，考虑到潜在的风险和不稳定性，西部地区开放资本项目必须是一个审慎的循序渐进的过程，可将其分为三个阶段。第一阶段为单个地区试点开放，即在西部选择一个最合适的地区进行包括贷款和债务投资的定额定向资本项目开放。就试点地区的选择方面，宁夏回族自治区拥有丰富的穆斯林文化和独具特色的清真食品和穆斯林用品等特色产业，与中东石油出口国之间有深厚的文化宗教渊源，可以作为石油美元进入西部地区的首选目标。第二阶段为部分地区开放，在资本项目试点开放的基础上总结法律、监管和金融市场等方面的经验，将针对石油美元的资本项目开放区域扩展到西部地区的多个省市，这个阶段可选择同样具有穆斯林文化的新疆，以及西部地区发展较快的重庆、四川等地区。第三阶段为全面开放，时机成熟后，可在西部地区全面实施资本项目面向石油美元的定额定向开放，引进石油美元投资西部地区各个省市，特别是西藏、贵州这些较为偏远落后的地区，促进其经济快速赶超和发展。

第二，推进西部资本市场和金融中心建设。资本市场与区域经济发展密不可分，对西部地区来说，一个辐射整个西部地区的地方资本市场对其引进石油美元和未来的进一步发展都至关重要。为此，需要加快西部资本市场的发展，为吸引石油美元创造金融市场基础。在发展西部资本市场的基础上，打造一个面向石油出口国的具有伊斯兰特色的西部金融中心将极大地方便西部地区引进石油美元。建设西部资本市场和金融中心需要从三个方面努力。一是加强政府引导与协调，制定资本市场发展规划。二是培育西部地区的金融机构，促使其提高业务能力与服务水平，利用其专业优势推动资本市场发展，并可考虑在西部地区设立具有西部地区性质和伊斯兰金融性质的金融机构。三是加强西部金融产品建设，在建设西部资本市场和伊斯兰金融的基础上，不断发展创新金融产品，如针对石油美元的不同期限的债券、相应的期权期货、石油美元与人民币互换合约等，为石油美元投资者提供多样化的投资选择和风险规避工具。

第三，完善引进石油美元的法律法规和监管体系。鉴于中东石油美元的宗教特征和复杂背景，引入中东石油美元需要建立一个完善的法律和监管体系，以保证石油美元在我国西部建设中发挥应有的作用和效益。同时，在建立具有伊斯兰特色的西部金融中心的过程中，可借鉴马来西亚、中国香港等国家和地区发展伊斯兰金融的经验，将具有伊斯兰特征的金融机构和金融产品纳入我国金融监管体系，并加强与石油出口国家的伊斯兰金融机构的合作。值得重视的是，相关法律和监管机构要高度重视特别的石油美元的投资流向，起到防范恐怖资金流入的重要作用。

第六章 中阿能源合作：宁夏与阿拉伯国家能源合作

一 引言

本章关注中国与阿拉伯国家的能源合作问题，阿拉伯国家集中在中东和北非地区，大多是世界重要的能源特别是石油和天然气的生产国，在世界能源市场中具有举足轻重的地位，比如海合会成员国全是阿拉伯国家，欧佩克中的许多国家也属于阿拉伯国家。

中国与阿拉伯国家之间的能源合作已经上升到较高层次，比如中阿能源合作大会每两年举办一次，自 2008 年以来，已在中国三亚、苏丹首都喀土穆和中国宁夏银川成功举办过三届。2010 年中国同阿盟签署了《关于中阿能源合作机制的谅解备忘录》，双方的能源合作不断走向深入。在此基础上，进一步拓展、深化双方的能源合作无疑具有重大的战略意义。

专栏 6-1

何谓阿拉伯国家

所谓阿拉伯国家一般是指以阿拉伯民族为主体，以阿拉伯语为通用语言，拥有共同文化和风俗习惯，绝大多数人信仰伊斯兰教的国家。同时，也有一些国家虽然不以阿拉伯民族为主体，但与阿拉伯国家建立了长期紧密的政治、经济、文化、宗教联系，并加入了阿拉伯国家联盟，因此也被称为阿拉伯国家。

目前阿拉伯国家和地区共有23个，大多分布在中东和北非地区，它们是：阿拉伯联合酋长国、阿曼、阿拉伯也门共和国（北也门）、也门民主人民共和国（南也门）、沙特阿拉伯、科威特、巴林、卡塔尔、伊拉克、约旦、黎巴嫩、叙利亚、巴勒斯坦、埃及、利比亚、突尼斯、阿尔及利亚、摩洛哥、毛里塔尼亚、苏丹、索马里、吉布提、西撒哈拉。阿拉伯国家的范围与中东的范围有一部分重叠，但也有不同之处，并非所有中东国家都是阿拉伯国家，如土耳其、塞浦路斯、伊朗等。

考虑到中东和北非地区的两个非阿拉伯国家伊朗和尼日利亚与中国具有重要的能源合作关系，且在不断深化，因此在分析时一并考察，即本章所指阿拉伯国家包括伊朗和尼日利亚。

第一，加强中阿能源合作对于保障中国能源供给和能源安全具有战略意义。我国已经进入城镇化和工业化的快速发展期，能源需求总量增长迅速，与国内能源供给力不足的矛盾日益突出，而且能源消费结构不尽合理，能源利用效率较低，能源安全的形势十分严峻。阿拉伯国家能源的储量和产量丰富，拓宽阿拉伯国家的能源输入渠道，是保障能源供给和能源安全的必然选择。

第二，中阿能源合作对于保证全球能源市场稳定运行，维护中国的全球利益有战略意义。中国缺乏在世界能源市场的定价权，国际能源价格大幅震荡，直接影响中国经济的稳定和繁荣。阿拉伯国家作为世界能源市场，特别是油气市场的主要供给国，对国际能源市场有举足轻重的影响力，加强双边的能源合作，既能够繁荣国际能源市场，又有利于稳定国际能源市场秩序，维护中国的正当利益。

第三，中阿能源合作对于双方加强经济联系，增进政治互信，确保双边及世界和平稳定具有战略意义。阿拉伯国家与中国之间存在着广泛的经贸关系，中阿经贸合作论坛已经举办三届，并已经升级为中阿博览会。中阿能源合作是中阿经贸合作的重要组成部分，会带动双方多个领域的贸易和投资，为地区经济增长做出积极贡献，进而有利于地区及世界的和平稳定。

二 中阿能源合作具有巨大潜力

(一) 阿拉伯国家是世界市场的重要能源供应国

1. 石油

阿拉伯国家拥有世界上最为丰富的石油资源，不过储量分布并不均衡。截至 2011 年底，主要阿拉伯产油国的探明石油储量占全世界探明石油储量的一半以上，达到 54.7% （见表 6 - 1）。其中，中东的沙特阿拉伯的储量最为丰富，达到 16.1%，接下来是伊朗、伊拉克和阿联酋，北非的利比亚和尼日利亚的储量也比较丰富，其他国家则比较匮乏。

表 6 - 1 中东、北非地区主要产油国探明石油储量

地 区	国 家	探明储量 （十亿桶）			占世界份额 （%）	储采比
		1991 年底	2001 年底	2011 年底	2011 年底	2011 年底
中 东	伊朗	92.9	99.1	151.2	9.1	95.8
	伊拉克	100.0	115.0	143.1	8.7	>100
	科威特	96.5	96.5	101.5	6.1	97.0
	阿曼	4.3	5.9	5.5	0.3	16.9
	卡塔尔	3.0	16.8	24.7	1.5	39.3
	沙特阿拉伯	260.9	262.7	265.4	16.1	65.2
	叙利亚	3.0	2.3	2.5	0.2	20.6
	阿联酋	98.1	97.8	97.8	5.9	80.7
	也门	2.0	2.4	2.7	0.2	32.0
北 非	阿尔及利亚	9.2	11.3	12.2	0.7	19.3
	埃及	3.5	3.7	4.3	0.3	16.0
	利比亚	22.8	36.0	47.1	2.9	>100
	尼日利亚	20.0	31.5	37.2	2.3	41.5
	苏丹	0.3	0.7	6.7	0.4	40.5
	突尼斯	0.4	0.5	0.4	<0.05	15.0
合 计		716.9	782.2	902.3	54.7 *	579.8 **

注：* 不含突尼斯；** 不含伊拉克和利比亚。

资料来源：《BP 世界能源统计年鉴》，2012 年 6 月。

截至 2011 年底，阿拉伯国家的石油产量占世界石油产量的比重为 39.4%，低于储量占比（见表 6-2）。不过，主要产油国之间的相对排序没有明显变化，产量最大的是中东的沙特阿拉伯，接下来是伊朗、阿联酋、科威特和伊拉克。在北非，由于利比亚战乱，尼日利亚成为主要产油国。

表 6-2　中东、北非地区主要产油国的石油产量（2006～2011 年）

地区	国　家	石油产量（十亿桶）						2011 年占世界份额（%）
		2006 年	2007 年	2008 年	2009 年	2010 年	2011 年	
中东	伊朗	4260	4303	4396	4249	4338	4321	5.2
	伊拉克	1999	2143	2428	2447	2480	2798	3.4
	科威特	2726	2647	2761	2477	2518	2865	3.5
	阿曼	742	715	754	813	865	891	1.1
	卡塔尔	1110	1197	1378	1345	1569	1723	1.8
	沙特阿拉伯	10775	10371	10769	9809	9955	11161	13.2
	叙利亚	435	415	398	401	385	332	0.4
	阿联酋	3149	3053	3088	2750	2867	3322	3.8
	也门	380	341	315	306	301	228	0.3
北非	阿尔及利亚	2003	2016	1993	1816	1762	1729	1.9
	埃及	697	710	723	736	730	735	0.9
	利比亚	1815	1820	1820	1652	1659	479	0.6
	尼日利亚	2468	2354	2170	2120	2453	2457	2.9
	苏丹	331	468	480	475	465	453	0.6
	突尼斯	70	97	89	83	80	78	0.1
合　计		32960	32650	33562	31479	32427	33572	39.7

资料来源：《BP 世界能源统计年鉴》，2012 年 6 月。

尽管阿拉伯国家的石油储量和产量非常丰富，但它们的炼油能力整体偏低，原因在于这些国家仍处于较低的经济发展阶段。将整个中东地区和非洲地区加在一起，包括非阿拉伯国家在内，整体炼油能力比中国略高（见表 6-3）。

表 6 – 3   中东和非洲主要产油国的炼油能力（2006 – 2011 年）

| 地区 | 国　家 | 炼油能力（百万桶/天） | | | | | | 2011 年占世界份额（%） |
		2006 年	2007 年	2008 年	2009 年	2010 年	2011 年	
中东	伊朗	1727	1772	1805	1860	1860	1860	2.0
	伊拉克	748	755	744	754	846	924	1.0
	科威特	931	931	931	931	931	931	1.0
	沙特阿拉伯	2100	2100	2100	2100	2100	2110	2.3
	阿联酋	620	625	673	673	673	673	0.7
整个中东		7409	7524	7603	7819	7923	8011	8.6
整个非洲		3049	3037	3151	3012	3192	3317	3.6
合　计		10458	10561	10754	10831	11115	11328	12.2
中　国		7865	8399	8722	9479	10302	10834	11.6

资料来源：《BP 世界能源统计年鉴》，2012 年 6 月。

2. 天然气

与石油类似，阿拉伯国家同样拥有世界上最丰富的天然气储量，不过储量分布也不均衡。如表 6 – 4 所示，截至 2011 年底，阿拉伯国家的探明天

表 6 – 4   中东、北非地区主要产气国探明天然气储量

| 地区 | 国　家 | 探明储量（万亿立方米） | | | 占世界份额（%） | 储采比 |
		1991 年底	2001 年底	2011 年底	2011 年底	2011 年底
中东	巴林	0.2	0.1	0.3	0.2	26.8
	伊朗	19.8	26.1	33.1	15.9	—
	伊拉克	3.1	3.1	3.6	1.7	—
	科威特	1.5	1.6	1.8	0.9	—
	阿曼	0.1	0.9	0.9	0.5	35.8
	卡塔尔	6.4	25.8	25.0	12.0	—
	沙特阿拉伯	5.2	6.5	8.2	3.9	82.1
	叙利亚	0.2	0.2	0.3	0.1	34.3
	阿联酋	5.8	6.1	6.1	2.9	—
	也门	0.4	0.5	0.5	0.2	50.7
北非	阿尔及利亚	3.6	4.5	4.5	2.2	57.7
	埃及	0.4	1.6	2.2	1.1	35.7
	利比亚	1.3	1.3	1.5	0.7	—
	尼日利亚	3.4	4.6	5.1	2.5	—
合　计		51.4	82.9	93.1	44.8	323.1

资料来源：《BP 世界能源统计年鉴》，2012 年 6 月。

然气储量占全世界的份额为 44.8%，其中，中东的伊朗最多，占 15.9%，
接下来是卡塔尔，占 12.0%，再接下来是沙特阿拉伯和阿联酋，除此之外
其他国家的份额都比较低；北非地区的尼日利亚和阿尔及利亚的份额相对
较高，其他国家都比较低。

就中东而言，伊朗、卡塔尔和沙特阿拉伯是天然气产量较大的国家，
接下来是阿联酋；就北非而言，阿尔及利亚产气最多，接下来是埃及和尼
日利亚（见表 6 - 5）。

表 6 - 5　中东、北非主要产气国的天然气产量（2006 ~ 2011 年）

地区	国　家	天然气产量（十亿立方米）						2011 年占世界份额（%）
		2006 年	2007 年	2008 年	2009 年	2010 年	2011 年	
中东	巴林	11	12	13	13	13	13	0.4
	伊朗	109	112	116	131	146	152	4.6
	伊拉克	1	1	2	1	1	2	0.1
	科威特	13	12	13	11	12	13	0.4
中东	阿曼	24	24	24	25	27	27	0.8
	卡塔尔	51	63	77	89	117	147	4.5
	沙特阿拉伯	74	74	80	78	88	99	3.0
	叙利亚	6	6	5	6	8	8	0.3
	阿联酋	49	50	50	49	51	52	1.6
	也门	—	—	—	1	6	9	0.3
北非	阿尔及利亚	84	85	86	80	80	78	2.4
	埃及	55	56	59	63	61	61	1.9
	利比亚	13	15	16	16	17	4	0.1
	尼日利亚	28	35	35	25	37	40	1.2
合　计		518	545	576	588	664	705	21.6

资料来源：《BP 世界能源统计年鉴》，2012 年 6 月。

（二）中阿双方已经成为重要的能源合作伙伴

一方面，中国已经成为阿拉伯国家重要的能源合作伙伴，是阿拉伯国
家能源出口的重要目标国。如表 6 - 6 所示，阿拉伯国家石油出口总量的

13.4%流向中国。不过，来自中东和北非的比例存在明显差异，中东阿拉伯国家出口的石油有14.0%流向中国，而北非的则仅有6.2%流向中国，当然这是因为历史上北非国家的能源合作国就是以欧洲国家为主。

表6-6　2011年中东、北非石油的贸易流向

流向地	中　　东		北　　非		合　　计	
	贸易流向（千桶/日）	份额（%）	贸易流向（千桶/日）	份额（%）	贸易流向（千桶/日）	份额（%）
美国	1919	9.7	378	19.6	2297	10.6
加拿大	107	0.5	129	6.7	236	1.1
墨西哥	17	<0.1	8	0.4	25	0.1
中南美洲	121	0.6	90	4.7	211	1.0
欧洲	2543	12.9	1001	51.9	3544	16.3
非洲	524	2.7	<0.5	<0.05	524	2.4
澳大利亚	170	0.9	12	0.6	182	0.8
中国	2774	14.0	121	6.3	2895	13.4
印度	2224	11.3	131	6.8	2355	10.9
日本	3534	17.9	10	0.5	3544	16.3
新加坡	1234	6.2	1	<0.1	1235	5.7
亚太其他地区	4582	23.2	34	1.8	4616	21.3
世界其他地区	2	0.0	15	0.8	17	<0.1
全世界	19751		1930*		21681	

注：＊不含非洲。

资料来源：《BP世界能源统计年鉴》，2012年6月。

另一方面，阿拉伯国家也已经成为中国最重要的能源合作伙伴，来自阿拉伯国家的石油和天然气已经成为中国能源进口的主要来源。如表6-7所示，2011年中国石油进口的43.5%来自阿拉伯国家（尽管表中数据不完全代表阿拉伯国家，但差异不大），第二大来源地苏联地区仅达到14.9%，第三大来源地西非达到12.8%，均大大低于阿拉伯国家的水平。

表6-7　2011年中国石油的贸易来源

来源地	中　国	份额	世　界	份额
	贸易流向（千桶/日）	（%）	贸易流向（千桶/日）	（%）
美国	86.40	1.3	2573.32	4.7
加拿大	23.67	0.4	2803.90	5.1
墨西哥	33.88	0.5	1486.96	2.7
中南美洲	548.50	8.2	3763.26	6.9
欧洲	14.20	0.2	2065.38	3.8
苏联	992.34	14.9	8688.42	15.9
中东	2774.15	41.7	19750.43	36.2
北非	120.57	1.8	1929.57	3.5
西非	848.08	12.8	4654.83	8.5
东南非	261.18	3.9	340.59	0.6
澳大利亚	160.74	2.4	453.06	0.8
中国	—	—	652.91	1.2
印度	4.70	0.1	874.65	1.6
日本	44.32	0.7	290.54	0.5
新加坡	147.58	2.2	1835.50	3.4
亚太其他地区	590.49	8.9	2416.45	4.4
全世界	6650.80	100	54579.77	100

资料来源：《BP世界能源统计年鉴》，2012年6月。

相比石油而言，中阿在天然气贸易领域的步伐相对较慢，不过增长速度较快。中国目前主要从中东的卡塔尔和也门，以及北非的埃及和尼日利亚进口LNG（液化天然气），不过与这些国家的总出口量相比，中国占据的份额仍然较低，2012年才达到61%，但增长迅速。从份额上看，阿拉伯国家出口到中国的LNG占出口总量的份额从2011年的5.0%上升到6.1%（见表6-8）。

（三）中阿能源合作仍有巨大空间

1. 从过分倚重石油向油气并重转变

中国目前与阿拉伯国家的合作过分集中于石油领域，而相对忽视了天

表 6 - 8　2011 年、2012 年中国 LNG 的贸易来源

单位：十亿立方米,%

出口国			2011 年			2012 年		
			中国	总出口	份额	中国	总出口	份额
	中东	阿曼	—	10.92	—	0.10	11.20	0.9
		卡塔尔	3.17	102.60	3.1	6.80	105.40	6.5
		阿联酋	—	7.96	—		7.60	—
		也门	1.10	8.94	12.3	0.80	7.10	11.3
	北非	阿尔及利亚	—	17.12	—	0.10	15.30	0.7
		埃及	0.24	8.58	2.8	0.40	6.70	6.0
		利比亚	—	0.08	—		4.90	—
		尼日利亚	0.98	25.89	3.8	0.40	27.20	1.5

资料来源：《BP 世界能源统计年鉴》，2012 年 6 月、2013 年 6 月。

然气贸易的重要性。随着国内对天然气需求的快速增长和环保压力的与日俱增，扩大从中东地区的 LNG 进口将是一个必然选择。

同样处于东亚地区的日本和韩国一直大量进口 LNG，截至 2012 年底，中国的 LNG 进口量不及日本的 1/5 和韩国的 1/2（见表 6 - 9）。

表 6 - 9　2011 年、2012 年个别国家天然气贸易量

单位：十亿立方米

	2011 年				2012 年			
	管道进口	LNG 进口	管道出口	LNG 出口	管道进口	LNG 进口	管道出口	LNG 出口
卡塔尔	—	—	19.2	100.4	—	—	19.2	105.4
中东其他	32.1	4.6	9.1	28.2	29.2	4.6	8.4	25.9
阿尔及利亚	—		34.4	17.8	—		34.8	15.3
非洲其他	5.7	—	8.3	40.0	6.0	—	11.0	38.8
日本	—	107.0	—	—	—	118.8	—	—
韩国	—	50.6	—	—	—	49.7	—	—
中国	14.3	16.6	3.1	—	21.4	20.0	2.8	—

资料来源：《BP 世界能源统计年鉴》，2013 年 6 月。

2. 从侧重中东地区向北非及世界其他地区转变

中东和北非在中阿能源合作中的地位并不平衡，北非国家占中阿能源

贸易的份额仍非常小，仅占 1.8%，而中东国家则占 41.7%。在中东地区，沙特阿拉伯作为世界石油储产量最多的国家和欧佩克最重要的国家，也是中国最大的石油进口来源国。

三　中阿能源合作面临制约因素

（一）国外政治因素

1. 政局不稳已经影响当前合作的有效开展

近年来，中东、北非的局势持续动荡，给中阿能源合作造成了不利影响。中资企业在中东、北非的多个项目遭到袭击，人员受伤、财产受损，迫使中国组织力量从这一地区撤出华侨以及企业派出人员，因此在政局动荡的国家开展运营的企业不可避免地面临着一定的风险。随着危机扩散到主要石油输出国，国际油价已经出现高企，而这将给全球缓慢的经济复苏带来新的不可预知的冲击，对中国经济以及能源安全的影响不容小视。总之，中东、北非两地政局的动荡已经严重威胁到中国能源供应的稳定性。

2. 政局未来的演变增加了未来合作的不确定性

阿拉伯国家普遍面临经济持续发展的问题，如高通货膨胀、高失业率，一些国家虽然经济发展较好，但面临如何处理经济发展与稳定的关系问题，经济的发展催生了中产阶级对政治和发展的诉求，而且这些中东国家还面临领导人长期执政和继承危机的问题。这一地区的政治问题往往受到欧洲发达国家的干预，从而加剧了问题的复杂性。

北非和中东国家的社会局势动荡，将对未来中东地区的政治社会走向和全球地缘政治格局产生深远影响，给全球经济和能源发展带来了许多不确定性，引发国际能源、金融与大宗商品市场进一步的异常波动，特别是会对国际石油供给及运输造成负面影响，从而在中长期加剧国际油价的不确定性。

同时，在全球石油运输上，中东地区的石油供应是世界经济的生命线，埃及的苏伊士运河更是世界贸易的动脉与咽喉,通过运河的航运吨位占世界石油贸易量的90%以上。苏伊士—地中海管道将原油从红海输送到地中海,日均输油能力约为240万桶。一旦中东、北非地区的局势恶化导致管道关闭,就将需要使用油轮绕道非洲进行运输,运输时间就会延长,并可能占用油轮运力,从而推高全球运费。

(二) 国内体制因素

1. 国内资源定价机制不完善阻碍合作深化

由于 LNG 的定价机制及贸易特点与我国陆上天然气经营有许多不同,所以国内天然气定价机制将对 LNG 引进产生重大影响。首先,目前我国天然气未完全按天然气市场价值来定价,天然气价格偏离了其市场价值,若在此情况下签订长期合同购买 LNG 将造成价格倒挂,会严重影响 LNG 接收终端的运营,进而影响该产业的发展。其次,国内天然气价格不能完全适应国际天然气市场的变化,国内定价机制未充分考虑替代能源的价格,因而天然气市场未完全实现市场化,从而使天然气消费出现不稳定的情况。

总之,中国国内天然气价格改革的滞后,使得中国进口阿拉伯国家,比如卡塔尔的 LNG 还面临着亏损的难题。2010 年以前与卡塔尔签订的进口 LNG 的长期合同价格较低,但 2010 年以后签订的进口合同都出现价格倒挂的现象,2010 年以后建成的中石油江苏、大连 LNG 接收站和中海油宁波 LNG 接收站都存在不同程度的亏损。

2. 国内配套支撑的政策体系不完善

有关跨国能源合作的国内长远战略规划欠缺,高层次的统一协调机制乏力,相关金融和财税政策的支持力度不足,国际合作风险担保机制缺乏,相关基础性调研工作薄弱,技术支撑信息服务不够。

四 阿拉伯国家"向东看"创造机遇

尽管中阿能源合作面临着国内和国际多方面的困难,但目前中东、北非的阿拉伯国家普遍出现"向东看"的格局转变，为双方深化能源合作创造了巨大的战略机遇。

（一）中国在阿拉伯国家对外经贸中的作用持续增强

在货物贸易方面，2009 年以来，阿拉伯国家特别是中东国家的能源出口市场已经实现了从欧美向亚洲的根本性转变，同时，伴随着中国机电成套设备及家用电器的出口，中国在中东国家进口市场的份额显著扩大。2009年，中国已经超越美国成为海合会最大的国际贸易对象国。

在服务贸易方面，中国正在成为中东、北非服务贸易的重要伙伴国。中国在中东、北非阿拉伯国家的建筑承包工程项目不断增加，影响力显著提高，而且中国游客赴阿旅游也成为阿拉伯国家经济发展的重要推动力，拉动了当地餐饮业、住宿业、商业和运输产业的发展。

（二）阿拉伯国家的能源出口需要中国市场

阿拉伯国家特别是中东石油国家的单一经济结构并未发生根本改观，经济发展严重依赖石油，因此确保长期稳定的石油出口是这些国家重大的经济安全问题。随着西方国家采取进口来源多样化和能源独立战略，中东石油国家在欧美发达国家的石油贸易地位已经大大下降，从而令拥有巨大石油储量和富余生产能源的产油国深感忧虑。

中国从 20 世纪 90 年代开始成为石油净进口国，而且进口量逐年增长，迅速成为阿拉伯国家的重要石油贸易伙伴。目前中国已经与沙特阿拉伯签订了长期石油供应协议。中国重视阿拉伯国家的态度为阿拉伯国家保持长期稳定增长奠定了信心。

（三）阿拉伯国家的石油美元需要更安全的投资场所

石油美元投资对阿拉伯国家而言具有战略意义，确保海外资产的安全是其战略利益。2008 年全球金融危机沉重打击了欧美经济，使得西方国家不再是石油美元的投资天堂。在这一背景下，许多阿拉伯国家开始转向包括中国在内的东方国家，寻找更好的投资机会。

由于中国与阿拉伯产油国具有众多互利双赢的机会，既能满足中国发展石油工业下游领域的需求，也能推动石油国的石油工业国际一体化战略，从而使得主要阿拉伯产油国的对华投资迅速增加。根据《中东非洲发展报告（2010～2011）》的估计，对华投资已经占海合会对外投资总额的约 15.5%。

（四）人民币的作用受到阿拉伯国家的重视

近年来，随着美元疲软，过度依赖美元威胁到阿拉伯国家的经济安全，因为这些国家的石油收入均是以美元结算；同时人民币不断升值，对阿拉伯国家的影响不断增强。许多国家已经采取措施，比如 2010 年 12 月，沙特阿拉伯已经完成了首笔跨境贸易人民币结算交易，伊朗也提出用人民币与中国进行石油贸易结算的建议。

（五）中国的发展经验受到阿拉伯国家的重视

整体而言，中东、北非的阿拉伯国家都处于转型时期，经济社会发展面临很多问题，特别是工业化进展缓慢，失业问题长期得不到有效解决，粮食供给严重依赖进口，外资注入不稳定，贫富收入差距悬殊。2008 年全球金融危机的冲击加剧了民生和社会问题，导致 2011 年中东、北非的局势动荡。在这种背景下，中国的稳定发展可以说是令阿拉伯国家"羡慕"的，特别是一些动荡国家都表达了借鉴中国发展经验的意愿。

五 中阿能源合作需进行全面战略考量

（一）明确能源外交战略，倡导新能源安全观

首先，中国应继续坚持不干涉内政的外交政策。这一外交政策有利于同阿拉伯国家建立友好关系，在中东、北非地区赢得更多新的合作机会，

这在阿拉伯国家普遍面临动荡风险的时期显得尤为重要。

其次，中国应积极倡导互利合作、多元发展、协同保障的新能源安全观。新能源安全观的核心在于合作、共赢，是对国际上的新殖民主义论调的有力反驳。中国应充分利用多种渠道，通过中阿双方切实的合作成果来向世界展示新能源安全观的效果。

再次，中国应把握外交重点，保障重点合作伙伴。沙特阿拉伯是中国最大的石油进口来源国，对国际石油市场有重要影响。新一轮世界原油价格上扬已经来临，这将对全球经济发展形势产生重大影响。如果沙特阿拉伯发生剧烈动荡，那么影响不可估量。中国应对沙特阿拉伯的潜在风险进行事先评估，明确外交方向，做好应对预案。

最后，中国应坚持多管齐下，保障能源合作。中阿能源合作应与双方政治、经济、外交、文化等友好关系的发展相协调，积极运用和完善中阿合作论坛这一集体对话和合作平台，积极有效地展开全面、深入的能源合作。

（二）尽快与海合会达成自由贸易区协定

2004 年 7 月，中国与海合会就启动了自由贸易区的谈判，但由于种种原因并未达成协议。近年来中国与海合会国家的双边经贸合作不断加强，商务部数据显示，2004 年中国与海合会六国总贸易额仅为 247. 36 亿美元，2011 年，中国与海合会贸易额已经上升到 1338 亿美元，占中阿双边贸易总额的 68. 30％。截至 2011 年底，中国与海合会国家双方相互投资额达 41 亿美元，创历史新高。

为进一步挖掘中国与海合会经济合作的潜力，促进中国与海合会国家在石油、天然气领域的贸易与投资，双方应尽快重启自贸区谈判。自贸区协定的最终签订将有助于双方发展战略的实施，海湾国家将加快石油下游环节的发展，完善石油产业链，中国则将在与海湾国家进行石油合作时进入上下游环节，保障石油供给。虽然中国和海合会在少数石化产品谈判上仍存在分歧，但双方都表达了推进的意愿。

（三）拓宽能源合作领域，提升能源合作层次

长期以来，阿拉伯国家是中国稳定的石油供应国，应该进一步加强双方在能源领域的传统贸易合作。但在当前形势下，中国与阿拉伯国家之间更要寻找新的合作领域，提升合作层次。

1. 扩大天然气领域的合作

未来中国对清洁能源的需求会进一步扩大，双方的清洁能源合作会变得越来越重要。目前中国的天然气需求不断增加，需要大量进口，但进口的主要来源地是卡塔尔。目前沙特阿拉伯和卡塔尔等国的天然气是对外开放的，这给中国对外投资提供了一个很好的机会，不但国有企业可以参与，民营资本也可以参与。

2. 拓展能源合作的新领域

阿拉伯国家普遍拥有丰富的太阳能、风能、地热资源，具备大力发展新能源的良好条件。中国在风电、太阳能发电、和平利用核能等方面拥有成熟的技术、丰富的经验和比较完善的法规、标准和配套政策。双方应加强在新能源领域的沟通，协商确定可再生能源和替代能源的开发利用项目，并举办投资、经验交流和技术转让等多种形式的研讨会和论坛，促进相关领域的务实合作。

3. 重点发掘光伏合作潜力

中国目前具有世界上最大的光伏制造实力和出口能力，而且装机量和发电量均快速增长，积累了丰富的制造和运营经验，这是中国扩大与阿拉伯国家光伏合作的有利条件。同时阿拉伯国家也已经注意到光伏产业对其经济发展的重要意义。

第一，阿拉伯国家具备发展光伏产业的自然条件。中东、北非地区尤其是海湾国家大部分处于沙漠地带，光照时长远远高于全球其他地方，在中东某些地区光照强度甚至是欧洲的两倍以上，因此当地发展光伏产业的自然条件比较好。

第二，地区经济发展推动了电力需求的增长。近年来随着油价的上升，

中东地区尤其是产油国经济发展迅速。经济的发展和人口的增加直接导致了用电的需求量上升，这为推动光伏产业发展创造了条件。

第三，阿拉伯国家过分倚重传统能源的模式不可持续，因此经济转型迫在眉睫。中东国家石油有限、资源有限的危机意识日益增强。对产油国来说，它们希望通过发展可再生能源来解决国内的用电问题。

第四，阿拉伯国家的人均碳排放处于较高水平，减排和环保压力较大。发展可再生能源有助于减少温室气体的排放，所以阿拉伯国家愿意通过发展清洁能源来解决环境问题。

第五，地区光伏产业发展相对滞后。2012 年，中东地区拥有全球 2% 的人口，但是其光伏发电市场份额只占 0.2%，因此中东的光伏市场存在较大发展潜力。

4. 探索和平利用核能的合作机制

中国与阿拉伯国家都面临可持续发展和能源替代问题，核能在其中将发挥重要作用，双方的合作前景非常广阔。阿拉伯国家的核能利用技术水平普遍较低，但都愿意同主要核技术发达国家特别是中国展开各种形式的合作。

目前，中国已与部分阿拉伯国家就核能合作开展了部分工作，比如已与埃及、阿尔及利亚、约旦和沙特阿拉伯等国签订了双边政府间和平利用核能的合作协定。中国的核电企业与一些阿拉伯国家已在核技术研究、人才培养、实验设施设计和建设等方面开展了卓有成效的合作，建设被誉为"南南合作"典范的比林核研究中心等许多先进的综合性核研究设施。未来，中国需要与阿拉伯国家进一步完善现有合作机制，并向深度合作发展。

（四）探索合作机制，创新合作模式

一方面，要加强中阿企业之间的国际化合作，探索共同投资、共担风险的理想机制。中国大型国有企业，比如中石油、中海油、中石化，在世界很多地方都展开了投资和合作，中国和阿拉伯国家的一些大型企业之间可以联手进行国际化合作。中石油与苏丹的油气合作算是比较成功的典范。

公司在苏丹建设和运营的喀土穆炼油厂，加工能力达 500 万吨/年，为当地经济的发展做出了突出贡献。

同时，中国企业也要充分抓住阿拉伯国家投资的机会，因地制宜地推进合作。近年来，包括沙特阿拉伯、科威特在内的中东产油国已在东亚等地区与所在国合作建立大型石油储备基地，这是有利于双赢的新合作方式。在世界主要石油进口大国中，中国是最晚建立战略石油储备的国家。尽管已经粗具规模，但中国的经济体量和美国、日本等国的储备水平相比还比较落后。中国可以联合主要阿拉伯产油国共同参与这项工作，产油国可承担出资、供油等方面的责任，并与中国共享收益，而中方可考虑与沙特阿拉伯等国磋商，利用近海岛屿开展储油合作，这将为稳定和扩大进口油源创造更好的条件。

另一方面，要重视利用长期合同模式，签订长期供油协议。中国采用的石油贸易方式以短期合同为主，包括企业间协议、加工贸易、易货贸易和一般现货贸易等。从国际石油贸易的经验来看，建立长期供油协议有利于实现石油供应在数量、种类、产地、储运等方面的相对稳定性。对于中国这样将长期大量依赖国外石油供应的国家，签订长期供油合同有利于获得稳定的供油渠道。随着中国经济发展和工业制成品出口能力的增强，以及阿拉伯产油国对中国市场依赖程度的加深，以回购方式与主要石油输出国开展石油贸易的条件将越来越成熟。中国在进口石油的同时要求沙特阿拉伯以石油收入进口中国商品，对于以石油贸易带动中国产品出口，回流石油美元和保持中国贸易平衡无疑具有重要的意义。同时这也能够为推进人民币国际化，实现国际贸易的人民币结算创造条件，因此是一个保障长期利益和实现可持续发展的理想选择。

（五）改革资源定价体制，为国际合作创造条件

随着城市化进程的推进，以及四大油气通道的开通，中国天然气将在能源消费结构中占据越来越重要的位置。但是仅通过油气通道无法充分满足中国的天然气需求，增加 LNG 是未来趋势。

根据我国国情和世界天然气贸易的发展趋势，必须尽快推动天然气定价机制改革，真正实现天然气的市场化，适应天然气产业的变化，促进我国天然气工业健康、有序、稳定发展，为我国加强与阿拉伯国家之间的天然气合作创造有利条件。

借鉴发达国家的经验，天然气市场化改革的最终目标是放松天然气出厂价格的管制，实现出厂价格由市场决定，而天然气管道运输价格则由政府按照成本加成法进行核定，并对其加强监管。短期内，天然气价格改革的重点是：第一，中国应尽早采用市场净回值定价法逐步代替成本加成定价法，建立与可替代燃料价格挂钩，能反映市场供求关系和资源稀缺程度的价格动态调整机制；第二，调整天然气价格结构，实行合理的分类气价；第三，合理提高天然气价格，理顺天然气与替代燃料的关系，缩小国内外天然气价差。

六　宁夏在中阿能源合作中的作用

宁夏能源基础较好，煤炭、化工、风电等能源优势明显，在向西开放的能源合作中有潜力发挥重要作用。宁夏未来的发展方向将是进一步加强区域性合作，推进大型煤电基地建设，加快发展新能源产业，加强节能减排和生态环境建设，并依托与阿拉伯国家在文化、经贸等领域的密切交流与合作关系，深化在能源化工以及更广泛领域的合作。

（一）利用资源互补加强传统能源领域合作

宁夏是中国的富煤省区之一，预测储量位居全国第六，人均占有量居全国第一位。宁东煤田煤种齐全，品质优良，便于开采，属国家 13 个亿吨级大型煤炭基地之一，与周边的鄂尔多斯、榆林共同构成了中国的能源"金三角"，区域内煤炭储量占全国的 60%，具有很高的开发价值和广阔的开发前景。更为重要的是，宁夏还有便利的取水条件和大面积的荒漠土地，良好的水土煤组合，为能源资源开发提供了得天独厚的便利条件。同时，宁夏具有承东启西、连南接北的区位条件，是中国西北内陆交通的重要枢纽和新欧亚大陆桥的重要节点，更是西气东输、西电东送的必经之地，具有建设能源储备和加工转化基地的独特优势。

在此背景下，阿拉伯国家和穆斯林地区与宁夏完全可以抓住世界能源需求不断上升的机遇，在优势互补、互利共赢的前提下，深化能源合作，探索国际能源合作的新模式，以此为契机，依托中东、中亚的油气资源，在宁夏建设大型能源储备和加工转化基地。

（二）在世界新能源发展浪潮中全面合作

1. 宁夏新能源禀赋状况

（1）风能资源

宁夏处于甘肃、内蒙古、辽宁大风带，风能资源丰富，开发潜力大。根据《宁夏风能资源评价报告》，宁夏风能资源总储量达 2253 万千瓦，适宜风电开发的风能资源储量为 1214 万千瓦。截至 2011 年，宁夏已开发建设了贺兰山、青铜峡、长山头、红寺堡、宁东、太阳山等风电场。已审查通过的风电项目有 30 个，装机容量达 148 万千瓦，核准在建风电项目有 17个，装机容量达 83 万千瓦，建成投运的风机装机容量已达到 100 万千瓦。计划到 2015 年宁夏风电达到 500 万千瓦，2020 年达到 700 万千瓦。风电产业的快速发展，带动了装备制造业的发展。在风机制造方面，宁夏先后与德国恩德、日本三菱等公司进行技术合作，具备 500 台/年的风机生产能力，相关风机零部件配套生产企业有 8 家，年销售收入超过 20 亿元，齿轮箱等风机核心部件的国产化已经取得突破性进展。

（2）太阳能资源

宁夏回族自治区海拔高、晴天日数多、大气透明度好、日照时间长、辐射强度高，年均太阳总辐射量为 4950 ~ 6100 兆焦/米，年日照时数为 2250 ~ 3100 小时，日照百分率为 50% ~ 69%，是全国日照资源最丰富的地区之一，属于我国太阳辐射的高能区。据统计，宁夏可用于太阳能光伏电站建设的土地面积约为 700 平方公里，太阳能光伏电站可开发规模约为

1750 万千瓦。在太阳能光伏利用方面，呈现太阳能光伏发电和相关产业共同发展的良好态势。截至 2011 年，已审查通过光伏并网电站项目 32 个，装机容量达 79.3 万千瓦，核准在建光伏并网电站项目 14 个，装机容量达 20 万千瓦，建成投运光伏并网电站装机容量约达 16 万千瓦。预计到 2015 年，宁夏风电总装机达到 300 万千瓦，多晶硅、单晶硅等光伏材料生产已粗具规模，多晶硅产量已达到 4000 吨，单晶硅产量已达到 2000 吨。光伏电池组件已具备 2 万千瓦/年的生产能力，光伏产业实现产值超过 300 亿元。

（3）电网基础设施

宁夏电网是西北电网的重要组成部分，目前与西北电网通过一回 750 千伏联络线和五回 330 千伏联络线连接，与山东电网通过一回 ±660 千伏直流线路连接。宁夏电网主网包含 750 千伏、330 千伏及 220 千伏三个电压等级。其中银川及石嘴山电网以 220 伏为主，南部吴忠、中卫、固原及宁东地区以 330 千伏电网为主。宁夏境内 750 千伏系统已建成变电站 3 座和线路 4 条，±660 千伏直流线路一条，换流站一座。“十二五”期间还将建成 750 千伏变电站 2 座，届时将建成以超高压为骨干网架，交直流电网并存，各电压等级协调发展的坚强智能电网。目前，宁夏电网 220 千伏及以上电压等级线路共计 136 条，其中 750 千伏线路有 4 条，330 千伏有 45 条，220 千伏有 87 条，电网最大用电负荷为 6916.67 兆瓦。随着网架的不断加强，宁夏电网将满足各类能源接入、电力外送和区域电力供应的需要，实现宁夏电网跨越式发展。

2. 宁夏新能源发展现状

为了紧紧抓住党中央又一轮实施西部大开发战略的机遇，宁夏党委、政府把加快新能源产业发展作为调整经济结构、转变发展方式、推进节能减排、应对气候变化的重要战略举措，大力发展依托资源优势的光伏、风电产业，大力发展与新能源配套的装备制造和新材料产业，着力把新能源产业培育成宁夏的优势特色产业。发展新能源产业是宁夏转变发展方式、调整经济结构、扩大投资规模、促进经济增长，依托资源优势、增强发展后劲的需要。通过各级政府规划引导、政策扶持、科技支撑、龙头带动、强化服务等一系列措施，吸引一大批知名企业前来宁夏投资开发新能源产业，宁夏新能源产业已经由单纯的电场建设逐步向上下游产业配套、产业聚集、规模化方向发展。

（1）宁夏在新能源产业发展上取得的成绩

为促进新能源产业的快速健康发展，宁夏区政府出台了《加快新能源产业发展的若干意见》（以下简称《意见》），制定了《宁夏新能源产业发展规划》（以下简称《规划》），针对宁夏风电产业、太阳能产业、生物质能、煤炭清洁利用工程及地源热泵技术等新能源领域提出了发展的重点和政策措施。《关于促进新能源产业发展的若干政策规定》为《意见》和《规划》的全面实施提供了有力保障。由于宁夏党委、政府的重视，宁夏新能源产业从无到有，从小到大，从单一风电场、光伏电站向上下游一体化发展，宁夏良好的新能源环境吸引了宁夏发电、国电、华电、京能、大唐、中电投、中节能、哈纳斯、中广核等一批区内外知名企业前来投资开发，新能源产业步入了规模化、产业化、集约化发展的快车道。

宁夏政府用全新的视角审视宁夏能源，正确认识新能源产业发展面临的新形势，从战略高度树立世界眼光，坚定不移地推进新能源产业健康快速发展。目前宁夏建成、在建和开展前期工作的风电规模已经达到470万千瓦，2015年有可能实现500万千瓦，这个规模远远超出了原来规划的300万千瓦的目标。要进一步完善新能源产业的发展规划，对宁夏新能源的近期、中期和长期发展目标进行科学预测和规划，把握发展的速度和节奏，防止"跑马圈地"或"圈而不建"。根据风能资源，宁夏已规划了十大风电场，"十二五"期间，要重点抓好贺兰山东麓、宁东（含太阳山）、盐池、中卫4个百万千瓦级区域大型风电场的建设，力争2015年宁夏风电达到500万千瓦，2020年达到700万千瓦。要进一步加快新能源装备制造业发展，把技术引进、技术研发和技术创新结合起来，不断提升宁夏新能源装备制造业的整体水平，争取到2015年宁夏形成200万千瓦风电、100万千瓦太阳能发电装备的制造能力。要抓好新能源项目的电网配套介入，解决重点区域的风电规模化开发问题。要加强新能源项目的配套资源管理，把资源配置给最有实力、最有能力、最有效率的企业，避免占用工业用地和其他产业工地。在政策扶持方面，要用足、用好、用活国家在新能源开发方面的各项优惠政策，落实好宁夏的配套政策措施，加快风电产业、光伏产业和生物质能及农村清洁能源的发展，切实促进宁夏新能源产业快速、持续发展。

在配套产业方面，建设了宁夏发电集团、阳光硅业、国电集团、隆基硅业等多晶硅、单晶硅及太阳能电池项目。宁夏多晶硅产量约为1700吨，单晶硅产量约为600吨，太阳能电池组件具备2万千瓦/年的生产能力。阳光硅业、国电集团在宁夏的多晶硅项目建成后，年新增产值将超过100亿元，带动整个光伏产业实现产值超过300亿元。按照宁夏新能源产业的发展规划，以每年新投入运行的风电不低于50万千瓦、太阳能不低于20万千瓦的建设速度，到2020年宁夏将实现风电装机500万千瓦、太阳能发电装机200万千瓦的奋斗目标。在电网规划方面，国家电网宁夏公司不断健全电网规划管理体系，建立规划滚动优化机制，强化电网规划的刚性约束。完成电网输变电工程项目可研评审18项，厂站接入系统设计评审14项。在风电建设方面，参与开发的企业有18家，开工建设了贺兰山、青铜峡、宁东、长山头、红寺堡、太阳山六大风电场，建成、在建及开展前期工作的风电规模达238万千瓦，其中建成风电67.8万千瓦；在太阳能光伏发电方面，参与开发的企业有28家，建成、在建及开展前期工作的光电规模达95万千瓦，已建成6个项目共6万千瓦，建成并网发电和在建规模处于全国前列。

在生产运营管理方面，通过开展宁夏750千伏电网安全评估，超高压电网运行维护和检修的标准体系不断完善，进一步提高了电网的安全运行水平。为更好地服务地方经济发展，服务宁夏新能源发展战略，电力系统把建设智能电网与清洁能源发展紧密结合，着力解决清洁能源带来的系统调峰、分布式电源接入等问题，积极推动建立电网与新能源统一规划、协调发展的新机制，促进宁夏清洁能源的健康有序发展。

专栏 6 - 2

宁夏《关于加快发展新能源产业的若干意见》确定的目标

——到 2010 年，宁夏风电总装机达到 100 万千瓦，建成太阳能光伏并网发电项目 10 万千瓦，煤层气发电项目 2 万千瓦；新能源发电占宁夏电力总装机容量的比重达到 7%（含水电 10%）。宁夏规模化养殖场建设大型沼气比例达到 40%，农户沼气入户率达到 30%。宁夏风机制造能力达到 100 万千瓦/年，单晶硅产能达到 2000 吨/年，多晶硅产能达到 6000 吨/年。

——到 2015 年，宁夏风电总装机达到 300 万千瓦，建成太阳能光伏并网发电项目 60 万千瓦，建设 1~2 个秸秆发电和城市垃圾发电示范项目，煤层气发电项目根据煤矿开发及煤层气抽采实际稳步推进，在 5 个地级市均建成城市集中热电联产项目；新能源发电占宁夏电力总装机容量的比重达到 14%（含水电 15%）。宁夏规模化养殖场建设大型沼气比例达到 50%，农户沼气入户率达到 40%。多晶硅产能达到 1.4 万吨/年，形成完整的光伏产业链，风机制造能力、太阳能电池板生产能力能够满足区内新增风电、光伏发电项目的需求。

——到 2020 年，宁夏风电总装机达到 500 万千瓦；建成太阳能光伏并网发电项目 200 万千瓦，根据城市发展规模争取在 5 个地级市建设垃圾发电项目，煤层气发电项目根据煤矿开发及煤层气抽采实际稳步推进；新能源发电占宁夏电力总装机容量的比重达到 18%（含水电 22%）。在灌区所有新建规模化养殖场配套建设大型沼气工程，力争宁夏规模化养殖场建设大型沼气比例达到 60%，农户沼气入户率达到 50%。在 5 个地级市的 12 层以下新建居住建筑强制推行太阳能建筑一体化热水供应系统。煤制油、煤制天然气等煤炭清洁利用重点项目建成投产，风机设备零配件本地化率达到 80%，新能源装备材料制造在全国市场具有一定的竞争力。

（2）宁夏在新能源产业发展上仍面临困难

新能源产品成本较高，投资回收期长。风电、光电开发项目初期投资成本较大，回收期较长。目前国家发改委核准的光伏电站上网电价和实际成本形成倒挂，多数企业对开发太阳能光伏电站项目积极性不高。只有具备光伏电池、光伏电池组件和光伏电站生产建设配套的企业，才有可能整体盈利。

新能源技术创新能力不足。宁夏新能源技术研发起步晚，研究经费投入不足，没有建立新能源重点研发机构，缺乏有利的技术研究支撑平台。在光伏发电、电网接入、风机核心部件生产等方面缺乏大规模发展所需要的核心技术。控制系统、变速系统等核心部件本地化率低，风机制造的带动能力不强。太阳能光伏材料生产仅仅依赖个别企业自身的研发能力，整体研发水平低，没有形成规模。

新能源专业技术人才缺乏。宁夏现有高等院校还没有设置与新能源相关的专业，没有形成新能源专业技术人才的培养机制。现有技术人员主要来自相近领域的专业人才，行业的高端技术研发、技术管理方面的复合型人才大量缺乏，没有建立支撑新能源快速发展的专业人才队伍。

3. 主要阿拉伯国家的新能源发展情况

（1）阿联酋

在阿拉伯国家中，阿联酋的新能源发展步伐最快。从 2006 年 4 月起就启动了一项旨在发展太阳能等清洁能源的"源泉"计划。该计划准备用时 10 年，斥资 200 多亿美元，建造一系列太阳能设施，全面推进替代能源的商业化开发。该计划大多为跨国合作的大型项目，例如，与德国合作的投资额达 20 亿美元的太阳能电池板加工厂项目，与西班牙合作的投资 12 亿美元的光电发电厂项目，塞舍尔岛的风力发电项目，与英国合作在伦敦修建风力发电场的项目等。

截至 2009 年，阿联酋已经完成的太阳能或其他可再生能源的利用项目有：

——一个装机容量为 1 万千瓦的光电太阳能发电厂（小规模），该发电厂目前是中东地区最大的太阳能发电厂，已并入阿联酋国家电网。

——为 33 个位于偏远岛屿的车站安装太阳能发电装置。

——迪拜航空公司为迪拜机场安装太阳能导航灯。

阿联酋计划实施或正在落实的项目有：

——2009 年阿布扎比的"零排放城市"项目，该项目计划用时 8 年，耗资 220 亿美元，是阿联酋"源泉"计划的一部分。

——2010 年 1 月下旬，阿联酋阿布扎比的未来能源公司决定斥资 5 亿美元，在扎伊德城建设一座装机容量为 50 万千瓦的太阳能发电站。该计划也是"源泉计划"的一部分。

——"太阳岛"工程计划。阿联酋计划在沿海地区建造一个特殊的太阳能发电站，取名"太阳岛"，直径长 100 米，周身镶嵌高性能的太阳能电池板，可以跟随太阳移动，自动调节照射角度。太阳能蓄电池收集的电能，可 24 小时全天候供电，年发电量高达 2200 万千瓦。阿联酋终年日照充沛，甚至超过撒哈拉大沙漠，开发利用太阳能的条件得天独厚。

——迪拜风力发电工程计划，投资 10 亿美元。

（2）沙特阿拉伯

新能源和可再生能源利用项目主要有：

——2009 年 6 月沙特阿拉伯与日本签署了建立太阳能发电试点工厂的协议，计划于 2011 年建成一个装机容量 1 万千瓦的太阳能发电厂。

——在阿卜杜拉国王大学建立一个装机容量达 2 万千瓦的太阳能发电厂。

——计划投资 300 亿美元用于新能源开发，兴建新能源、可再生能源、清洁能源发电站，将现有发电能力从 2350 万千瓦提高到 4350 万千瓦。

——"索雷拉"的太阳能开发计划，这是与美国能源部的合作项目，主要研究和解决太阳能应用过程中的技术问题，双方各出资 5000 万美元作为开发和研究经费。

——在吉达等地修建 4~6 个垃圾发电厂。

（3）阿曼

阿曼的可再生能源发电规模现已达到 235 千瓦，其他太阳能发电项目还有装备太阳能照明装置的阿曼太阳能发电系统和阿曼的微波通信系统，电视转播系统甚至公用电话亭也应用了太阳能发电。

（4）摩洛哥

摩洛哥属于石油紧缺的国家，因此更需要发展新能源。摩洛哥于2009年11月公布了一个投资90亿美元修建可再生能源发电厂的计划，期望到2020年使可再生能源的利用在全国发电总量的比例上升至14%以上。

（5）埃及

埃及计划到2020年使全国电力供应的20%为可再生能源发电，其中主要为太阳能发电。

2010年1月，埃及宣布将利用高新科技兴建一家可再生能源设备制造中心（其中包括太阳能利用）。该制造中心建成后，到2020年埃及的清洁能源发电量就能占全国发电总量的20%。届时，埃及将成为中东、北非地区可再生能源设备制造和出口的大本营，产品将出口叙利亚、利比亚、也门和阿尔及利亚等国。

（6）突尼斯

突尼斯的太阳能发展计划是，在2010～2016年开发40多个太阳能利用项目，其中29个项目为私营公司项目，其余为国家项目。突尼斯计划为这些项目投入20亿美元的资金，以期获得每年66万吨石油当量的能源，减少传统的油气消耗。突尼斯的新能源发展目标是，到2016年使22%的能源供应为可再生能源。

（7）地中海联盟

地中海联盟计划（MSP）的目标是，到2020年使太阳能发电厂装机总量达到2000万千瓦，其中一部分电力用于解决地中海联盟国家电力供应紧张的问题，另外一部分电力通过海底电缆出口到欧洲国家。MSP的总投资约为38亿～46亿欧元。对此计划，世界银行宣布为阿尔及利亚、埃及、约旦、摩洛哥和突尼斯5个地中海国家的11个太阳能项目提供资金支持，其中仅有一个太阳能发电厂项目，计划投资近55亿美元。这11个项目建成后，到2020年新建发电厂装机总量将达到900万千瓦。此外，还有一些非金融机构为这些项目提供 48.5 亿美元资金。

（8）卡塔尔、巴林

卡塔尔、巴林的发展目标是，到 2015 年新建太阳能和风能发电厂装机总量 450 万千瓦，其中卡塔尔 350 万千瓦，巴林 100 万千瓦。

目前卡塔尔有 3 个太阳能和风能在建项目，其中太阳能发电项目功率达 10 万千瓦。

巴林有两个在建项目，一是巴林世贸中心的风力发电机组项目，它由 3 台风力涡轮发电机组成，可以提供 660 千瓦的电力；二是巴林阿尔巴医疗中心的太阳能加热系统项目。

以上部分阿拉伯国家的新能源发展情况说明，阿拉伯国家在新能源的开发和利用方面已经有所起步，有的甚至已经取得了较大的进展。

4. 宁夏应抓住对阿新能源合作机遇

宁夏在中国的能源产业发展方面已经占得先机。国家能源局于 2012 年同意宁夏创建国家新能源综合示范区，成为国家批复的第一个新能源综合示范区。这对于宁夏打造国家新能源综合示范平台，提升新能源发展水平具有十分重要的意义，也标志着宁夏新能源产业步入了新的发展阶段。下一步，宁夏新能源产业发展，将围绕创新发展理念、发展模式、政策机制和管理体制，推动分布式新能源发展，促进新能源与电网协调运行，重点建设一批示范性项目，为西部地区乃至全国的新能源发展探索有益经验。在这一过程中，宁夏与阿拉伯国家之间存在着重要的合作机遇：一方面，积极吸引阿拉伯国家的投资，加强技术合作和管理创新；另一方面，中国的优秀企业也可以加快"走出去"的步伐，开拓阿拉伯国家的新能源市场。双方在风能和太阳能等领域都存在广泛的合作空间。

对宁夏而言，可以从两个方面为全面合作创造条件。

（1）自身建设方面

第一，在新能源产业发展方面要进一步做好资源详查工作。第二，发挥自身优势，充分注意产业链的建立同国家新兴能源产业发展战略和布局的衔接。第三，重视太阳能热利用（不同于太阳能发电利用）。第四，在规划实施过程中不仅要提高自主创新能力，还要密切注意可再生能源的最新动向和技术发展趋势。第五，重视能源专业人才和合作交流人才的培养与发展。第六，办好中阿博览会、中阿能源合作论坛等合作平台，探索中阿合作新机制，为宁夏的经济发展助力。

（2）对阿合作方面

第一，要坚持"走出去"与"请进来"或"引进来"的两条腿走路方针，其中特别要重视对"阿企"和"阿资"的引进，切实促进阿拉伯国家到宁夏投资。第二，国内已有不少单位在与阿拉伯国家的能源合作中取得了成功的经验，因此应加强横向联系，积极学习经验，这样既可以增加信息，也可以减少风险。第三，目前阿拉伯国家主要同西方国家合作，它们从西方国家获得的技术，往往是我国受西方国家限制而不容易得到的技术，因此在与阿拉伯国家的合作交流中，既要注意汲取西方技术，为我所用，也要积极提高创新能力，创立自己的技术品牌，获取自己的知识产权。第四，阿拉伯国家是一个世界各国技术会聚的大市场，应鼓励技术成熟的企业"走出去"，这样既可以开阔眼界，也可以通过学习提高自身的技术修养，以利于今后的发展。第五，在发展新能源和可再生能源的同时，传统能源的发展也不应偏废，如清洁环保能源——天然气的开发和利用应该得到足够的重视，况且在这一领域存在着与阿拉伯国家更大的合作空间。第六，构建对阿合作的绿色平台，促进宁夏与阿拉伯企业的沟通与交流，以点带面，全方位开展包括新能源利用在内的经济合作。

第七章　中阿能源合作：中国与沙特阿拉伯的能源合作

　　沙特阿拉伯（以下简称沙特）长期雄踞世界石油产量冠军宝座，仅在2009年、2010年由于人为压产而略低于俄罗斯。据预测，未来10年全球石油年产量将超过40亿吨，沙特石油年产量可达5.4亿~5.5亿吨，占全球石油产量的14%左右。预计未来10年沙特石油年出口量将达3.8亿~4亿吨。沙特石油储量高达2640亿桶，约占世界总储量的1/5。以目前的生产水平，沙特可维持未来80年的石油供应。沙特准备把主要生产油田的原油采收率从目前的50%提高到70%，沙特充足的剩余产能和提高采收率所带来的剩余可采储量的增长潜力，将是未来世界石油进出口增长的有力保障。石油产业是沙特经济发展的支柱产业，寻求稳定的出口市场是沙特能源战略的重要组成部分。加强中国和沙特在能源领域的合作有利于双方经济的良性运行。

一　能源安全、能源贸易与能源外交

（一）能源安全的政治经济学分析方法

1. 能源安全内涵研究

　　能源安全是国家经济安全体系中必不可少的重要组成部分，对一国国民经济发展具有重大意义。国家能源领导小组指出能源安全直接影响社会稳定、可持续发展乃至国家安全，既是经济问题，也是政治问题，又是社会问题，是关系国计民生，同时涉及政治、经济、社会和军事的大安全问题。Mabro 认为，"当能源供给减少或某些地区供给中断导致能源价格突然显著增加且持续较长时间时即为能源不安全"。随着气候变化问题和资源环境问题的凸显，能源在开发和使用过程中造成的外部性也逐渐被纳入能源安全考虑的范围。Intharak 将能源安全定义为"一个经济体能够以合理的价格适时地、可持续地而且不会对经济社会造成伤害的方式获得足够的能源供给的能力"，其中可持续性强调对生态环境的影响，即今天的能源开发和利用不能以损害未来子孙的生存空间为代价。史丹也指出在当前低碳发展的条件下，能源安全的含义不仅是指供应充分、价格合理，而且不能对环境造成太大影响。沈镭等则将能源安全细分为能源供给安全、能源生产和使用安全、能源运输安全、能源环境安全及能源安全预警机制。其中能源供给安全是核心，能源生产和使用安全与能源环境安全是前提，而能源运输安全与能源安全预警机制是国家能源安全的有力保障。亚太能源研究中心（The Asia Pacific Energy Research Centre，APERC）从地质、地缘政治、经济、环境和社会因素出发，提出了能源安全的"4A"概念，即可利用性（Availability）、可得性（Accessibility）、可负担能力（Affordability）和可接受能力（Acceptability）。

石油安全问题是一个跨学科、兼具理论性和现实性的复杂问题，涵盖了经济学、国际政治学等相关领域的内容。经济学家往往关注国际市场，认为国家及公司可通过市场获取所需的石油资源，政府过多地干预将会起到适得其反的作用。国际政治学家则认为，国家石油安全系数与国家对世界事务的外交和军事影响力成正比，与该国石油需求的对外依存度成反比。一国石油对外依存度越大，军事外交影响力越小，则该国石油安全系数就越低，不安全的风险就越大。

国际政治经济学学者认为，在保障一国石油安全的手段中，市场与权力两者缺一不可。如果撇开权力因素分析国际石油市场，将会导致经济理论解释乏力，甚至会导致误判形势。同理，尽管权力可以干预市场，但这种干预行为也要通过市场起作用。国际市场实际上是石油领域国家权力达到稳定状态的产物，这种稳定状态是利益相关各方通过竞争、合作、谈判等方式在能源生产、交换、消费、分配问题上实现的暂时妥协。在国际经济运行层面，能源产业链条中不同行为体之间存在一个既相互依存又相互竞争的利益关系。从国际政治经济学的视角看，石油进口国与出口国之间的相互依赖是无法回避的现实，这一点也体现在对石油安全的定义上。

自石油安全问题于 20 世纪 70 年代出现以来，世界已经发生了巨大的变化。相对于对石油安全重要性的认识而言，人们对其含义的理解并不十分一致。一种被学者广为引用的石油安全定义是"以不中断经济进程的方式和价格水平满足需求的流动"。不过这仅仅是从进口国的立场看问题，它指的是石油的"供应安全"。对于出口国而言，石油安全主要指"需求安全"——占据足够的市场份额与消费群体，以确保良好的投资回报率与国家收入。如表 7-1 所示，能源出口国与进口国之间关系的实质是相互依赖：没有稳定的进口就不可能有稳定的出口。

表 7-1　石油出口国与进口国各自的石油安全

分析出发点	安全理念	安全状况变化标识	风险规避手段
石油出口国经济	稳定的出口市场；价格不急剧下滑	价格；运输通道	建立长期供货机制；出口对象多元化；向进口国开放上游市场；参与进口国下游市场投资；通过国有石油公司影响市场；建立稳定的政治、军事关系
石油进口国经济	稳定的进口来源；价格不急剧上升	价格；运输通道	建立长期购买机制；进口来源多元化；参与出口国上游市场开发；向出口国的非石油经济领域投资；提供官方发展援助；通过国有石油公司影响市场；建立稳定的外交、军事关系

当石油出口国或进口国在与他国交往时能够很好地在石油成本与收益之间保持一种稳健的平衡时，这个国家便成功地维护了本国的石油安全。不过这种情形在现实世界中相当罕见。因为现实中各国所处的政治、经济以及军事环境错综复杂，各种不确定因素使得一国难以掌握平衡，由此就会危及石油安全。尽管如此，我们还是大致可以得出这样的结论，即对于石油进口国或出口国而言，一项合理的能源政策应该能够更好地维护国际

能源市场的稳定。为了维护国际油价的稳定，双方都应致力于建立一种长期多元化的石油贸易机制。从经济安全角度看，石油出口国希望与各个需求方同时进行交易，这样既可促进石油进口国之间的相互竞争，又可牵制它们。

多方能源合作不仅将促进本国资源的开发，而且还能增大对利益风险的保险系数。同理，石油进口国不希望石油进口集中于少数国家，而希望在确保供应的基础上尽量实现进口来源的多样化，以规避因突发因素而引起石油供应危机的风险。历史经验表明，多元化原则有助于降低石油出口国以及进口国的敏感性与脆弱性，进而维护国际石油市场的稳定。

2. 保障能源安全的对策和措施研究

寻求低碳发展，实现人口、资源、环境和经济的协调发展，是确保能源安全，实现经济可持续发展的必然选择。加强国际合作，保障持续稳定的能源供给，保持能源价格合理稳定，转变经济发展方式，提高能源利用效率，减少经济增长对能源消费的依赖，降低能源生产和消费对生态环境的影响等成为保障能源安全的重要举措。

周凤起提出，我国要实现能源安全，就应该改变大量能源技术设备依赖进口的现状，提高自我开发能力，提高重油的加工能力，立足自我开发技术，将科技创新放在重要位置，全面提高能源利用效率；应该加快经济增长方式的转变，减少经济发展对能源的依赖，从经济安全和能源安全层面考虑高耗能产品的进出口。此外，应该充分利用世界各种资源，积极地参与世界经济发展的资源配置和分工，逐步减少经济发展对能源的依赖。逐步提高高耗能产品的进口比重，适当控制高耗能、高耗材产品的出口规模，使其成为保障能源安全、实施能源进口多元化的一种战略选择。

曹远征认为，中国应该大力调整产业结构、产品结构、技术结构和企业组织结构，提高能源利用效率，从各方面促进形成节约能源的生产模式和消费模式，发展节能型经济；转变经济增长方式，走新型工业化道路，选择资源节约型、质量效益型、科技先导型的发展方式。以煤炭为主体，以电力为中心，大力调整优化能源结构，控制煤炭生产的增长速度，降低生产成本和消费增速，实现主要能源的可持续发展；在多种优质能源并举、增加油气供应的同时，大力发展水电、核电，提高一次性能源在能源结构中的比重；在能源开发中注重环境效益，并在生产到消费的各个环节强化环境保护意识，使关于环境保护的相关政策、法规切实得到贯彻。丁一凡认为，中国目前还不具备国际市场上工业制成品的定价权，同时也没有国际市场上能源与原材料的定价权。在这种情况下，中国需要不断出口产品来换取进口能源与原材料所需要的外汇。在美国政府鼓励美元贬值以减轻自身债务的情况下，中国出口更多的产品换回的只是有限甚至是逐渐减少的购买力。如果中国仍然不改变能源消费粗放型的发展模式，将面临生产越多而实际收入越少的困境。因此，提高能源利用效率和节约能源不仅仅是一个口号，更是关系到中国的国家安全和未来经济发展可持续性的生死攸关的问题。

高建良提出，基于我国的能源、资源条件，加快低碳经济发展，转变经济增长方式，使经济增长尽快摆脱主要依赖高能耗与高碳（污染）排放的方式而转向低能耗与低碳（污染）排放的低碳经济，是确保我国能源安全、实现经济社会可持续发展的根本途径。我国应通过创新能源技术、转换能源消费模式、创新能源开发利用模式以及能源管理体制等措施来确保能源安全并促进低碳经济发展。

（二）世界能源贸易发展现状

能源贸易对一国经济发展十分重要。耿志成认为，能源贸易是能源生产和流通的重要组成部分，是一个国家能源市场在国际范围内的延展，它既反映一个国家能源贸易的国际环境，也体现该国与国际能源市场的关联程度。谢文捷认为，国际能源贸易一方面推动了出口国能源工业及其相关产业的迅速发展，另一方面也极大地促进了进口国的经济发展；世界经济发展的每一次重大进步，都直接或间接地与能源国际贸易有关。张生玲指出，能源进口对经济增长的影响绝不能简单地定义为"漏出"，认为其对于国民收入仅仅是一种减少的作用，而应该更加深入地分析能源进口影响经济增长的机理。第一，在一定的国家能源战略和能源进口战略下，能源进口能够促进经济增长，或者说能源进口可以支撑经济增长。第二，从价值形态上看，国际能源市场价格的变化对于国内经济增长起着完全不同的作用：能源进口价格的升高，会损害能源进口国的经济增长；反之，则促进之。

新形势下世界能源贸易在震荡中前行。曾省存等认为，日本福岛事故重创全球核电发展，核电供应减少，国际电力的供应产生缺口，必然要求其他能源填补，对能源格局会产生深远影响。与此同时，鉴于能源供应和消费集中区分离，能源市场势必受地缘政治影响，为摆脱能源约束，美国积极实施能源独立战略，降低能源进口需求，大力寻找新的替代能源。随着俄罗斯的战略重心转向东亚，其在能源合作上主要面向亚太市场，在扩张传统能源产业优势的基础上，开始不断借用能源优势来提升其国际地位和影响力。近年来，环境因素对能源贸易格局的演变将会日益发挥显著效应，表现在新能源的开发和对石化能源依赖性的下降。气候变化问题已成为世界能源发展新的制约因素，也是世界石油危机后推动节能和替代能源发展的主要驱动因素，各国把核能、水能、风能、太阳能、生物质能等低碳和无碳能源作为今后发展的重点。随着中国不断深入参与国际分工，中国对国际能源的需求和国际能源市场对中国能源的需求都将发生深刻的变化。何帆等研究了中国的能源进口与再出口情况，认为作为能源市场上的主要进口国之一，中国能源进口增加会对世界能源市场产生一定的影响。

（三）能源外交、能源安全与能源合作相关研究

史丹认为，能源外交实质上是政治与经济的交换关系，能源有可能是外交的目的，也有可能是为求得其他方面的利益而进行交换的外交砝码。曹利华认为，从能源外交的客体看，它涉及范围很广，既包括政府间的重要访问及各种合作协议，也包括贸易、投资、勘探与开发、技术合作、交通运输等内容。能源进口国与能源出口国在能源外交目标上存在显著的差异，能源出口国主要是通过外交手段来推动能源出口，尽可能实现能源出

口多元化。对能源进口国来说，能源外交的首要目标是在国际能源市场上运用能源外交手段保证自身的能源安全，确保国家能源的稳定供应。唐志超认为，合作与参与是当今世界各国普遍接受的能源外交方式，最常见的几种合作形式包括与进出口国家建立良好双边关系，签署双边或多边能源合作协议，联合勘探与开发，建立生产或进口联盟（如欧佩克、国际能源机构）。

由于现代社会对能源商品十分依赖，能源天然与国家经济安全联系在一起，因此，与能源有关的问题从来就不是客观的价格问题，而是涉及大量与利益分配相关的权力斗争。史丹指出，如今的能源安全已不仅仅是供应安全，还包括运输安全、价格合理和高效清洁消费等多个方面。正因为能源是社会经济发展必不可少的要素，所以能源问题不仅是经济问题，而且是重要的政治问题和安全问题。国际能源市场的政治性决定了非经济因素对国际能源市场尤其是石油市场的强烈影响，进而导致国际能源市场时常剧烈波动。

贸易全球化、生产全球化、金融全球化、区域经济一体化等早已渗透到能源领域，能源市场已成为全球化的市场。在经济全球化的大背景下，史丹认为，世界各国的能源安全不可分割，更不能相互对立，不能以损害他国能源安全的做法谋求本国的"绝对能源安全"，或者以武力威胁保障自身能源安全，在经济全球化的大潮中难以做到独善其身。但这并不意味着放弃追求自身的能源安全利益，而是要在"你中有我，我中有你"的国际关系中，寻求形成有利于我国能源安全的经贸关系和外交关系。

二　中国与沙特能源合作现状

（一）长期以来，中国同沙特的能源合作具有良好基础

自中国与沙特于1990年7月建交以来，为了促进能源领域的合作，在跨国合资经营方面取得了长足的发展。在中国扩大从沙特进口石油的同时，

沙特的石油公司也积极进入中国市场。中国与沙特在能源领域的大规模合作起步于 2003 年，双向投资态势良好。在资产、产油量和出口量等方面居世界前列的沙特阿拉姆库石油公司与中国公司在福建省共同投资的炼油乙烯大型项目已正式投产运营。中石化集团公司 2003 年下半年在国际竞标中一举中标，获准开发沙特南部勒巴阿地区一个大型天然气田，总投资约为 19 亿美元，中石化和阿拉姆库公司在利雅得正式签署合作开发这一天然气项目的商业协定。中石化上海工程公司、中石化第二建设公司与荷兰一家公司 AK 组成联合体，参与沙特萨比克公司年产 40 万吨聚乙烯、40 万吨聚丙烯的生产装置的建设项目的竞标，也一举中标。该合同金额约为 7 亿美元，项目建于红海重镇延布开发区，2008 年 3 月生产线将正式投入使用。这是中石化同外国公司合作在沙特获得的第一个石化下游产品建设项目，中石化将承担项目总额的 50%。该项目的实施将推动我国石化建设企业在国际市场上设计、安装的竞争力，积累与国际石化建设企业合作的经验，扩大中国石化建设企业在沙特的影响力。沙特曾大力投资日本、韩国的炼油项目，而现在则更加重视在这些项目上对中国进行投资，如投资中国炼油厂并提供丰富的原油，从而在中国与沙特的进出口市场之间实现直接对接。而沙特对石油上游市场的开放，对中国石油业实行"走出去"战略更是一个良好的契机。

（二）21 世纪以来中国从沙特进口原油数量迅猛增长

20 世纪 90 年代初我国开始进口原油时，沙特对我国的出口量甚微。到 1995 年也不过 33.9 万吨，占我国进口量的 2.0%，在进口源国中排第 10 位；占我国从中东进口量的 4.4%，远远低于阿曼、也门等国，排名居第 5 位。2000～2002 年沙特对我国出口年均增长率达 40.99%，2002 年对我国出口量达 1139 万吨，占我国进口量的 16.41%，在进口源国中跃居首位并保持至今。2002 年我国从沙特进口原油占从中东进口量的 33.1%，但该年中国占沙特出口的份额仍相当低，仅为 4.3%。

2002～2006 年沙特对我国出口年均增长率为 20.32%，与同期我国进口

量年均增长率 20.26% 基本持平，仅占沙特对外出口的 6.8%。2006～2010
年沙特对我国出口年均增长率降至 16.93%，由于基数增大，2010 年沙特对
我国出口量达 4463 万吨，占我国进口量的 18.66%（见图 7–1），占从中东
进口量的 39.6%，占沙特对外出口份额的 18.6%。

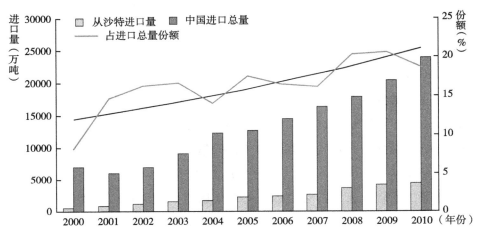

图 7–1　2000～2010 年中国从沙特进口原油量及占中国进口总量的份额

　　随着中国原油进口量的猛增，2002～2010 年沙特向中国的原油出口量从
1139 万吨增至 4463 万吨，后者为前者的 392%。

　　中国确实有持续增加原油进口的需要。沙特未来对欧洲、美国、日本
的出口将持续下降，对韩国的出口增长也陷入停滞，面对国内发展要求扩
大出口的压力，增加对中国出口显然是必然选择。2011 年初，在北非动荡
背景下，沙特以石油出口量增长 7.3% 换来出口额增加 19.2% 的收益，这一
事实说明，大幅增加出口对积压了大量产能的沙特有利。在中国与沙特友
好合作的大潮中，沙特 2012 年 7 月出口中国的原油数量同比增加了
26.1%，达到 120 万桶/日。

　　从以上论述可知，21 世纪以来中国从沙特进口的原油数量迅猛增长，
2010 年为 2000 年的 7.8 倍，10 年间年均增长率高达 22.79%，但沙特进口
量占中国进口总量的份额仅增加了 10 个百分点左右，最高的 2009 年不过为
20.6%。BP 资料显示，2009 年中国石油进口中来自中东的比例为 40.7%，

日本这一数据为 84.7%。

（三）中国与沙特经济互补性强，两国经贸合作全面发展

面对国际金融危机和地区形势发生重大变化的双重挑战，中阿贸易仍强劲增长，中阿相互投资规模不断扩大，在基础设施等领域的合作持续发展。两国已经从原来单纯的商品贸易发展到相互投资、工程承包和劳务等广泛领域的合作。

中沙两国贸易迅速发展的重要原因是经济互补性强，双方互有需要。就商品贸易来说，中国对沙特主要出口轻纺产品、机电产品和钢铁等 5 大类商品，占对沙特出口总额的 70% 以上，由沙特进口的主要是矿产品、化工产品、塑料橡胶产品等 4 大类商品，占进口总额的 90% 以上。其中从沙特进口的石油占中国进口总量的 15% 左右。中国经济的迅猛发展尤其是汽车、化工市场的发展使中国对原油及其制品的需求不断上升，沙特是世界最大的原油出口国，矿产品、化工产品、塑料橡胶产品等占中国从沙特进口总额的 90% 以上。

目前中国与沙特两国逐年扩大经贸合作，随着两国友好关系的加强和两国国内经济的持续发展，经济上的互补性会更强，双方的经贸关系也进入全面发展的新阶段。近年来，随着两国领导人和民间友好往来的增加，双方进一步增强相互理解，两国友好关系更加牢固，为两国的经贸发展创造了良好的外部环境。

（四）经济格局改变石油供销格局，沙特石油将更多地流向中国

世界经济格局的改变带来石油供销格局的变化。虽然在政治、军事上以沙特为首的海湾阿拉伯国家合作委员会（简称"海合会"）与美国、欧洲有较大的共同利益，但必须正视一个基本现实，即如果沙特赖以生存的石油出口这条生命线主要系于亚洲国家，这将对沙特和中东的地缘油气、地缘政治产生越来越大的影响。沙特和中东在石油出口上对美国、欧洲依赖程度的减轻，换个角度也可视为美国、欧洲对中东石油的依赖程度在减轻。

国际能源署预测到 2017 年，美国将取代沙特成为全球最大的石油生产国。

历史上，沙特的石油主要出口到欧美地区，长期以来美国一直是沙特最大的石油出口国。然而 2009 年 12 月，沙特对中国的石油出口突破了每日 100 万桶的重要关口，达到创纪录的 120 万桶/天的水平。而同时，沙特对其传统的最重要原油出口国美国的石油出口量在 20 年来首次降至 100 万桶/天的水平之下。中国取代美国成为沙特最大的石油出口国。沙特的石油已经开始更多地流向中国。沙特作为当今世界最大的石油生产国，其石油出口流向的转变，代表了整个中东地区石油流向的巨大转变。

沙特阿美是沙特的国有石油公司，其原油产量和可采储量都居世界首位，天然气储量居世界第 4 位。2012 年 11 月，沙特阿美宣布其全资子公司——阿美亚洲公司正式成立，总部设于北京。该公司将提供原油和化工品市场营销、合资企业间协调、采购、检验、研发、项目管理、人力资源开发与企业传播等各类服务。阿美公司高层表示，阿美亚洲公司将把沙特阿美在亚洲的业务整合为一体，共同执行沙特阿美在亚洲地区的战略——顺应世界石油消费重心东移至亚太地区的大趋势，稳定和扩大对亚太地区的石油出口，抵消对欧美地区石油出口减少的影响。舆论认为，此举标志着沙特石油公司在中国的业务拓展将更加持续深入，将进一步加强沙特与中国在能源领域的合作，同时也彰显了亚洲地区在沙特油气出口战略中占据非常重要的地位。

（五）两国石油政策互补性强，利于合作共赢

中国与沙特的石油政策具有极强的互补性。沙特对外石油政策的基本目标是，稳定石油价格，发展强有力并且富有竞争力的国内外一体化水平极高的石油工业，以保证稳定的财政收入。沙特奉行稳健的石油政策，寻求与石油消费国的合作，以减少油价波动，降低风险。在沙特看来，中国未来很有可能成为世界最大的石油市场。为获得中国的市场份额，沙特愿为中国提供一些优惠，包括提供低于市场价格的石油和获得沙特更高质量的、低硫原油的特权，甚至可优先于现有的欧美客户。中国加强与沙特的

合作更多是基于战略考虑。中东是美国的传统势力范围，中国在该地区的影响力还比较有限，但该地区是中国进口石油的主要来源地，与沙特建立牢固的双边关系有助于中国获取所需的石油。

三　中国与沙特能源合作存在的障碍

（一）阿拉伯地区政局动荡导致中国与沙特合作的不确定性增加

沙特所处的中东地区矛盾错综复杂，对该区产能国国内能源生产、能源出口、国际油价以及能源运输通道安全等方面造成负面影响。该地区的不稳定态势一直呈蔓延趋势，未来的不确定因素正在继续积聚，在某种程度上助长了国际市场上的投机行为，给双方能源合作带来严峻挑战。

（二）中国与沙特日益密切的石油合作引起美国等西方国家的不安

为确保本国石油进口的来源和运输安全，美国有时甚至采用排他性的手段保障石油进口。被其视为战略竞争对手的国家更容易成为美国在海外石油活动中排斥的对象。美能源巨头也有意降低自沙特进口石油的份额，但这不表明美国乐于见到中国填补自己所留下的利益真空。

（三）中国企业市场化程度不高和国际竞争力弱限制了中国与沙特在能源领域的进一步合作

中国石油企业于 1993 年才开始参与国际石油资源再分配，在技术、管理、经验等方面都存在着不足。然而在石油领域，技术革新仅次于市场的力量，是影响公司和国家占领国际市场份额的重要因素。部分阿拉伯国家对石油资源实行国有化后，为保持外部世界技术的源源流入，曾以开放本国部分油气资源为筹码，换取跨国公司的技术和人才。但就技术领域而言，中国石油公司对阿拉伯国家尚缺乏一定的吸引力。

（四）短期内发达国家仍然难以摆脱对海湾地区油气的依赖，中国在沙特的能源进口面临较大竞争压力

发达国家对海湾地区的能源政策直接影响发达国家在沙特能源领域的活动。发达国家是能源的主要需求者和消费者，其能源政策的制定是基于能源安全的需要，保证能源以可接受的价格持续供应。20世纪90年代以来，随着发达国家对能源依赖的加深，以及中东海湾地区不稳定性的加剧，这些国家的能源政策更注重能源安全。美国的能源政策与其外交政策是密切相关的。在冷战结束和苏联解体后，美国为了保证自己的能源安全，也为了加强它在世界政治、经济中的地位，以及对世界石油市场的控制，其在海湾地区的能源政策以保证能源供应的安全为前提，优先发展与海湾石油生产国的关系，保护美国公司在该地区的利益。美国利用国际能源署对欧佩克施加影响，利用贸易和援助的方式对沙特施加压力，同时在价格政策方面对欧佩克施压，以达到自己的目的。日本是高能源需求和消费国，能源依存度较高，石油需求几乎全部来自进口。日本在海湾的能源政策是要保证能源供应的长期性，优先发展与主要油气供应国之间的合作，日本与沙特、科威特、阿拉伯联合酋长国、卡塔尔、伊朗等国的合作关系在日本对外经济合作中占主要地位。日本政府积极帮助本国石油公司在这些国家进行油气勘探和开发，以便能够控制油气的供应。

由于发达国家在短期内仍然难以摆脱对海湾地区油气的依赖，所以，其跨国公司在海湾地区各国以各种方式进行勘探开发、联合开发、建立下游生产企业等活动，为其能源需求寻找稳定的来源。在沙特，发达国家试图以各种方式参与对沙特油气的开发利用，尤其是顺应了跨国经营这个当前世界经济发展的重要趋势。跨国经营的主要特点是集中在下游石油工业，全方位、多渠道地建设炼油厂、销售网和储油设施等。

（五）严重的贸易失衡阻碍我国对沙特出口增长，对未来双方经贸全面合作构成威胁

在现阶段中阿商贸往来中，中国主要进口原油及其衍生产品，而且自

2000 年以来始终占中国对阿进口的 75% 以上，贸易额受国际石油价格变动因素影响较大；中国对阿拉伯主要出口工业品和日用消费品，涉及机电、纺织服装、钢铁、交通运输工具、家具及其零部件等大类。虽然较强的互补性需求推动中阿商贸在 21 世纪的头 10 年发展迅速，但日益凸显的深层次问题却制约着双边经贸继续快速增长，即对产油国的石油进口需求强劲，而货物出口增长乏力，对非产油国的大批量出口又严重冲击了当地的低端劳动力市场。由此，中阿商贸的物质基础并不坚实，未来发展趋势也不容乐观。

中资企业的主要优势在于低廉的劳动力成本和较少的环保压力，短期内还难以拿出更多的高附加值产品。与此同时，阿拉伯国家的劳动密集型行业和低端行业遭受了中国商品的强大冲击，导致其本能地向政府寻求保护。例如，沙特的玻璃制造厂商以中国产品的冲击为借口，要求政府提高关税以保护本国企业；沙特商工部要求所有中国品牌牙膏在进入市场前都必须经过再次检验，禁止销售和进口中国产奶粉。很多阿拉伯人不信任中国内地商品的质量控制体系和送货体系，宁可多花钱从香港间接进口而不愿直接与内地商家合作。

四　深化中国与沙特能源合作的战略对策

中国对沙特石油的需求及沙特对中国市场的需求这两点，基本上可以成为双方能源战略实现互利共赢的基础，因此具备了合作的可能性。另外，中国与沙特建交以来的友好交往也为石油合作奠定了基础，在石油相关领域里双方合作进展良好，具有广阔的前景。然而，由于沙特所处的中东地区矛盾错综复杂，所以除了保证石油进口的安全与稳定之外，与沙特石油合作的方式也值得探讨。

中国应清楚地了解沙特石油产业的政策与法规及其现状，以利于中国企业进入沙特，并在合作中制定和实施有利的策略。同时，要了解发达国家的能源政策及其鼓励开发利用海外油气资源的措施，以及发达国家石油公司在沙特的活动情况，从中得到一些有益的借鉴。

（一）政府应提高在阿拉伯地区的国家影响力，积极开展能源外交

为进一步提高中国石油企业参与国际油气合作的成效，我国政府应积极利用国家影响力和外交手段，加强对我国石油企业实施"走出去"战略的支持力度。

1. 进一步提高中国的国际地位与在阿拉伯地区的影响力

中国是世界上最大的发展中国家，也是联合国安理会常任理事国之一，应在国际事务中充分发挥政治作用，体现大国风范。国际地位越高，取得的话语权就越多；我国参与国际分工的程度越深，获利机会就越多。

2. 积极开展能源外交，创造良好的国际合作环境

中国应开展"能源外交"，积极开辟海外油气渠道。一方面，积极参与国际能源、资源的开发，参加国际能源市场的竞争，占领全球能源领域制高点；另一方面，进一步加强与沙特的能源合作，在日趋激烈的能源争夺战中占据主动地位。除积极、有步骤地参加国际和地区性经济和能源合作体系外，我国还可采取以市场换资源的策略，在与沙特的外交活动中强化能源外交，以此提高获取沙特油气资源的安全系数，为中国石油企业在沙特开展油气开发业务提供便利和支持。

（二）积极参与建立国际石油市场新秩序，争取国际石油定价权

中国应充分发挥能源消费大国的需求优势，积极融入全球石油定价体系，争取定价的参与权、发言权和调控能力，变国际价格的被动承受者为积极影响者。要抓紧建立和完善中国的期货市场，以远期合同交易方式降低近期价格风险；要建立国际采购的协调机制，通过国内企业联手采购的方式，争取合理的价格；要打破国内市场的垄断行为，加速形成统一、开放、畅通、有序的能源和原材料市场。

作为石油消费大国，我国必须建立、开放自己的石油期货市场，积极

争取市场交易规则的制定权，并以此积极影响国际油价。一旦中国的石油期货价格成为国际油价的重要参考，石油的交易价格就有可能摆脱国际资本的控制和操纵。石油定价和交易货币的多元化是必然的趋势。中国必须建立石油交易的"中国市场价格"，确立中国自己合理的石油金融战略。国家应鼓励更多企业进入国际石油金融市场，积极尝试"石油人民币"结算，逐步建立石油期货市场，以有效应对油价的波动。

（三）创新合作方式，重视签订长期供油协议，建立更加稳固的贸易关系

从国际石油贸易的经验来看，建立长期供油协议有利于实现石油供应在数量、种类、产地、储运等方面的相对稳定性。对于中国这样将长期大量依赖国外石油供应的国家，与沙特签订长期供油合同有利于获得稳定的供油渠道。随着中国经济发展和工业制成品出口能力的增强，以及沙特对中国市场依赖程度的加深，以回购方式与主要石油输出国开展石油贸易的条件将日趋成熟，中国可在进口石油的同时要求沙特以石油收入进口中国商品，以石油贸易带动中国产品出口，回流石油美元和保持中国贸易平衡。

（四）中国石油企业应坚持开展国际合作，继续大力推进与沙特的石油跨国经营战略

虽然从成本和技术方面考虑，中国的石油企业与著名跨国公司相比还有明显差距，但也具有不少优势。中国的石油产业经过1998年调整以来，石油公司普遍获得上游和下游业务经营权，在市场竞争中充满活力。与国外石油公司相比，中国公司在勘探开发方案设计、地质、钻井、油田开发、管道建设、炼厂设计等方面拥有低成本技术专家优势，还具有石油工业专业施工队伍，基本具备进入国际石油市场的能力，在20世纪90年代以来的石油跨国经营尝试中已经取得初步经验。未来我国应在多领域与沙特石油企业合作。

1. 承包石油工程项目

中国在石油工程建设方面拥有较强的实力，锻炼了一支能打硬仗的专业队伍，有关专业公司应积极开拓跨国经营，参与国际合作，在沙特大力

开展石油工程承包业务。

2. 合资兴办炼油和石化企业

中国同沙特都在大力发展炼油工业和石化工业，双方开展合作的有利条件很多。双方都具有良好的投资环境，经济特区的开放程度高，政策优惠多，适于选址设厂，便于合资经营；中国劳动力供应充足，市场容量巨大，具有相当多的管理经验和人才，互补互利性强。未来应充分利用有利条件，在平等互利的基础上开展相互投资，合营炼油和石化企业，促进共同发展。

（五）跨国石油公司以技术进步推动中国与沙特油气产业合作优化整合，由单纯资源勘探开发向资源多元化应用和拓宽产业链方向转变

美国、日本等发达国家将技术看成未来油气产业在全球占据主导地位的决定性因素，并且对油气开发技术的支出逐年增大。同时，世界各国在充分认知本国油气资源禀赋与世界石油供应持续偏紧的背景下，积极对本国油气产业进行整合，依托本国大石油公司加速全球范围的兼并整合。我国油气企业对沙特实行"走出去"战略的同时，应积极借鉴这些宝贵经验。

我国与沙特的油气产业合作应逐步由注重量的增加转到将质与量放在同等重要的地位，兼顾二者，更加重视产业链的延长和升级，实现产业链与价值链协同嵌套和共同升级。勘探开发技术的扩散和廉价劳动力的全球流动，致使世界各国由单纯的重视开发国内油气资源，向注重同国外合作进行开发和油气产业生产要素的充分流动战略转变。以中国与沙特的能源合作为契机，促进全球产业链和价值链的全面整合，已是我国油气产业未来发展不可扭转的趋势。

（六）充分利用中阿合作论坛这一平台，推进建立中国－海合会自贸区

利用中阿合作论坛这一框架机制，中方可结合自己的技术、设备、资金优势，提高在阿拉伯产油国的市场占有率，进一步推动中国与沙特在石油方面的合作。中国与沙特的经济往来近年发展迅猛，沙特已成为中国在西亚、北非地区最大的贸易伙伴。近年来中国与沙特间的贸易额以两位数的年均增长率上升，油气合作仅是全面经济合作的一部分，沙特的经济发展水平较高，其经济政治情况也有些特殊性，为进一步挖掘中沙经济合作方面的潜力，应大力推动中国与海合会间的自贸区谈判取得新进展，该自贸区协定的最终签订，显然会进一步促进中国与沙特在石油领域的贸易与投资。海湾国家将加快石油下游发展、完善石油产业链作为石油产业发展战略，中方在与海湾国家的石油合作中可采取上下游一起介入的策略。

（七）全面提升中沙经济合作

中国与沙特的经济往来近年来有重大进展，沙特已成为中国在西亚、北非地区最大的贸易伙伴。近年来，中沙之间的贸易额以两位数的年均增长率上升，但仍与两国间的经济发展水平很不匹配，也表现出巨大的不平衡，尚未充分发挥两国可以互补的优势。

中国与非洲、南美洲国家间经济合作的历程表明，油气合作仅是全面经济合作的一部分，因地制宜地帮助所在国发展经济，反过来也可帮助实现油气及其他原材料工业的发展，提升相互间贸易的水平。沙特的经济发展水平较高，其经济政治情况也有些特殊性，但这一原则还是适用的，在全面发展中沙经济合作方面还存在巨大的潜力，有待我们去开拓、去发展。中国与海合会间的自贸区谈判虽取得重大进展，但仍需双方努力去完成最后阶段的工作，该自贸区协定的最终签订，显然会更大地促进中国与沙特间的经济合作。

第八章　中阿旅游合作：宁夏与
阿拉伯国家旅游合作

一　中阿旅游发展格局与趋势

（一）中国旅游发展格局与趋势

1. 旅游产业增长速度高于国民经济

近年来，我国旅游发展面临较为复杂的国内外环境：就外部形势而言，全球经济增长迟缓，主要经济体面临衰退，这些都给入境旅游造成一定的负面影响；就内部形势而言，国内宏观经济平稳发展，城乡居民人均收入稳定增长，各项有利于旅游发展的重大政策陆续出台，交通基础设施日益完善，这些又给国内旅游和出境旅游带来明显的促进作用。总体来看，除个别年份外，我国旅游业始终保持着高于国民经济的增长速度。

2. 旅游三大市场呈现"两高一低"格局

根据国家统计局、国家旅游局提供的数据，2011 年我国旅游业总收入为 2.24 万亿元，同比增长 18%。国内、出境、入境三大旅游市场继续保持"两高一低"的发展格局：2012 年全国国内旅游人数为 29.57 亿人次，比上年增长 12.0%；国内旅游收入为 22706.2 亿元，比上年增长 17.6%；出境旅游人数为 8318.27 万人次，同比增长 18.41%；入境旅游人数为 1.32 亿人次，同比下降 2.23%；旅游外汇收入为 485 亿美元，与上年基本持平。

2000~2011 年我国旅游业收入增长情况如图 8-1 所示。

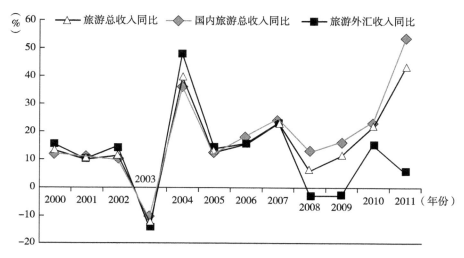

图 8 - 1　2000 ~ 2011 年我国旅游业收入指标增长情况

资料来源：各年度《中国统计年鉴》《中国旅游统计年鉴》。

3. 旅游发展的区域差距依然明显

受旅游资源禀赋、地理区位、交通条件、基础设施、区域社会经济综合水平等因素的影响，中国旅游业发展中区域不平衡问题依然比较明显。从旅游收入上来看，2011 年东部地区收入占比最大，且远高于其他三个地区，在旅游总收入、国内旅游收入和旅游外汇收入中分别占 51.79%、45.19% 和 73.79%；西部分别占 19.43%、22.02% 和 11.66%；中部分别占 19.3%、22.14% 和 7.82%；东北地区占比最小，分别占 9.47%、10.65% 和 6.73%。从旅游接待人次来看，2011 年东部地区的国内游客接待量和入境游客接待量的占比分别为 40.15% 和 64.80%；西部地区的占比分别为 25.31% 和 18.45%；中部地区的占比为 23.93% 和 10.38%；东北地区的占比为 10.6% 和 6.37%。可见，东部发达地区依然在中国国内旅游和国际旅游市场中占有较为核心的位置，西部地区整体处于相对落后地位。

2011 年我国四大区域旅游业总量指标占比情况如图 8 - 2 所示。

4. 入境旅游长期低迷，西部地区的潜力仍未有效释放，阿拉伯国家尚未成为主要客源市场

受全球经济恢复乏力、局部地区政局动荡、人民币升值导致国外游客

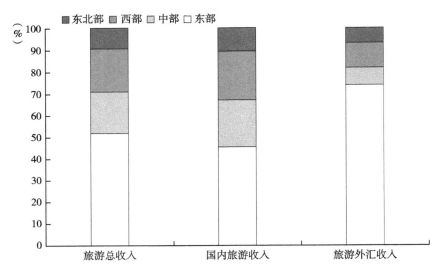

图 8 - 2 2011 年四大区域旅游业总量指标占比情况
资料来源:《中国旅游统计年鉴 2012》及 31 个省区市 2011 年的国民统计公报。

来华旅游成本上升等因素影响,近年来我国入境旅游市场持续低迷。2012年入境旅游人数为 1.32 亿人次,同比下降 2.23%。在入境旅游市场中,外国人仅占 20%,港澳台游客占了 80%,其中香港游客最多,超过 60%。

从区域接待入境游客情况来看,2012 年我国入境旅游市场仍然呈现由东部经济发达地区主导、中西部欠发达地区积极参与的基本格局。尽管中西部地区受经济发展水平和缺乏大型口岸等条件的制约,在接待量上仍然与东部地区具有较大的差距,但随着交通基础设施的不断改善,地方政府对旅游发展的普遍重视以及中西部地区自身经济发展环境的日益完善,其原有旅游资源优势将得到进一步的发挥,呈现较大的增长潜力。

2000~2012 年我国入境旅游人次及同比增速如图 8 - 3 所示。

从入境客源国(地)分布来看,韩国、日本的入境游客依然占据前两位(见表 8 - 1)。随着“俄罗斯旅游年”的开展,中俄两国加强了旅游方面的交流合作,俄罗斯入境游客超过美国排第三位。在排名前十位的国家中,除了美国和澳大利亚以外,其余均为邻国客源。值得注意的是,阿拉伯国家均未成为主要客源国,说明中阿在旅游领域的合作还有待进一步加强。

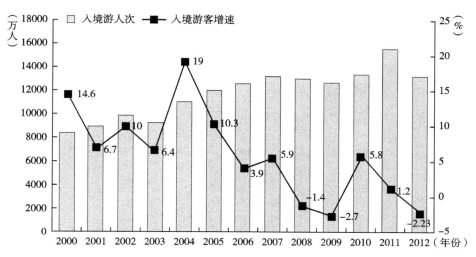

图 8 - 3　我国入境旅游人次及同比增速（2000～2012 年）

资料来源：各年度《中国统计年鉴》《中国旅游统计年鉴》。

表 8 - 1　2012 年中国入境游客源地情况

排　序	国家/地区	入境人次（万）	同比增长（%）
1	韩国	406.99	-2.76
2	日本	351.82	-3.83
3	俄罗斯	242.62	-4.34
4	美国	211.81	0.09
5	马来西亚	123.55	-0.77
6	越南	113.72	12.99
7	新加坡	102.77	-3.32
8	蒙古	101.05	1.64
9	菲律宾	96.2	7.57
10	澳大利亚	77.43	6.63
11	加拿大	70.83	-5.31
12	德国	65.96	3.55
13	泰国	64.76	6.5
14	印度尼西亚	62.2	2.18
15	英国	61.84	3.8
16	印度	61.02	0.61
17	法国	52.48	6.43
18	哈萨克斯坦	49.14	-2.93

从入境旅游的目的来看，外国游客主要是以观光休闲为主，比例达到40%以上；参加商务会议的游客数量次之，所占比例大约为23%；探亲访友的游客数量最少，只占0.4%。

2010～2012年按目的分的外国入境游客人次如图8－4所示，2012年按目的分的外国入境游客比例如图8－5所示。

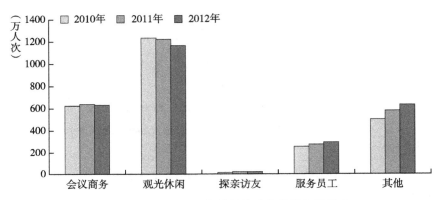

图8－4　2010～2012年按目的分的外国入境游客

资料来源：各年度《中国旅游统计年鉴》。

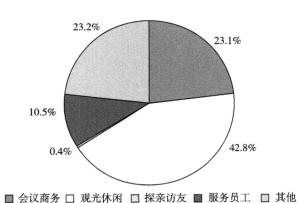

图8－5　2012年按目的分的外国入境游客比例

资料来源：《中国旅游统计年鉴2012》。

5. 出境游市场大幅增长，中西部省份增速明显加剧

目前已有 140 余个国家和地区与我国签订了 ADS 协议①。2011 年中国出境旅游人数达到 7025 万人次，为美国出境市场的 1.2 倍、日本出境市场的 3.5 倍；2012 年出境旅游人数为 8318.27 万人次，同比增长 18.41%。就绝对数量而言，中国出境旅游市场已超德国与美国，成为世界第一大出境旅游市场。与此同时，2012 年旅游消费额达到 1020 亿美元，超过了德国和美国，是全球最大旅游消费国②。

在我国出境旅游市场中，虽然东部地区长期以来占主导位置，但随着中西部地区经济实力和开放程度的进一步提升，其出境市场的增长潜力正在得到不断释放。从全国出境组团社销售额的增长率来看，中部地区的增长率达到 53.2%，西部地区的增长率为 47%，均超过全国 42.2% 的平均增长率，其中湖北、湖南、宁夏与新疆等中西部省份更是实现了超过 70% 的高速增长。

2000~2012 年我国出境旅游人次及增长率如图 8-6 所示。

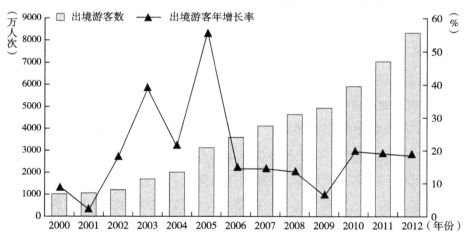

图 8-6　我国出境旅游人次及增长率（2000~2012 年）

资料来源：各年度《中国统计年鉴》《中国旅游统计年鉴》。

---

① ADS 的全称是 Approved Destination Status，意为被批准的旅游目的地国家。ADS 签证是指与中国签署了旅游目的地国家协议的签证。

② 中国旅游研究院：《中国出境旅游发展年度报告 2013》。

（二）阿拉伯国家旅游发展概况

1. 阿拉伯国家大多拥有丰富的旅游资源

阿拉伯国家大多西临大西洋，东抵印度洋，中环地中海和红海，拥有22000多公里漫长的海岸线，沿岸不仅有丰富的历史遗迹，也以其自然风光吸引游客。其中海岸线超过1000公里的阿拉伯国家有9个[1]。尽管多数阿拉伯国家的国土面积中沙漠所占的比例很大，但其中有许多沙漠绿洲，独具魅力。世界著名的尼罗河、底格里斯河和幼发拉底河孕育的文化和留下的遗迹更是不可多得的旅游资源。

作为世界三大宗教之一——伊斯兰教的发源地，中东地区自古以来就是世界宗教资源汇集与宗教文化繁盛的圣地，这里有三大圣地——耶路撒冷、麦加阿、麦地那，每年接待数千万前来朝觐和祭祀的世界各地的信徒。

自1972年11月16日由联合国教科文组织发起的76个国家在巴黎签署发布《保护世界自然与文化遗产公约》以来，非洲的阿拉伯国家拥有38项世界自然与文化遗产，亚洲的阿拉伯国家拥有23项。15个阿拉伯国家共拥有61项联合国教科文组织评定的世界自然和文化遗产[2]。

2. 旅游业是多个阿拉伯国家的支柱产业

众多阿拉伯国家把旅游业作为国民经济的支柱产业。例如，在埃及，旅游与石油、天然气出口并列为埃及国民经济的三大支柱产业，旅游业是埃及外汇收入的第一大来源，是解决国内就业问题的关键行业。2010年埃及吸引了1450万人次国外游客，旅游收入达125亿美元，约占国内生产总值的10%，旅游业创造的就业岗位占全国就业岗位的1/10以上。在突尼斯，旅游业也是其最大的创汇行业和三大支柱产业之一，旅游业就业人口

---

[1] 参见王成家主编《各国概况》中亚洲部分、非洲部分，世界知识出版社，2002年版有关章节。其中，索马里，3025公里；埃及，2700公里；沙特，2437公里；也门，1906公里；利比亚，1900公里；阿曼，1700公里；摩洛哥，1700公里；阿尔及利亚，1200公里；突尼斯，1200公里。

[2] http://www.whc.unseco.org/ea/list.

仅次于农业。根据世界旅游业理事会（WTTC）的测算，2012 年旅游业直接为黎巴嫩的经济贡献 43 亿美元，相当于其 GDP 的 10%；旅游业直接就业人数达 12.95 万人，相当于总就业人数的 9.5%。在约旦，旅游收入在其外汇收入中仅次于侨汇，居第二位。2012 年叙利亚旅游业为国内生产总值贡献 12 个百分点，提供的就业岗位占 13%。根据阿联酋国家旅游和古迹委员会的统计，2011 年阿联酋旅游业收入达 220 亿迪拉姆（约合 60 亿美元），旅游业对 GDP 的贡献率为 7%。另据迪拜旅游和商业局统计，2011 年迪拜旅游业对其 GDP 的贡献率为 31%。

3. 不少阿拉伯国家政府大力支持旅游业发展

为了大力发展本国旅游，不少阿拉伯国家政府都出台了相关政策。阿联酋为了实现在中东地区的旅游业发展并在其他地区的连通方面发挥中心作用，于 2013 年 5 月重返世界旅游组织。埃及旅游部宣布了一系列刺激计划，其中包括：鼓励旅行社实施包机旅游，对组织赴埃及包机旅游的旅行社进行奖励等；鼓励亲子游市场，针对一家三口同行的家庭游客，埃及旅游局将为同行的儿童埋单；对中国游客实施落地签政策，先对团队游、包机游游客开放，随后也将向个人游游客开放等。埃及新政府就任以来，出台多项举措促进旅游业发展：与土耳其签订新航线合约，开辟来往于伊斯坦布尔和埃及红海旅游胜地沙姆沙伊赫、赫尔格达两个城市之间的航线；研究减免旅游业投资税收的方案等。叙利亚政府采取多种措施，推动旅游向产业化方向发展，最大限度地开发和利用现有的旅游资源：邀请国际媒体及国际旅游专家访问叙利亚，与许多国家签署了旅游合作协议；在主要国家设立旅游办事处以促进旅游发展；筹备设立一项旅游促进基金；政府采取一系列措施鼓励旅游行业的投资，对旅游投资项目实施"一窗制政策"，简化手续，在旅游设施的修建期间免征一切税收，旅游设施开工后 7 年内免征一切税收，改善旅游项目的投资环境；将宗教旅游作为重点，把多样化的伊斯兰教和基督教的遗址推向旅游市场；重视旅游业深层次、综合性的开发。利比亚政府颁布了 7 号令，要求各政府部门支持旅游业发展，在税收、贷款和行政管理等方面为旅游企业提供便利，并出台了鼓励外国资本在利比亚投资旅游业的多项优惠政策。与此同时，国家着手加强基础设施建设，在首都和一些沿海大城市兴建一批星级饭店。

4. 阿拉伯国家之间互为客源地的特征较为明显

由于文化、地域等方面的因素，不少阿拉伯国家之间都互为客源地。例如迪拜作为阿拉伯国家的旅游枢纽，每年吸引着众多阿拉伯国家的游客，2011 年迪拜排名前 20 的客源国中阿拉伯国家占 8 位，其中沙特更是以 87 万人次排名第一[①]。而阿联酋也是阿曼第二大旅游客源国。阿拉伯国家中埃及、叙利亚、黎巴嫩、约旦、摩洛哥是海湾游客旅游的首选地，每年在这些国家的消费高达 270 亿美元。

5. 中东地区旅游稳步增长

世界旅游组织（UNWTO）的统计显示，1980～2010 年，抵达中东地区的国际旅游者从 710 万人次发展到 6090 万人次，每年平均增幅达到 7.4%，远远高于 4.2% 的全球平均水平。世界旅游组织估计，中东地区的旅游业将会继续增长，到 2030 年时入境国际旅游者将会突破 1.49 亿人次。

二 中阿旅游合作：历程与现状

（一）中阿旅游合作历史沿革

1956 年 5 月 16 日，埃及承认中华人民共和国并与中国建立外交关系。此后直到 20 世纪 50 年代后半叶，掀起了中国与阿拉伯国家建交的第一个高潮。叙利亚、也门、伊拉克、摩洛哥、阿尔及利亚、苏丹、索马里等国相继与中国建交并成为贸易合作伙伴。从 1984 年至 1990 年，又先后有 5 个阿

---

① 迪拜旅游与商业推广局（DTCM）公布 2011 年数据，迪拜客源排名前 20 的市场分别是沙特（873152）、印度（702142）、英国（643196）伊朗（476708）、美国（462653）、德国（275663）、科威特（273253）、俄罗斯（255746）、阿曼（223993）、巴基斯坦（221374）、中国（193791）、澳大利亚（179214）、法国（152439）、埃及（149130）、菲律宾（125408）、卡塔尔（122319）、意大利（105523）、约旦（95818）、巴林（91238）和黎巴嫩（90984）。

拉伯国家与中国建交。1990 年 7 月中国与沙特的建交标志着中国与 22 个阿拉伯国家全部建立了外交关系。

在中阿双方政府和企业界的共同努力下，中阿经贸合作机制不断完善，建立了中阿企业家大会、投资研讨会、能源大会、中阿文化旅游产业对接会等机制，有力推动了中阿经贸合作全面快速发展，在经贸关系的带动下，中阿双方的旅游合作也逐步展开。

1981 年，中国和埃及签署了两国政府旅游合作协定。根据协定，中埃双方互派专业考察团交流旅游方面的信息、资料和经验；双方鼓励旅游教育机构进行合作，利用各自的旅游院校和饭店设施为对方培训人员，交换留学生；双方鼓励第三国旅游者到对方国家旅游，开展联合促销活动。

1994 年，中国旅游代表团参加了在沙特著名商业城市吉达举办的"世界生活方式国际博览会"。

1995 年，中国旅游代表团参加了在海湾国家巴林举办的"阿拉伯旅游展"。

1995 年 4 月 25 日至 5 月 7 日，陕西中国旅行社牵头组织甘肃丝路中国国际旅行社和新疆中国国家旅行社共赴海湾阿拉伯国家进行考察、宣传和促销，拜访了当地 13 家旅行社，进行了业务洽谈交流。

1999 年，中国与阿尔及利亚签署《中阿文化协定 1999 ~ 2001 执行计划》。

2002 年，中国与摩洛哥签署《中华人民共和国政府与摩洛哥王国政府旅游合作协定》。

2004 年 1 月 30 日，中阿共同宣布成立"中国 – 阿拉伯国家合作论坛"，并发表了《关于成立"中国 – 阿拉伯国家合作论坛"的公报》。[1]

2004 年，中国与突尼斯签署《关于中国公民组团赴突旅游实施方案的谅解备忘录》，标志着我国公民赴突尼斯旅游已进入实施阶段。同年中国与叙利亚签署了旅游合作协议。协议包括推动两国开通直飞航线、互通旅游

---

[1]　中阿合作论坛的宗旨是加强对话与合作、促进和平与发展。论坛成员是中国和阿盟 22 个成员国。部长级会议为论坛长期机制，由各国外长和阿盟秘书长组成，每两年在中国或阿盟总部或任何一个阿拉伯国家轮流举行一次例会，必要时可以召开非常会议。

信息、双方互访和举办旅游活动等。商务游客可以通过本国旅行社联系，在叙机场和入境口岸免费办理入境签证。中国与约旦签订旅游谅解备忘录。根据备忘录，中方组团社与当地接待旅行社建立业务合作关系，从 2004 年 12 月 15 日起开展中国旅游团队前往约旦旅游的业务。

2006 年，中国与阿曼签订旅游谅解备忘录。

2008 年，中国与黎巴嫩签署了《关于中国旅游团队赴黎巴嫩旅游实施方案的谅解备忘录》。根据备忘录，中方特许经营组织中国公民出境旅游业务的旅行社将承办中国旅游团队到黎巴嫩旅游的业务，黎方则指定或推荐符合标准的旅行社承办在黎境内接待中国旅游团队的业务。

2009 年，卡塔尔航空公司参加了由广东省旅游局和广州市旅游局共同主办的广州国际旅游展览会。

2010 年，中国与黎巴嫩、利比亚签署了《中华人民共和国国家旅游局和大阿拉伯利比亚社会主义民众国旅游和传统工业总局旅游合作谅解备忘录》。

2010 年 9 月 27 日，"中国 – 阿拉伯国家文化旅游产业合作对接会"在银川举行。会议为深化中阿旅游合作、共谋中阿旅游发展提出了良好建议。

2013 年 9 月 12 日至 16 日在中国宁夏举办中阿博览会，本次博览会是加强中阿全面合作的重要平台，以 22 个阿拉伯国家并向外延伸至 57 个伊斯兰国家作为合作的主要目标国家和目标市场，加强中阿能源、金融、清真食品、穆斯林用品、农业、文化、旅游等重点领域的合作，全面搭建中阿商品贸易、服务贸易、金融投资、技术合作、文教旅游五大平台。

（二）中阿旅游合作交流日益频繁

中阿友好交往源远流长，双边的合作进一步加深。中国国家旅游局专门在中东的特拉维夫设立了旅游办事处，为双方的旅游合作带来了便利。

1. 阿拉伯各国来华旅游增速稳中有降

阿拉伯联盟所属的 22 个国家在 1990 ~ 1995 年的 6 年中来华游客从

8414 人次增加到 21588 人次。自中阿合作论坛设立以来，来华的阿拉伯
游客由 2004 年的 106845 人次增加到 2011 年的 306149 人次（见图 8 - 7
和表 8 - 2）。近年来由于各种不利因素的影响，来华的阿拉伯游客增速
放缓。

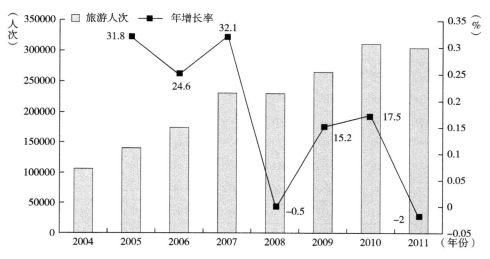

图 8 - 7　2004 ~ 2011 年阿拉伯国家来华旅游人次及增长率

表 8 - 2　2004 ~ 2011 年阿拉伯联盟所属国家来华旅游者人次

单位：人次

	2004 年	2005 年	2006 年	2007 年	2008 年	2009 年	2010 年	2011 年
约旦	12341	14377	15793	19581	21018	22661	25343	27568
巴勒斯坦	2541	3480	3775	4515	4146	5050	6886	6336
黎巴嫩	10277	12088	13295	17188	19050	20186	22251	22854
沙特	7239	10379	13086	17282	13649	19030	27223	34635
叙利亚	9529	11618	14712	18372	16879	19745	21029	18473
伊拉克	3793	7283	9348	14548	10624	19234	22246	19289
科威特	3488	5836	6445	7925	6215	6948	7746	8303
卡塔尔	934	1158	1697	2283	2086	1876	2940	2431
巴林	1082	1718	1877	2672	3959	3792	3839	3222
阿联酋	1702	1764	2663	4196	4936	5256	8816	9041
也门	11524	12611	13670	17068	17666	19375	21661	18351

续表

	2004 年	2005 年	2006 年	2007 年	2008 年	2009 年	2010 年	2011 年
阿曼	769	1141	1566	2142	3423	3619	4739	4630
埃及	14827	22136	31333	42680	44716	49665	59119	60880
苏丹	3226	4712	6765	9609	9052	9928	11475	11944
利比亚	4330	5377	7169	9319	9764	11051	12956	3414
摩洛哥	5459	7287	9008	11336	11756	12434	14034	13810
突尼斯	2806	460	5904	7893	8674	8141	10625	8640
阿尔及利亚	9386	11418	15289	20409	20243	24893	25776	27982
毛里塔尼亚	1164	1224	1403	1876	1552	1661	1854	2069
吉布提	100	186	252	328	444	378	449	545
索马里	229	281	311	470	489	564	709	951
科摩罗	99	177	195	288	418	443	733	781
合　计	106845	136711	175556	231980	230759	265930	312449	306149

2. 我国公民赴阿拉伯国家旅游增速迅猛

进入 21 世纪，中国先后与 8 个阿拉伯国家签署了 ADS 协议（见表 8 - 3）。不断增长的中国出境游客给目的地带来了巨大的消费需求，旅游消费对目的地国家和地区的旅游发展、经济增长、就业带来了明显的拉动作用。迪拜政府商业及旅游业推广局公布的数据显示，2011 年第一季度，抵达迪拜的中国旅游者达到了 52000 人次，自中阿合作论坛开展以来，中国已经成为迪拜第八大客源国，与 2010 年同期相比客源量上升了 18% [①]。据埃及旅游部门提供的数据，2011 年有 10 万人次中国游客赴埃及旅游，人数在亚洲国家中居前列，预计 2013 年中国赴埃及游客将达到 16 万人次。总体来看，2012 年，中国赴阿拉伯国家旅游的人次已经超过 40 万，每周往来于中阿之间的直航数量超过 100 班次。中国和阿拉伯之间的旅游交流越来越频繁。

①　http：//travel. southcn. com/l/2011 - 05/10/content_ 23885147. htm.

表 8 – 3　中国与阿拉伯国家 ADS 签订时间表

序　号	国　家	年　份	开展业务情况
1	埃　及	2002	全面开展
2	突尼斯	2004	全面开展
3	约　旦	2004	全面开展
4	摩洛哥	2007	全面开展
5	叙利亚	2007	全面开展
6	阿　曼	2007	全面开展
7	阿联酋	2009	全面开展
8	黎巴嫩	2010	全面开展

资料来源：根据国家旅游局相关资料整理。

（三）中阿经贸论坛（中阿博览会）推动旅游合作

2010 年 5 月，国务院批准由商务部、中国贸促会和宁夏回族自治区人民政府每年定期在银川举办中国 – 阿拉伯国家经贸论坛（2013 年升级为中阿博览会）。近 3 年来，以中阿经贸论坛为契机，以宁夏为重要切入点，中阿旅游合作、交流取得了长足进展。旅游成为中阿博览会中的重要组成内容，而且还专门组织了中阿文化旅游产业合作对接会、世界穆斯林旅行商等一系列专项交流活动，为推动中阿旅游合作起到了积极的作用。在 2013 年中国 – 阿拉伯国家博览会上，境外签约项目达 51 个，签约金额达 980. 99 亿元，其中文化旅游项目有 23 个。在此次中阿博览会期间还组织了首届世界穆斯林旅行商大会，这次大会是全球范围内首度召开的穆斯林旅行商大会，也是国家旅游局首次面向阿拉伯国家和穆斯林地区举办旅行商大会。本次穆斯林旅行商大会共签订各类旅游合作协议 39 项，总投资额约为 30 亿元。其中，亿元以上投资项目有两项；5000 万元以上旅游合作项目有 1 项；与其他东南亚国家和地区以及国内穆斯林旅游发展较快的省份签订旅游合作协议 25 项；7 家伊斯兰国家旅行社与宁夏各旅行社签订游客互换协议。在国内合作方面，宁夏与甘肃、青海、陕西、新疆、云南五省区达成联合拓展全球穆斯林旅游市场的合作协议。在国际合作方面，宁夏旅游局与印尼西爪哇省旅游局签订战略合作协议，全面推进两地旅游交流合作，并积极协调相关部门，开通银川至雅加达的直航航班，鼓励两地实现客源互送。两地旅游部门每年进行至少一次的互访或相互协助举办旅游推介活动，组织媒体、旅行社、景区等旅游企业开展交流与互访活动。自治区旅游局还与中国国际航空公司达成宣传营销战略合作协议，通过与国航合作，利用国航多媒体平台、机载宣传媒体，采取资源互换模式，开启宁夏旅游宣传营销的新模式。此外，宁夏民生房地产开发公司与马来西亚 IMAF 签订合作投资马哈巴旅游综合体"华夏河图"建设项目，双方将共同出资组建公司，发展商务、休闲、度假旅游，利用该项目吸引阿拉伯游客来宁夏旅游。

（四）中阿友好城市合作促进旅游合作

1985 年以来，昆明、北京、青岛、武汉等旅游城市与阿拉伯联盟所属的摩洛哥、亚历山大、卡萨布兰卡、迪拜、亚丁等结为友好城市和旅游城市，这为中阿旅游的发展与合作奠定了基础（见表8－4）。中阿双边还通过文化旅游宣传会、旅游博览会、旅游推介会等形式促进了双边经济、文化、旅游、艺术、体育等领域的交流与合作。

表8－4　中阿友好（旅游）城市/省份

中国城市/省份	阿拉伯国家城市/省份	国　别	缔结日期
昆　明	沙温	摩洛哥	1985 年 5 月 14 日
上　海	卡萨布兰卡	摩洛哥	1986 年 9 月 8 日
秦皇岛	科威特市	科威特	1987 年 11 月 2 日
北　京	开罗	埃及	1987 年 1 月 2 日
上　海	亚历山大	埃及	1990 年 11 月 28 日
景德镇	萨菲	摩洛哥	1992 年 5 月 15 日
辽　宁	阿勒颇省	叙利亚	1993 年 10 月 15 日
上　海	亚丁	也门	1995 年 4 月 27 日
武　汉	喀土穆	苏丹	1995 年 9 月 14 日
辽　宁	伊斯梅利亚	埃及	1995 年 11 月 27 日
安　徽	哈德拉毛省	也门	1998 年 2 月 17 日
苏　州	伊斯梅利亚	埃及	1998 年 3 月 3 日
河　南	大阿尔及尔省	阿尔及利亚	1998 年 4 月 6 日
青　岛	苏丹港市	苏丹	1998 年 5 月

续表

中国城市/省份	阿拉伯国家城市/省份	国　别	缔结日期
青　岛	丹吉尔市	摩洛哥	1999 年 3 月
上　海	迪拜	阿联酋	2000 年 5 月 30 日
杭　州	阿加迪尔市	摩洛哥	2000 年 6 月 29 日
兰　州	努瓦克肖特市	毛里塔尼亚	2000 年 9 月 25 日
郑　州	伊尔比德市	约旦	2002 年 4 月 11 日
海　南	南西奈省	埃及	2002 年 8 月 3 日
安　徽	达卡利亚省	埃及	2003 年 9 月 2 日
甘　肃	吉萨省	埃及	2004 年 7 月 21 日
重　庆	阿斯旺	埃及	2005 年 10 月 19 日
宁　夏	沙乌亚·乌尔迪加大区	摩洛哥	2006 年 1 月 3 日
山　东	苏斯省	突尼斯	2006 年 12 月 19 日
威　海	苏斯市	突尼斯	2007 年 8 月 24 日
深　圳	卢克索市	埃及	2007 年 9 月 6 日
河　南	法尤姆省	埃及	2007 年 11 月 29 日
陕　西	开罗省	埃及	2008 年 4 月 17 日
北　京	多哈	卡塔尔	2008 年 6 月 24 日
宁　夏	大马士革	叙利亚	2010 年 10 月 17 日
广　东	亚历山大	埃及	2010 年 10 月 21 日
无　锡	菲斯市	摩洛哥	2011 年 11 月 22 日
常　熟	索维拉市	摩洛哥	2013 年 5 月 20 日

资料来源：根据中国国际友好城市联合会统计资料整理。

三　中阿旅游合作：有利条件与相关制约

（一）中阿旅游合作的有利条件

1. 日益频繁的经贸往来

中、阿同属发展中国家，面临共同的发展任务，却拥有不同的经济结构，在经济上拥有良好的合作基础。中、阿在国际上处境相同，要和平、求发展、促合作是中阿双边的共同愿望。在全球化不断发展的趋势下，大多数阿拉伯国家均将发展经济列为本国的首要任务。近年来，该地区的经济以每年5%左右的速度在发展。从经济结构来看，阿拉伯各国经济在不同程度存在结构单一化问题，多以石油、天然气及其相关的化工生产为主，有的占其国内生产总值的90%以上，为此阿拉伯国家均积极对外寻求投资合作机会。近年来，阿拉伯各国对华投资连年增长，至2010年双方累计投资已达55亿美元。近10年来，中阿贸易额年均增长近30%。特别是沙特对中国的出口，中国继日本、美国之后，位居第三。中国也是阿曼、苏丹的最大出口市场。中国与海湾国家之间的贸易近年来一直占中阿贸易往来总额的65%左右。2011年中阿贸易额达1959.2亿美元。其中，中国对阿拉伯国家出口778.7亿美元，中国从阿拉伯国家进口1185.5亿美元。数据显示，2012年中国与阿拉伯国家的贸易额突破2000亿美元，达到历史性的2224亿美元，同比增长14%。此外，中国已经成为仅次于欧盟的阿拉伯国家第二大贸易伙伴。

2. 历史悠久的文化往来

中国和阿拉伯国家的交往历史源远流长。早在西汉时期，中国使节就曾到达阿拉伯国家。历史上，中阿通过丝绸之路从事间接和直接贸易活动，人员交往频繁。阿拉伯历法、数学、医药学等都对中国文化产生了重要影响。中国的造纸术、指南针和火药等发明经阿拉伯人传入欧洲。伊斯兰教也于7世纪中叶传入中国。据多个国际民意调查机构统计的数据，在世界各国中，阿拉伯国家人民对中国有好感的比例最高。穆罕默德有古训传世："知识虽远在中国，亦当求之。"众多阿拉伯国家对于中国有着相当多的好感，加上改革开放以来，中国取得举世瞩目的成果，"向中国借鉴"成为阿拉伯各个阶层的共识。

3. 双方政府的政策支持

近年来，中阿政府均积极推进旅游业发展。从中国方面来看，2009年《国务院关于加快发展旅游业的意见》（国发〔2009〕41号）出台，明确提出"要把旅游业培育成国民经济的战略性支柱产业和人民群众更加满意的现代服务业"，2012年确立中国旅游日，2013年中华人民共和国主席令第3号公布《旅游法》，这些都标志着旅游产业正式进入了国家战略体系。此外，各级党委、政府和各相关部门对旅游业的认识和重视程度越来越高，截至目前，包括宁夏在内的 27 个省、自治区、直辖市把旅游产业定位为支柱产业或第三产业的龙头产业，并提出建设"旅游大省""旅游强省"的目标。从阿拉伯国家来看，各国也都非常重视旅游产业的发展。

4. 增长强劲的旅游需求

一方面，阿拉伯国家的穆斯林旅游市场正在崛起。随着全球穆斯林人口的不断壮大以及财富的不断累积，穆斯林旅游市场正以前所未有的规模和速度在世界范围内强劲崛起。埃及等穆斯林人口占多数的阿拉伯国家已经成为颇受穆斯林游客欢迎的旅游目的地，而一些非伊斯兰国家也正在将目光投向穆斯林度假群体。研究表明，目前穆斯林游客的消费增速已经超过全球平均速度，预计到 2020 年将有可能增长到每年 1920 亿美元。

另一方面，中国游客出境旅游消费能力强劲。根据世界旅游组织的测算，2012 年中国赴海外旅游的人次达到 8300 万人次，消费金额达到 1020 亿美元，已成为世界第一大国际旅游消费国。在过去 10 年里，中国出境游客的增长是全世界最快的。2012 年的出境旅游人次已经相当于 2000 年的 8 倍，出境旅游消费额与 2005 年相比增长约 4 倍，人均支出达到 1200 美元。在人民币升值、我国国民收入增加、出境条件放宽等一系列利好因素的推动下，以及随着中国具有活动的中产阶层进入旅游市场，中国出境旅游的消费潜力还将得到进一步释放。

5. 宁夏"两区"建设的重要契机

2012 年，国务院批准在宁夏设立内陆开放型经济试验区和综合保税区。这一举措是我国在沿海、沿边通过建立特区开辟改革开放之路后，进一步在内陆推进改革开放成功的一大重要探索，将形成沿海、沿边和内陆开放互为依托、相辅相成的战略开放格局，也将为促进宁夏与阿拉伯国家之间的旅游交流、合作带来重大机遇。宁夏回族人口约占 36%，与相当多的伊斯兰国家和地区有广泛的联系，而且有着相同的宗教信仰、相近的生活习俗，具备发展穆斯林旅游的良好基础，有条件打造成我国穆斯林旅游的"窗口"，从而带动中阿旅游合作的全面推进。

（二）中阿旅游合作可能存在的障碍

1. 文化上的亲近感还有待提高

文化上的亲近感是引发游客出行的重要原因。尽管中阿有着悠久的文化往来，但在全球化程度日益提高的今天，相比其他国家而言，中国与阿拉伯国家之间的文化交流还有待加强。例如，2010 年卡塔尔半岛电视台名为《中国与阿拉伯人》的对话节目中，参与对话的两位"中国通"——黎巴嫩中国友好联合会会长马斯欧德·达赫尔博士和《今日中国》阿文版副主编伊斯梅尔·侯赛因，都不无遗憾地表示："中国商品已遍布阿拉伯国家的大街小巷，但中国的文化产品却难得一见……中阿之间的文化、教育交流现状是令人遗憾的。"例如，孔子学院是中国推广汉语和传播中国文化的重要平台。目前，中国已与世界各国合作建立了 691 所孔子学院和孔子课堂。与孔子学院在世界其他地区的迅速扩张相比，目前，中国在阿拉伯国家建立的孔子学院或孔子课堂的数量非常少，22 个阿拉伯国家中只在 7 个国家建立了 9 所，占现有孔子学院总数的 1.3%。再以图书为例，中国对阿拉伯国家的图书版权输出和实物出口数量极少，即便是外宣类图书，阿语版本也很少。由于数量少，加之缺少具有重要影响力的作品，图书在增进阿拉伯国家对中国的了解、传播中国文化方面的作用还没有发挥出来。中国影视作品也未在阿拉伯国家形成影响力。同样，中国国民对阿拉伯国家及其文化的了解程度也不高。这些都可能在一定程度上制约着中阿的文化、旅游交流。

2. 交通条件受限

目前从中国到阿拉伯国家大多需要从迪拜中转至其他城市，而从阿拉伯国家至中国则大多需要从香港、北京、曼谷中转才能到达目的地，而且这些航班中大部分班次较少，很多航线一周一班。其中沙特等国家目前与中国还没有直航，往返必须经过香港、迪拜、曼谷、卡拉奇等地中转。卡塔尔受益于多哈亚运会的举办，虽然开通了与北京、上海、香港的航线，但远远不能满足中阿旅游深度发展的要求。因此，尽管自古就有"丝绸之路""张骞出塞"等佳话，但时至今日，中阿之间的交通体系尚不完备，极大地增加了国际游客的出境旅游交通成本。

3. 对市场需求缺乏深入了解

长期以来，我国入境旅游市场的发展主要以东亚、欧美等主要客源国或地区为主，对中东国家等新兴客源国重视不够，对其游客需求缺乏系统调查和深入了解，不少还限于主观猜测和想象。未来一段时期，哪些阿拉伯国可能成为中国的目标市场？对阿拉伯国家游客而言，中国旅游的核心吸引力有哪些？他们对什么样的旅游产品最感兴趣？他们需要什么样的服务？这些都缺乏系统研究，仅仅依靠"穆斯林文化"这个笼统的概念，是无法真正形成有效的市场吸引力的。

4. 部分阿拉伯国家存在安全问题

中东地区长期处于世界战争漩涡之中。受中东地区安全局势动荡的影响，约旦、突尼斯等地的旅游业受到了重创。大到战争革命，小到埃及旅游胜地沙姆沙伊赫的旅馆爆炸案、安曼旅馆连环爆炸案等恐怖主义威胁的存在，对中东地区入境旅游的发展都是一种严重制约。

（三）中阿旅游合作的突破口——宁夏

1. 就文化和地缘角度而言，宁夏是阿拉伯国家"向东看"和中国"向西看"的重要窗口

就文化而言，两千年前的丝绸之路把遥远的中国和阿拉伯世界连接在一起，宁夏作为友好往来的桥梁发挥了十分重要的作用。宁夏是全国唯一的省级回族自治区，回族在历史、文化、宗教等方面与阿拉伯国家有相近性和关联性。对阿拉伯世界而言，宁夏在语言、宗教、习俗、饮食、禁忌等方面与他们一脉相承，宁夏的穆斯林人口占全区总人口的36%，全区有4000座清真寺，宁夏清真食品品质优良，是按照世界穆斯林认同的饮食规约生产、加工、存储、运输、销售的。宁夏拥有大量精通阿拉伯文和伊斯兰教基础知识的人士，可以提供任何国内城市论坛都无法比拟的低成本和高效率的语言服务。

就区位而言，宁夏地处西北腹地，银川作为首府，在空间上比北京、上海、广州、西安等中心城市更接近中东、中亚、南亚等伊斯兰世界，又

比邻近的兰州、西安等大城市更具拓展空间和负载潜力，拥有依托论坛经济打造全国中等城市、西北中心城市和东亚腹地国际城市的区位优势。以宁夏为圆心，在一小时航空圈中包括西安、太原、石家庄等客源市场，人口约为 1.2 亿，城市人口约为 3600 万；在两小时航空圈中包括北京、天津、南京、武汉等客源市场，人口约为 7.7 亿，城市人口约为 3 亿；在三小时航空圈中包括中国大部分地区及首尔、釜山、福冈以及中东、中亚等国际客源市场，人口约为 10.2 亿，城市人口约为 4.5 亿，由此宁夏将逐渐发展成为中国与欧洲、中亚、中东、东北亚、南亚等往来的空中交通枢纽之一。同时，西部大开发十多年来，宁夏境内多条高速公路、铁路建成，第二条欧亚大陆运输走廊即将形成。

2. 宁夏与阿拉伯国家具有旅游季节互补性

每年的 12 月至次年 3 月，宁夏旅游转入淡季，阿拉伯国家的旅游市场却异常火爆；每年 4 月至 11 月，宁夏旅游进入旺季，阿拉伯国家 40℃左右的高温又让当地旅游步入淡季。因此，宁夏与阿拉伯国家之间在旅游季节上互补性极强，可互为对方的旅游目的地。

3. 宁夏旅游发展已经具备一定的基础

作为地域面积、人口规模较小的西部省份，宁夏旅游发展在全国基本处于倒数第二位的发展水平，各项旅游发展指标与西藏接近。不过近年来，在自治区党委、政府的努力下，旅游发展取得了较为显著的增长，具体体现在如下几个方面。一是产业定位进一步明确。2012 年自治区党委、政府出台了《关于做强做大文化旅游产业的决定》及其《实施意见》，提出了加快发展文化旅游产业的新战略、新任务、新内涵，确立了"文化旅游产业成为国民经济战略性支柱产业"的新定位，将发展文化旅游产业提升到了前所未有的高度。二是旅游投入进一步加大。旅游发展专项资金从 5000 万元逐年递增，2012 年达到了 1.6 亿元，预算内地方统筹旅游基础设施建设投资从 300 万元增加到了 1000 万元。2008 年旅游专项资金设立以来，已累计投入近 8 亿元。国家旅游局项目资金投入也由 300 万元增加到了 2000 万元。市县政府也明显加大了旅游业投入。三是旅游各项指标不断创新高。

2012 年宁夏接待国内外旅游者总人数达 1341 万人次，比上年增长 14.6%；实现旅游总收入 103.4 亿元，增长 22.8%。2012 年接待国内游客 1339 万人次，实现国内旅游收入 103.05 亿元，分别比上年同期增长 14.7% 和 23.0%。2012 年接待外国游客 18994 人次，实现国际旅游外汇收入 545.1 万美元，同比分别下降 2.5% 和 12%。2008 ~ 2012 年，宁夏累计实现旅游总收入 345.91 亿元，是前 20 年之和的 2.2 倍；累计接待国内外旅游者 5718 万人次，是前 20 年之和的 1.1 倍；累计实现旅游外汇收入 2602 万美元，相当于前 20 年的总和。目前旅游收入占地区生产总值的 4.31%，占第三产业增加值的 10.77%。宁夏旅游各项具体指标如图 8 - 8 至 8 - 12 所示。四是旅游要素更加完善。全区 A 级景区由 30 家发展到现在的 34 家，其中 5A 级景区有 3 家、4A 级景区有 10 家、3A 级景区有 15 家，2A 级景区有 7 家。全区

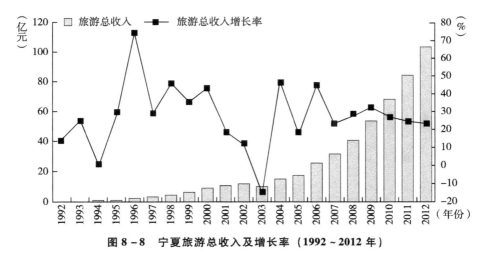

图 8 - 8　宁夏旅游总收入及增长率（1992 ~ 2012 年）

星级饭店由 58 家增至 82 家，旅行社由 96 家增加到 119 家。随着铁路等基础设施不断完善，旅客列车也在不断增加，仅 2012 年就新增银川至北京和银川至上海旅客列车两趟，并开通了银川至迪拜和银川至韩国首尔的国际航线、银川至曼谷的旅游包机、银川至台北的包机等。五是以节庆与营销活动提高品牌影响力。宁夏以中国（宁夏）自驾车旅游节、文化艺术旅游博览会、中国宁夏大漠黄河国际旅游节、中国银川国际汽车摩托车旅游节、

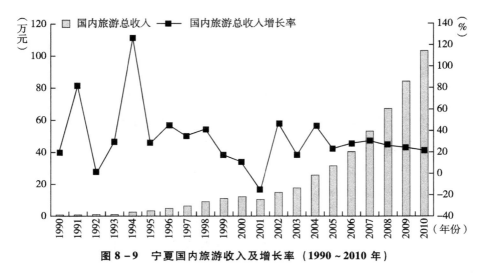

图 8 – 9　宁夏国内旅游收入及增长率（1990～2010 年）

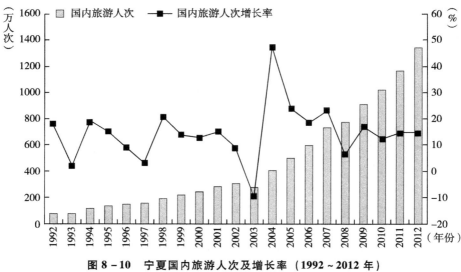

图 8 – 10　宁夏国内旅游人次及增长率（1992～2012 年）

中国银川赏石节、第七届全国少数民族运动会、沙湖国际沙雕大赛、宁夏
冰雪旅游文化节等全国大型节庆活动，吸引了人们的眼球，全面展示了
"塞上江南·神奇宁夏"的主题形象；连续 8 年组织旅行社和旅游景区开展
的"宁夏春光万里行"跨区域宣传促销活动，走遍了除西藏、海南以外的
29 个省（区、市）的 230 多个城市；连续多年在中央电视台、新浪网等媒

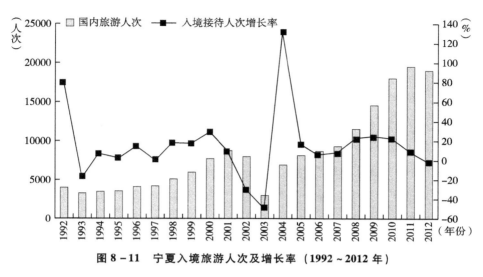

图 8 - 11　宁夏入境旅游人次及增长率（1992~2012 年）

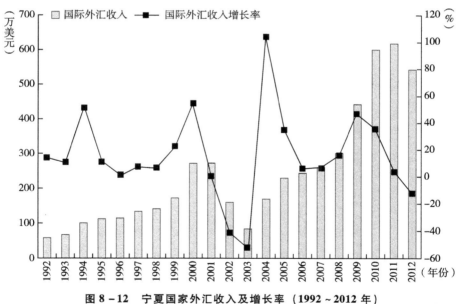

图 8 - 12　宁夏国家外汇收入及增长率（1992~2012 年）

体宣传营销宁夏旅游。

4. 宁夏"向西发展"已成国家战略

2008 年《国务院关于进一步促进宁夏经济社会发展的若干意见》（国发〔2008〕29 号）出台，《中共中央国务院关于深入实施西部大开发战略的若干意见》（中发〔2010〕11号）出台，2012年国务院批准建立宁夏内陆开放型经济试验区和设立银川综合保税区，这些重大政策将宁夏向西发展提升到国家战略高度。而宁夏也通过举办中国（宁夏）国际投资贸易洽谈会、中阿经贸论坛、中国（宁夏）回商大会、国际文化旅游博览会等重大活动，引起伊斯兰国家的广泛参与和高度关注。随着《宁夏回族自治区党委、人民政府关于做强做大文化旅游产业的决定》、《银川综合保税区管理办法》、《银川综合保税区优惠政策》、《宁夏旅游条例》及《进一步加快银川市旅游产业发展的实施意见》等一系列具体政策的出台，宁夏旅游发展和对外合作将迎来新的发展契机。

四　以宁夏试验区推动中阿旅游合作

（一）目标定位

一是以制度创新为突破口，在全国层面，将宁夏建设成为我国内陆地区旅游业改革创新试验区；二是以开放交流为发展重点，在国际层面，将宁夏建设成为中阿旅游合作与经济文化交流中枢；三是以制度创新和开放交流为双轮，驱动宁夏从国内知名旅游目的地转变为世界知名旅游目的地。

（二）发展战略

未来宁夏旅游发展应"以开放促开发"，按照制度创新战略、国际化战略、需求导向战略、可持续发展战略四大战略实现上述目标。

制度创新战略是指要抓住宁夏建设"两区"（即内陆开放型经济试验区和银川综合保税区）的重大机遇，积极探索，先试先行，加快旅游体制机制创新，推动宁夏旅游业全面转型升级，将宁夏建设成为内陆地区旅游发展示范区。

国际化战略是指以国际化的眼光，建立国际化的旅游公共服务体系和面向世界的旅游要素市场，推进宁夏旅游业的发展，充分发挥宁夏回族自治区的资源、地缘、人文优势，发挥宁夏旅游业在中国向西开放中的桥梁纽带作用，深化中国与阿拉伯国家的旅游交流与合作，探寻中国与阿拉伯国家的旅游合作共赢机制，将宁夏建设成为中阿旅游合作与经济文化交流中枢。同时，按照国际旅游服务标准推进旅游要素转型升级，进一步完善旅游基础设施，开发特色旅游产品，规范旅游市场秩序，将"引进来"与"走出去"相结合，将宁夏打造为国家旅游目的地。

需求导向战略是指要以充分了解目标市场需求为前提，针对阿拉伯国家的市场需求开发旅游产品体系，以阿拉伯国家游客的常态消费带动宁夏旅游发展。

可持续发展战略是指在旅游开发中高度重视生态文明和环境保护，将旅游发展对自然环境的负面影响降到最低，并促进生态环境的改善和特色文化的传承与复兴，实现发展与保护的平衡。

（三）国家层面的政策支持

1. 以文化认同带动中阿合作

从国家层面制定系统的文化软实力提升计划，通过各种方式增进中阿两国民间的相互交流，在向阿拉伯国家的民众展示中国传统文化的同时，更侧重于介绍和展示中国改革开放经验、当代中国人的生活和伊斯兰教在中国的发展等更具现代性、更贴近现实的问题。

借鉴中韩旅游年、中俄旅游年等成功经验，举办中阿旅游年，促进中国和阿拉伯国家、中华文明和伊斯兰文明之间的交流。

2. 以入境免签促进阿国游客来华

加快推进入境客源市场较为关注的落地签政策。建议有关部门积极推进和落实对阿拉伯国家（初期可选择部分国家试行）入境游客的落地签证政策，争取开展国际游客在银川落地签证、120 小时口岸签证或 72 小时免签证政策试点。同时简化签证手续，推动对有条件的客源地实施口岸签证，对符合条件的散客实行多次往返签证。

3. 以购物退税促进旅游消费

积极争取国家批准离境退税的优惠政策，和国家相关部委密切配合，通过广泛调研、反复论证、周密设计，研究实行境外旅客购物离境退税的可行性和具体办法，研究制定境外旅客在景区、酒店外币结算的有关措施。建议对符合以下 6 项条件的给予离境退税优惠：在退税定点商店购买退税物品，购物金额达到起退点，并且按规定取得境外旅客购物离境退税申请单等退税凭证；在离境口岸办理离境手续，离境前退税物品尚未启用或消费；离境日距退税物品购买日不超过 90 天；所购退税物品由境外旅客本人随身携运出境；所购退税物品经海关验核并在境外旅客购物离境退税申请单上签章；在指定的退税代理机构办理退税。

4. 财税及投融资政策支持

按照《中西部地区外商投资优势产业目录》，在基础设施建设、生态建设、环境保护、扶贫开发和社会事业等方面安排中央预算专项投资时，进一步贯彻落实宁夏享有西部大开发的优惠政策。针对宁夏经济基础较弱的情况，中央财政应加大对宁夏的均衡性转移支付力度，建议每年对宁夏内陆开放型经济试验区的财政转移支付高于当年全国财政支出一定比例，用于推进地区间基本公共服务均等化。同时在其他一般性转移支付和专项转移支付中，加大对边远贫困地区的支付力度。允许发行地方债券，加大国债资金对宁夏基础设施的倾斜力度，每年定量增发专项国债，用于旅游目的地基础设施建设。此外，在宁夏"两区"以及国际旅游目的地建设的过程中，在一定时期内给予宁夏专项补助。

5. 完善大交通

有关部门积极努力，加开、加密至国内外主要客源城市的航线、航班，尽快开通银川至迪拜、多哈、开罗、吉隆坡、曼谷等国际客运航班，加快实施银川河东机场三期扩建工程，将银川机场建设成为西部地区重要的国际机场。加快高铁、动车、轻轨等建设，构建铁路网。加大国道、省道干线改造力度，快速推进宁夏高速公路建设，积极与关中 – 天水经济区、呼包鄂榆等重点开发区域的公路联网，不断提升主要景区的道路建设等级。

6. 其他相关政策

建议仿照中国－东盟投资合作基金等模式，由国家政策性金融机构牵头，宁夏回族自治区政府配合，联合阿拉伯国家的金融机构，建立中阿文化旅游发展基金，重点投资中国和阿拉伯地区的文化交流活动、文化旅游产业和文化遗产保护等方面的工作。

建议国务院和扶贫办、旅游局、财政部等相关部门给予民族、贫困地区的旅游扶贫开发更大的支持，重点加强交通等基础设施建设和旅游就业培训等工作的投入和指导。

争取建立宁夏与中央部委、东部发达省份的文化旅游合作共建机制，协调旅游发达城市对口支援宁夏欠发达地区文化旅游业的发展。积极推动国家旅游扶贫试验区的选点和建设工作。

积极争取海关、边防和卫生检验检疫等部门对区内中心城市举办的各种国际会议、大型展会、会奖旅游、国际赛事、重大演出等项目在入境签证、通关等方面给予简化手续等支持。

（四）自治区层面的创新努力

1. 旅游管理体制创新

宁夏旅游需要强有力的组织保障。建议成立自治区一级的宁夏文化旅游领导小组，建立旅游、财政、交通、统计、规划、环保、税务、文化、体育、园林、水务、公安、工商等部门相互协调、密切配合、分工合作的管理体制。

2. 重视旅游项目建设，完善穆斯林旅游服务体系

重点建设好沙坡头国际旅游目的地示范区、黄河文化国际旅游休闲体验区、中阿文化旅游产业园等项目；加强国际穆斯林商品城、穆斯林文化博览园、回民商业一条街、回族民俗文化村等回族综合性文化载体建设，形成旅游发展新引擎。

在认真研究穆斯林生活习惯和习俗的基础上，对宁夏旅游吃、住、行、游、购、娱等接待环节进行专业的界定和规范。吃的方面，在餐厅的建筑

环境、设施设备、清真认证、菜品设计、接待礼仪、服务规范等方面提供符合穆斯林游客需求的餐饮接待服务标准。住的方面，要做到在每个房间配备《古兰经》，标明指向麦加的礼拜方向，设置专门的礼拜区域，提供礼拜用具，床和厕所不能朝向麦加的方向，提供礼拜宣礼时刻提醒服务，饭店雇用员工以穆斯林为主，工装衣着符合伊斯兰教的基本要求等。行的方面，完善、规范中英阿文旅游交通标识。游的方面，提供方便穆斯林游客使用的设施设备，旅游产品设计、活动安排和导游讲解内容以尊重穆斯林习俗为基础。购物方面，在旅游商品研发、购物场所硬件设施和接待服务等方面做出符合穆斯林游客需求的规范要求。娱乐方面，建立满足穆斯林游客休闲度假需求的项目，如高档购物场所、大型主题公园、高档医疗保健项目等。

3. 加强海内外营销推广

明确宁夏文化旅游形象和宣传口号，制定宁夏文化旅游推广计划，充分利用传统媒体和新媒体等渠道，以国内发达地区和阿拉伯国家为重点，多语言、多渠道地推广宁夏文化旅游，塑造宁夏中阿文化旅游交流新形象。

科学研究、系统制定宁夏旅游品牌国际营销战略。积极与国家旅游局16个驻外旅游办事处合作，将宁夏旅游纳入国家对外旅游营销总体框架，尤其是在对阿拉伯国家的旅游营销中，重点推出宁夏旅游。利用好世界穆斯林旅行商大会、中国宁夏国际文化艺术旅游博览会、中国宁夏国际自驾车旅游节、六盘山山花旅游文化节等重大旅游节庆活动以及国际友好城市、中阿博览会等平台，加大对阿拉伯国家的促销力度。积极开展与阿拉伯国家在电视、报刊、文化、体育、学术等领域的交流与合作。加快建立与中东阿拉伯国家的国际旅游对话与合作机制，积极邀请阿拉伯国家的官员、旅行社、新闻界的相关人员赴宁夏交流。制作精美的旅游宣传片，通过在阿拉伯国家媒体（电视、广播、互联网）播放、播出、刊载以及通过派出旅游宣传促销团等方式，吸引阿拉伯国家及国内外游客到宁夏来观光旅游。积极向阿拉伯国家宣传推介中阿博览会，诚挚邀请国内外政府机构、知名企业、各类投资商、经济组织、中介服务机构和社会团体参会参展，通过中阿博览会促进商务旅游。鼓励发展一批穆斯林国际旅行社，开展面向穆斯林游客的国际业务。设立专门的对阿旅游服务机构和朝觐委员会，组织宁夏穆斯林赴麦加的朝觐工作。

4. 完善财税金融政策

积极引进大企业、大集团参与文化旅游资源开发，给予税收、融资、土地、贴息等方面的政策优惠。培育旅游上市公司，发行与宁夏文化旅游相关的金融产品；鼓励银行调高文化旅游企业的授信额度。鼓励和支持有条件的地方、企业设立文化旅游产业投资基金和创业投资基金。鼓励中小企业、农户等投资文化旅游经营，并给予工商、税务等方面的便利。在财政预算中安排旅游发展专项资金，并请求中央加大财政转移支付力度，对宁夏文化旅游的发展，特别是对多种形式的文化旅游给予财政扶持。

5. 土地与资源保护政策

探索适应宁夏文化旅游发展和自然生态环境特征的土地政策。适当增加文化旅游用地指标，把文化旅游产业用地纳入城乡规划和土地利用总体规划，优先安排自治区文化旅游产业重点项目用地。文化旅游产业发展中的经营性用地，优先安排招标、拍卖、挂牌出让。支持企事业单位利用存量房产、原划拨土地兴办文化旅游企业。

参照高新技术产业开发区有关用地政策给予优惠，对重大文化旅游项目要确保规划建设用地。对利用存量土地建设的文化旅游项目，优先办理建设用地供地手续。

鼓励农村集体经济组织和承包人利用林权、集体土地承包权，在符合土地利用总体规划和不改变土地用途的前提下，投资入股或租赁开发文化旅游景区。

鼓励支持利用荒山、荒滩、荒漠以及废弃矿山开发文化旅游项目，优化土地资源配置。在保障生态环境、节约利用资源尤其是水资源的前提下，探索利用防沙治沙用地、旧城旧村用地、低丘缓坡荒滩地和农村集体用地开展文化旅游活动和景区景点、配套设施建设。

在投资和绿化工作落实的条件下，对以有偿方式取得旅游景区国有土地使用权，并用于旅游基础设施建设或旅游资源开发的土地，使用出让期限最长为 40 年，期满可申请续期。对投资 1 亿元以上的旅游项目建设取得土地使用权，植被恢复费、配套费等规费可由受益地方政府按适当比例奖励给项目单位，土地出让金按合同约定方式缴纳。非政府单项投资满 10 亿元以上的重大旅游项目，可适当配置房地产用地。

明确文化资源和生态环境的保护机制，加大政府投入，尤其是要在河套平原农业水利建设、北部防风治沙工作、文物保护和发掘利用工作等方面加强研究，加大投入，以恢复塞上江南、大漠水城特色。

6. 重视人才培育

建立阿语人才培养机制，设立阿语人才培养专项资金，加快培养阿语翻译队伍。鼓励宁夏大学、北方民族大学、宁夏民族职业技术学院等院校开办阿语专业。宁夏大学组建阿拉伯语学院，培养高层次的复合型阿语人才（熟悉国际贸易、国际法律等），并主要承担社会所需短期阿语培训任务。鼓励各类民间机构开展阿语培训，使宁夏形成高校和民间力量共同开展阿语办学的多层次办学体系。

开设阿拉伯语导游证的考试和认证，鼓励和支持有条件的人员考取、持有阿拉伯语的导游证上岗。宁夏各个著名旅游景点和旅游景区应该至少有一个会讲阿拉伯语的人员以便面向世界穆斯林客人进行讲解。

加强阿语人才、文化旅游人才的培养，在宁夏大学、宁夏民族职业技术学院等高校建设旅游系和旅游专业，并支持其与阿拉伯国家高校、内地高水平学校开展交流合作。通过加强与区内外院校、机构合作，强化对现有从业人员的培训，培养一批高素质、复合型、实用型的旅游人才。

引进一批策划创意、规划设计、项目运作、科技信息、国际营销、高端管理等方面的专家型人才。

对于自治区旅游业发展急需但短时间内难以培养的紧缺专业人才，建立激励政策，使其享受国家"千人计划"、宁夏"百人计划"等重大人才工程的优惠政策。

完善旅游从业人员服务标准、用工合同和报酬机制，保证现有人才队伍的稳定性。

加强文化旅游人才队伍建设，制定文化旅游人才发展规划，加强高等院校文化旅游学科专业建设，加快建设宁夏艺术学校、旅游学校，逐年扩大区内院校文化旅游专业本科招生规模，着力培养一批具有较高素质的文化旅游专业人才。鼓励国内外享有一定知名度的各类名人参与文化旅游开发和建设。

7. 提升银川的极核作用

提升银川空港的等级和吞吐能力，支持宁夏组建股份制航空公司，把银川河东机场发展成为连接我国与阿拉伯地区的国际航空枢纽港。完善银川和周边主要城市、景区的铁路和公路交通体系。完善银川市的文化交流、展演等设施。建设一批符合穆斯林生活习惯的高档星级酒店、饭店、度假村和旅游接待设施，提升银川作为中心城市的国际化程度。

8. 支持旅游企业发展，鼓励旅游企业"走出去"

加快组建宁夏旅游集团公司，重点培育年收入过亿元的大型文化旅游龙头企业，以龙头企业带动区内旅游业的发展。

促进中小型文化旅游企业向"专、精、特、新"方向发展，实现和旅游龙头企业的互补。特别是要对发展潜力大、增长速度快、带动效益明显的旅游企业给予政策倾斜，推进大型旅行社集团化、中型旅行社专业化、小型旅行社网络化、旅游饭店连锁化、旅游景区集团化。

将旅行社列入政府采购名录和政府公务卡支付体系，允许旅行社参与公务接待及机关企事业单位及社会团体的公务活动，可委托旅行社安排交通、住宿、餐饮、会务等事项，并可凭旅行社发票报销，所发生的费用在差旅费中列支。

制定相关政策，鼓励旅行社招徕国内外游客，尤其是要加大对入境游客的奖励力度，对宁夏旅游企业承接阿拉伯国家和穆斯林地区旅游业务的收入，给予减半征收营业税 10 年、企业所得税"5 免 5 减半"的优惠。

鼓励有条件的旅游企业积极与阿拉伯国家的相关部门接洽，开设旅行社、旅游饭店和其他旅游经营项目。相关旅游主管部门应积极与商务、财政、外汇管理等部门合作，充分依托相关优惠政策，引导和推动宁夏旅游企业进行海外投资。

建立旅游企业对外投资咨询服务体系，为希望进入阿拉伯国家投资或已经"走出去"的旅游企业提供当地投资政策、法律、劳动力市场以及文化背景等方面的信息咨询服务指导。

依据中国游客对阿拉伯国家出境旅游的流量、流向以及消费模式，制定金融、保险、投资等企业"走出去"的重点区域、发展领域与推进速度等，通过兼并收购和申设机构并举方式，推进其全方位、立体化的国际化战略布局。

9. 营造和改善穆斯林文化旅游服务环境

重视城市风貌、城市建筑的文化特色，建成数个标志性的阿拉伯建筑。

针对穆斯林特殊的文化和生活习惯，规范和制定穆斯林文化旅游服务的各项标准规范，推动与阿拉伯国家的标准互认，并引领全国穆斯林文化旅游的食品、用品和服务向标准化、国际化发展。

建设穆斯林从事宗教礼仪活动的专门场所。

开发以"开斋节"、"古尔邦节"和"圣纪节"三大节日为内容的宗教文化游。

借鉴浙江义乌小商品市场的发展模式，树立大市场、大流通理念，建设具有现代物流特性的国际商贸和商品集散地，在形成小商品加工中心、清真食品穆斯林用品加工中心的基础上，推动建设银川国际小商品博览中心、中国宁夏小商品博览中心、中国宁夏穆斯林用品博览中心，打造穆斯林商业街等，吸引国内外及伊斯兰国家的商人到此进行商务、会展、旅游购物等活动。

附表 1　中阿合作论坛历届部长级会议

	时　间	地　点	签署文件
第一届部长级会议	2004 年 9 月 14 日	埃及开罗	《中国－阿拉伯国家合作论坛宣言》《中国－阿拉伯国家合作论坛行动计划》

续表

	时　间	地　点	签署文件
第二届部长级会议	2006 年 5 月 31 日至 6 月 1 日	北京	《会议公报》《中国-阿拉伯国家合作论坛 2006 年至 2008 年行动执行计划》《中华人民共和国政府和阿拉伯国家联盟关于环境保护合作的联合公报》《中阿企业家大会谅解备忘录》
第三届部长级会议	2008 年 5 月 21 日至 5 月 22 日	巴林麦纳麦	《会议公报》《中国-阿拉伯国家合作论坛 2008 年至 2010 年行动计划》
第四届部长级会议	2010 年 5 月 13 日至 5 月 14 日	天津	《天津宣言》《中阿合作论坛第四届部长级会议公报和行动计划》
第五届部长级会议	2012 年 5 月 31 日	突尼斯哈玛迈特	《会议公报》《2012～2014 年行动执行计划》

附表 2　阿拉伯各国对华投资额及企业数

	外商实际投资（万美元）		外资企业数（个）		投资额（万美元）		外资注册资本（万美元）	
年份	2010	2011	2010	2011	2010	2011	2010	2011
约旦	640	631	101	108	6130	6445	4371	4184
巴勒斯坦	6	80	18	19	602	614	390	404
黎巴嫩	249	215	74	89	6171	5620	2959	2696
沙特	48397	2394	81	83	879087	874214	165208	162678
叙利亚	810	89	79	102	7758	6070	5856	4023
伊拉克	212	99	45	70	2223	7874	1508	4331
科威特	47	25	20	20	1333	2175	767	1286
卡塔尔	51	73	6	6	1037	1038	493	494
巴林	105	0	8	11	2308	1316	985	841
阿联酋	11003	7140	342	348	186585	187066	88374	90270
也门	2079	888	92	112	5132	3191	3827	2662
阿曼	5	0	3	4	202	217	170	185
埃及	803	552	89	94	21734	19167	10174	9778
苏丹	0	255	11	14	1145	1164	408	420
利比亚	5	121	22	21	12518	12512	3667	3662
摩洛哥	7	4	10	8	1006	1051	257	562
突尼斯	683	488	11	14	7922	7721	2591	2452
阿尔及利亚	40	29	39	48	5735	6737	4811	5297
毛里塔尼亚	0	0	6	5	12625	12625	4579	4579
吉布提	0	0	4	4	431	431	431	431

	外商实际投资（万美元）		外资企业数（个）		投资额（万美元）		外资注册资本（万美元）	
索马里	0	0	7	10	506	533	440	469
科摩罗	0	0	1	0	197	0	49	0
合　计	65142	13083	1069	1190	1162387	1157781	302315	301704

附表3　中国对阿拉伯国家承包工程营业额

单位：万美元

	2008 年	2009 年	2010 年	2011 年
约旦	13508	33527	11006	25339
巴勒斯坦	—	7409	—	—
黎巴嫩	—	—	3743	1739
沙特	245371	359158	322705	435846
叙利亚	11614	20343	20143	11946
伊拉克	9575	35313	67165	177328
科威特	11307	21018	40754	65926
卡塔尔	41980	42364	104330	112918
巴林	3478	6853	8873	1519
阿联酋	210954	354167	297160	193825
也门	43758	46047	37252	30225
阿曼	16367	27113	45627	58892
埃及	51379	79735	116881	102372
苏丹	262174	207843	233696	273502
利比亚	74118	191251	344930	80423
摩洛哥	28043	51100	59041	38135
突尼斯	5353	5318	14802	9581
阿尔及利亚	420227	587726	494736	405255
毛里塔尼亚	5619	19075	18586	26474
吉布提	1732	6923	2060	3850
索马里	10	19	—	5
科摩罗	476	1008	1977	2410
合计	1457043	2103310	2245467	2057510

第九章　宁夏内陆开放型经济试验区先行先试的财税优惠政策

财税优惠政策是一种国家通过财政收入或者财政支出等手段，对某些特定区域、产业、企业或者家庭给予特殊鼓励和照顾的政策规定，旨在提高其收入水平或者减少其支出负担，以实现某种经济发展或者社会公平的目标。财税优惠政策的制定是和财政本身担负的资源配置职能、收入分配职能、经济稳定职能及经济发展职能密不可分的，正是因为财政具有这四大职能，对财政收支规模和结构的调整将会对社会经济生活各方面产生广泛的影响，财税优惠政策才能发挥鼓励和照顾某类群体的作用。

但是也应该看到，财税优惠政策的综合影响是十分复杂的。它可能会对某类目标群体起到支持的作用，但过度优惠也会削弱它们的竞争力。同时，任何一项财税优惠政策都是对目标群体以外群体的一种歧视，这种歧视有时候是为了全局发展不得不付出的代价，但如果政策措施不当，这种歧视有时候就会变成一种令人难以容忍的不公平。自改革开放以来，财税优惠政策就一直是我国政府赖以实现某种特定目标尤其是经济发展目标的重要政策工具。但是，由于财税优惠政策会对社会经济生活产生许多不利影响，财政优惠政策的制定必须是慎之又慎的。因此，对我国改革开放以来的财税优惠政策特别是区域发展的财税优惠政策进行深入梳理和研究，并在此基础上进行客观公正的评价，对于宁夏内陆开放型经济试验区区域财税优惠政策的正确制定将是非常必要而有益的。

一 财税优惠政策的经济学依据

财税优惠政策是一种政策工具，归根到底它是为实现一定的社会经济目标服务的，离开了这一目标而简单地谈论优惠政策措施的制定，将容易导致一种混乱的结果。正因为如此，在制定财税优惠政策之前，研究各类相关的社会经济理论，并探讨财税优惠政策可能产生的直接或间接的政策效果是非常重要的。这些社会经济理论包括的范畴很广，但主要涉及发展经济学理论、区域经济学理论、经济增长理论、产业经济学理论、宏观经济学理论和福利经济学理论等，正是这些理论的存在，才使得财税优惠政策能够在执行其收入分配职能、经济稳定职能及经济发展职能的过程中获得坚实的理论基础，避免任意性和盲目性。

（一）发展经济学理论与财税优惠政策

1. 二元经济理论与财税优惠政策

英国经济学家刘易斯（A. Lewis）于 1954 年发表了《劳动力无限供给下的经济发展》一书，书中分析了传统农业部门与现代工业部门尤其是制造业部门之间劳动力转移的特殊现象，从而引申出对二元经济结构模型的典型分析。刘易斯于 1979 年因此理论获得了诺贝尔经济学奖，享誉世界。二元经济结构理论较早地揭示了发展中国家并存着农村中以传统生产方式为主的农业部门和城市中以制造业为主的现代化部门，由于发展中国家农业中存在着边际生产率为零的剩余劳动力，因此农业剩余劳动力的非农化转移能够促使二元经济结构逐步消减。此后费景汉和拉尼斯（H. Fei & G. Ranis）修正了刘易斯模型中的假设，在考虑工农业两个部门平衡增长的基础上，完善了农业剩余劳动力转移的二元经济发展思想。

尽管二元经济理论没有明确指出财税优惠政策的作用，但是由于二元经济理论指出经济发展的规律将是传统农业劳动力部门渐次转移至现代工业部门，因此，政府采取适当的政策鼓励现代工业部门的发展将有利于加快这一进程。这主要体现在，政府为了加快现代工业部门的发展，可以采取对供电和供水等基础部门提供财政补贴，以维持较低的生产要素价格，或者采取直接增加财政支出的方式进行大规模的道路交通建设等基础设施建设，降低现代工业部门的物流成本，甚至也可以增加财政支出，加强公共设施建设以吸引人才或提高人才质量，为现代工业部门培育和供给更多的人力资本，促进现代工业部门的发展。这种财税优惠政策主要体现为相对于农业生产部门来说给予现代工业部门的一种优惠，将有利于尽快消除二元经济结构，加快本地区的工业化和现代化进程。

2. 贫困恶性循环理论与财税优惠政策

1953 年，哥伦比亚大学的罗格纳·纳克斯（Ragnar Nurkse）在《不发达国家的资本形成》一书中提出了贫困恶性循环理论。纳克斯在该书中指出，资本匮乏是阻碍发展中国家在最初发展阶段快速发展的关键因素。这是因为，发展中国家的人均收入水平较低，会导致储蓄缺乏和消费不足，即投资的资金供给和产品需求都不足，这就限制了资本形成，使发展中国家长期陷于恶性贫困之中。具体来说，在供给方面，发展中国家由于在起始阶段经济极度不发达，人均收入水平低下，低收入就意味着居民要把大部分收入用于生活消费，用于储蓄的部分却很少，从而导致储蓄能力较弱和储蓄水平很低；较低的储蓄水平引起资本稀缺，从而造成资本形成不足；资本形成不足又会导致生产规模难以扩大，劳动生产率难以提高；低生产率造成低产出，低产出又造成低收入。这样，周而复始，形成了一个"低收入—低储蓄能力—低资本形成—低生产率—低产出—低收入"的恶性循环。而在需求方面，发展中国家经济落后，人均收入水平低下，低收入意味着购买力和消费能力都很低，低购买力导致投资无法充分增长；投资增长乏力又会造成资本形成水平较低；较低的资本形成反过来又会使生产规模难以扩大，生产率难以提高，继而低生产率带来低产出和低收入。这样，也形成了一个"低收入—低购买力—低投资引诱—低资本形成—低生产率—低产出—低收入"的恶性循环。

纳克斯在以上分析的基础上认为，走出这一循环的出路就在于利用国外资本，推动生产率和实际收入的增长，从而打破贫困恶性循环，增加国内储蓄，提高资本形成，然后再创造出更高的人均收入和产品需求，实现投资和消费的良性循环。因此，贫困恶性循环理论给予我们的政策启示是，发展中国家在发展之初，需要采取措施吸引国外资本。这除了要进行一系列经济体制改革和基础设施建设外，最重要的一点就是对国外投资资本给予财税优惠政策，特别是给予企业所得税优惠政策、个人所得税优惠政策，以及进出口的关税优惠政策等，以促进国外资本投资的积极性，充分利用国内剩余劳动力和提高人均收入水平，摆脱贫困恶性循环陷阱。

（二）区域经济学与财税优惠政策

1. "增长极"理论与财税优惠政策

"增长极"概念最初是由法国经济学家弗郎索瓦·佩鲁（Francois Per-roux）提出来的，他认为，如果把发生支配效应的经济空间看作力场，那么位于这个力场中的推进性单元就可以描述为增长极。"增长极"是围绕推进性的主导工业部门而组织的有活力的高度联合的一组产业，它不仅能迅速增长，而且能通过乘数效应推动其他部门的增长。因此，增长并非出现在所有地方，而是以不同强度首先出现在一些增长点或增长极上，这些增长点或增长极通过不同的渠道向外扩散，对整个经济产生不同的最终影响。他借喻了磁场内部运动在磁极最强这一规律，称经济发展的这种区域极化为增长极。

在一个发展比较落后特别是仍然处于传统农业社会的国家，这种"增长极"是不存在的，或者虽然存在但力量比较微弱而难以发挥磁极作用，从而在事实上并不具有"推进性单元"的性质。此时，财税优惠政策就需要发挥应有的作用，政府可以选择具有某些优势条件的潜在"增长极"，通过制定优惠的区域财税政策，使之比国内其他区域甚至比世界上其他国家具有更为优越的财税政策环境，吸引国内资源和国际资源迅速在潜在"增长极"区域集中，逐渐使之发展壮大，最终成为能够带动更大区域或者全国发展的"增长极"。

2. 循环累积因果理论与财税优惠政策

累积因果理论，又叫循环累积因果理论，是由著名经济学家缪尔达尔（Gunnar Myrdal）在 1957 年提出的。循环累积因果论认为，经济发展过程首先是从一些较好的地区开始的，一旦这些区域由于初始发展优势而比其他区域发展更快时，就会通过累积因果过程，不断积累有利因素并继续保持领先发展，导致增长区域和滞后区域之间的发展落差越来越大。市场力量的作用一般趋向于强化而不是弱化区域间的不平衡。不过，等到领先发展地区发展到一定程度，仍然存在着某种效应使其与落后地区的发展落差趋向于缩小。所以，区域经济能否得到协调发展，关键取决于两种效应孰强孰弱，即回流效应和扩散效应的对比状况。回流效应指落后地区的资金、劳动力向发达地区流动，导致落后地区要素不足，发展更慢；扩散效应指发达地区的资金和劳动力向落后地区流动，促进落后地区的发展。在欠发达国家和地区经济发展的起飞阶段，回流效应都要大于扩散效应，这是造成区域经济难以协调发展的重要原因。缪尔达尔等认为，要促进区域经济的协调发展，必须要有政府的有力干预。这一理论对于发展中国家解决地区经济发展差异问题具有重要指导作用。

因此，如果一个国家通过贯彻非均衡发展战略，在政策的支持和回流效应的作用下，已经培育了"增长极"，接下来就应该考虑制定财税优惠政策，发挥"增长极"对落后地区的扩散效应，带动落后地区的发展，逐渐缩小领先发展地区与落后地区的差距。尽管没有财税优惠政策，扩散效应依然会继续发挥其应有的作用，但是扩散效应将会被削弱，效果也将受到很大影响，领先发展地与落后地区的差距将在长期存在，而且最终的差距程度也会明显大于没有财税优惠政策时的差距程度。

3. 区域梯度转移理论与财税优惠政策

区域经济发展梯度转移理论是指一个国家的经济发展客观上存在梯度差异，高梯度地区通过不断创新并不断向外扩散求得发展，中、低梯度地区通过接受扩散或寻找机会跳跃发展并反梯度推移求得发展。梯度转移理论源于弗农（Ruttan Vernon）提出的工业生产的产品生命周期理论，即产品存在着创新、发展、成熟、衰退的不同发展阶段。区域经济学家将这一理论引入区域经济学，便产生了区域经济发展梯度转移理论。梯度转移理论认为，区域经济的发展取决于其产业结构的状况，而产业结构的状况又取决于地区经济部门，特别是其主导产业在工业生命周期中所处的阶段。如果其主导产业部门由处于创新阶段的专业部门所构成，则说明该区域具有发展潜力，因此将该区域列入高梯度区域。该理论认为，创新活动是决定区域发展梯度层次的决定性因素，而创新活动大都发生在高梯度地区。随着时间的推移及生命周期阶段的变化，生产活动逐渐从高梯度地区向低梯度地区转移，而这种梯度转移过程主要是通过多层次的城市系统扩展开来的。与梯度转移理论相类似的是日本学者小岛清提出的雁行模式，雁行形态论在生产按比较优势在国际转移这一问题上，与弗农的产品生命周期学说有相似之处。

梯度推进理论从客观实际出发，以不平衡发展规律为基础，承认区域间不平衡的现实，认为条件好的地方应较快地发展起来，并通过产业和要素从高梯度到低梯度的转移，带动条件差的地方发展。梯度推进理论有较强的适应性。无论是发达地区还是不发达地区，经济发展条件和经济发展水平都具有一定的差异性，特别是不发达地区，经济发展水平和条件往往呈现梯度性，按梯度推进依次发展能取得较好效果。但是，由于某些客观条件的限制，高梯度地区的产业在步入衰退的时候，本国其他区域或许并没有条件充分承接，这些产业有可能转移到国外区域去，从而在一定程度上限制了本国整体经济的发展。因此，此时利用财税优惠政策，可以有力地推动高梯度地区衰退产业向低梯度地区转移，从而通过梯度转移促进本国各区域的发展并缩小发展差距。

（三）产业经济学与财税优惠政策

1. 不平衡增长理论与财税优惠政策

不平衡增长理论是美国经济学家赫希曼（Albert Otto Hirschman）于1958年在《经济发展战略》一书提出的，核心内容包括三大部分，即"引致投资最大化"原理、"联系效应"理论和优先发展"进口替代工业"原则。不平衡增长理论主张发展中国家应有选择地在某些部门进行投资，通过其外部经济效应使其他部门逐步得到发展的经济学说。赫希曼从主要稀缺资源应得到充分利用的认识出发，提出了不平衡增长。赫希曼认为，发展道路是一条"不均衡的链条"，从主导部门通向其他部门。因此，要首先选择具有战略意义的产业部门投资。赫希曼指出，如果是政府投资，则应选择公共部门，特别是基础设施建设，形成良好的发展外部环境；如果是私人资本，则应投入具有带动作用的制造业部门。

尽管不平衡发展理论强调政府对公共部门的直接投资，但是也强调制造业仍然需要鼓励私人资本的进入。因此，不平衡发展理论的实践也需要财税优惠政策的支持，特别是对私人投资具有带动作用的那些制造业部门，应该给予一定的财税优惠政策，促进其优先发展，然后发挥"联系效应"，带动其他关联产业的发展。至于对于那些实行"进口替代"战略的国家，财税优惠政策更加成为受鼓励的进口替代型产业发展的助推器。

2. "幼稚工业说"与财税优惠政策

1841 年，李斯特（Freidrich Liszt）提出了影响深远的"幼稚工业保护论"。李斯特认为，在现代化的第一阶段，后发展国家应采取自由贸易政策，吸收先发展国家的生产力，像西班牙、葡萄牙那样，对先进的国家实行自由贸易，以此为手段，使自己脱离未开化状态；在现代化的第二阶段，后发展的国家在不断向前发展的过程中，应像美、法那样采取保护主义政策，保护本国工业；在现代化的第三阶段，已成为发达国家的强国，应像英国那样，当财富和力量已经达到了最高程度以后，再逐步恢复实行自由贸易原则，在国内外市场进行无所限制的竞争。幼稚工业保护论影响了 19 世纪的德国和美国，影响了 20 世纪的日本，使它们都能在保护主义的樊篱后面成长，强大之后转而推行自由贸易。这一点对今天许多发展中国家来说依然有着积极意义。

根据该理论，落后国家在发展初期，某些产业存在着生产规模小、技术不成熟和生产成本高的问题，该国在这一产业并不具有比较优势。如果能够引入外国资本，并以此带动技术和管理水平的提高，促进市场竞争机制的建立与完善，那么随着生产规模的扩大，产量的增加，技术的成熟与进步，该行业的平均生产成本将趋于下降，从而逐渐获得这一产业的比较优势。然而，由于市场存在失灵的现象，完全依靠市场自身的力量难以实现这一目标。此时，政府就通过财政税收优惠政策，弥补市场调控的缺陷，使投资能够反映某一项目在长期内降低成本的潜力。这样，该理论客观上需要财税优惠政策支持，以扶持幼稚工业最终走向成熟和获得竞争优势。

推而广之，该理论也表明，可以给予政府想要重点发展的某些产业财税优惠政策。因此，财税优惠政策对于产业结构和经济结构的调整具有深远的意义。

二　我国区域财税优惠政策的演变与比较

以上分析表明，无论是发展经济学、区域经济学还是产业经济学，它们相关的经济学理论落之于实践的时候，为了更好更快地实现发展目标，都有必要借助财税优惠政策的支持。事实上，我国在改革开放之初，对不同的经济学理论都有不同程度的实践，可以说，这些经济学理论对于指导我国的改革开放以及产业和区域发展起到了重要的引领作用，也正因为此，财税优惠政策得到最大限度的使用，并且如理论预期的，取得了显著的实践效果。

例如，根据二元经济理论，我国长期采取了优先鼓励工业发展的政策，农业相对工业承担了更重的税收，而工业则得到了大量财政补贴或者享受了税收优惠，工业得到了很大的发展，大量的农业转移人口进入工业就业。而根据贫困恶性循环理论，为了打破低层次的无效率均衡状态，我国在改革开始之处采取了大力鼓励外商直接投资的政策，实行了超国民待遇的外商企业所得税优惠。同时，根据增长极理论，我国先是设立了几个特区，继而在许多地方设立经济技术开发区或高新技术开发区等工业园区，并在这些地方实行优惠的财税政策，促进要素和产业在这些地方快速聚集，形成了全国或者区域的增长极，为以后带动其他地区发展起到了重要的引领作用。当我国经济发展到一定阶段以后，根据循环累积理论和区域梯度转移理论，我国又先后实行了西部大开发战略和东北老工业基地振兴战略，给予西部和东北地区许多税收优惠政策，促进了增长极的扩散效应的发挥和产业的顺利转移，推动了西部和东北地区的社会经济发展。幼稚工业保护理论则为我国加入 WTO 后对汽车工业和农业等产业实施保护提供了依据，并且对于促进新兴战略性产业发展具有重要指导意义，例如我国目前对于许多新兴战略性产业给予较多的财政补贴和税收优惠就具有这方面的作用。由于本部分主要研究宁夏作为一个区域谋求发展的财税优惠政策，这里着重分析我国区域财税优惠政策的发展演变情况。

（一）我国区域规划的演变状况

1. 经济特区

我国有六大经济特区，包括 1980 年建立的深圳、珠海、汕头和厦门经济特区，1988 年建立的海南经济特区以及 2010 年建立的喀什经济特区。

经济特区的作用主要有 5 点：一是扩大本国的对外贸易；二是引进更多的国外资金、技术和管理经验；三是增加就业机会，扩大社会就业；四是加快特定地区经济发展与经济开发的速度，形成新的产业结构和社会经济结构，对全国（地区）经济发展形成吸纳和辐射作用；五是获得更多的土地出售、出让和出租收益。

2. 沿海开放城市

1984 年 5 月，中共中央和国务院决定，进一步开放天津、上海、大连、秦皇岛、烟台、青岛、连云港、南通、宁波、温州、福州、广州、湛江和北海 14 个沿海港口城市。上述城市交通方便，工业基础好，技术水平和管理水平比较高，科研文教事业比较发达，既有开展对外贸易的经验，又有进行对内协作的网络，经济效益较好，是我国经济比较发达的地区。这些城市实行对外开放，能发挥优势，更好利用其他国家和地区的资金、技术、知识和市场，推动老企业的更新改造和新产品、新技术的开发创造，增强产品在国际市场上的竞争能力，促使这些城市从内向型经济向内外结合型经济转变。

3. 沿海（边）经济开放区

1985 年中共中央、国务院批转了座谈会纪要，决定把长江三角洲、珠江三角洲和厦门、漳州、泉州三角地区开辟为沿海经济开放区。批示指出，这三个经济开放区应逐步形成贸－工－农型的生产结构，即按出口贸易的需要发展加工工业，按加工的需要发展农业和其他原材料的生产。

1988 年 3 月，国务院进一步扩大了长江、珠江三角洲和闽南三角洲地区经济开放区的范围，并把辽东半岛、山东半岛、环渤海地区的一些市、县和沿海开放城市的所辖县列为沿海经济开放区。

1992 年，中共中央、国务院又决定对 5 个长江沿岸城市，东北、西南和西北地区的 13 个边境市、县，以及 11 个内陆地区省会（首府）城市，实行沿海开放城市的政策。

4. 经济技术开发区

经济技术开发区是我国最早在沿海开放城市设立的以发展知识密集型和技术密集型工业为主的特定区域，后来在全国范围内设立，实行经济特区的某些较为特殊的优惠政策和措施。从发展模式看，增加区域经济总量是其直接目标，以外来投资拉动为主，产业以制造加工业为主。

1981 年，经国务院批准在沿海开放城市建立经济技术开发区。1984 年 5 月，我国正式决定开放大连等 14 个沿海港口城市，并在此先后建立了 17 个经济技术开发区。1986 年 8 月和 1988 年 8 月，又先后批准将上海市的闵行、虹桥和漕河泾开发区列为经济技术开发区。至 1993 年初，我国已有 13 个开放城市建立了经济技术开发区。

2009 年 12 月，廊坊开发区、扬州开发区升级为国家级开发区。2010 年 3 月，国务院批准 34 家省级经济开发区晋升为国家级经济技术开发区。2010 年又升级一批国家级开发区，12 月新升级的 9 家国家级开发区分别为：临沂经济技术开发区、盐城经济技术开发区、西青经济技术开发区、武清经济技术开发区、许昌经济技术开发区、大同经济技术开发区、长春西新经济技术开发区、萍乡经济技术开发区、宁波石化经济技术开发区。截至2010年底，全国国家级经济技术开发区数量增至116家。截至2011年底，全国国家级开发区数量增至131家。

5. 高新技术开发区

1988年8月，我国国家高新技术产业化发展计划——火炬计划开始实施，创办高新技术产业开发区和高新技术创业服务中心被明确列入火炬计划的重要内容。1991年以来，国务院先后共批准建立了53个国家高新技术产业开发区。2012年，经国务院批准，17家省级高新区升级为国家高新区，国家高新区总数达到105家。

经国务院批准的高新技术产业开发区内的高新技术企业，减按15%的税率征收所得税；新办的高新技术企业自投产年度起，免征所得税两年。

6. 保税港区与综合保税区

保税区具有保税仓储、出口加工、转口贸易三大功能。1990年6月，经中央批准，在上海创办了我国第一保税区——上海外高桥保税区。1992年以来，国务院又陆续批准设立了14个保税区和一个享有保税区优惠政策的经济开发区，即天津港、大连、张家港、深圳沙头角、深圳福田、福州、海口、厦门象屿、广州、青岛、宁波、汕头、深圳盐田港、珠海保税区以及海南洋浦经济开发区。2013年底，全国15个保税区隔离设施已全部经海关总署验收合格，正式投入运营。

保税港区是指经国务院批准，设立在国家对外开放的口岸港区和与之相连的特定区域内，具有口岸、物流、加工等功能的海关特殊监管区域。2005年6月上海洋山保税港区成为我国第一个保税港区，至2010年5月福州保税港区成立，我国共有14个保税港区。

综合保税区和保税港区一样，是我国目前开放层次最高、优惠政策最多、功能最齐全、手续最简化的特殊开放区域，属于内陆保税区。截至2012年9月22日，经国务院批准设立的综合保税区有27家。

7. 西部大开发

西部大开发战略在2000年底开始启动。西部大开发的范围包括12个省市区和 3 个少数民族自治州，面积约占全国的 71.4%。2002 年末，西部人口占全国的 25%，国内生产总值约占全国的 15%，人均国内生产总值仅相当于全国平均水平的 2/3，不到东部地区平均水平的 40%，迫切需要加快改革开放和现代化建设步伐。

8. 东北老工业基地

东北老工业基地振兴战略是 2003 年提出的，涵盖的范围包括黑龙江、吉林和辽宁三省以及还内蒙古自治区东部，即"东四盟"，包括现在的呼伦贝尔市、兴安盟、通辽市和赤峰市。

9. 国家级新区

国家级新区的总体发展目标、定位等由国务院统一进行规划和审批，在辖区内实行更加开放和优惠的特殊政策，相关特殊优惠政策和权限由国务院直接批复。截至 2012 年底，我国共成立了 6 个国家级新区：1992 年 10 月上海浦东新区成立，1994 年 3 月天津滨海新区成立，2010 年 6 月重庆两江新区成立，2011 年 6 月浙江舟山群岛新区成立，2012 年 8 月甘肃兰州新区成立，2012 年 9 月广州南沙新区成立。

10. 国家战略经济区

2008 年以来，我国共批准了 11 个国家级区域经济规划，分别是广西北部湾经济区、珠江三角洲地区、江苏沿海地区、关中 - 天水经济区、辽宁沿海经济带、中国图们江区域、黄河三角洲高效生态经济区、鄱阳湖生态经济区、皖江城市带承接产业转移示范区、长江三角洲地区、山东半岛蓝色经济区，并且国务院对海峡西岸经济区、海南国际旅游岛建设发布了相关指导意见。另外，国务院对中部崛起战略也有相关的指导意见。

11. 全面型和专题型综合改革配套试验区

我国为了推动区域发展或者探索体制创新，还设立了许多试验区，主要有国家（全面的和专题的）综合配套改革试验区、综合改革试验区、专项发展试验区。

国家综合配套改革试验区除了具有经济开发区、经济特区、农村综合改革试验区的内涵，还涉及社会经济生活的方方面面的改革，是一项以全面制度体制建设的方式推进改革的系统过程，也称为"新特区"。2005 年以来，上海浦东新区综合配套改革试点、天津滨海新区综合配套改革试验区、重庆市和成都市（成渝）全国统筹城乡综合配套改革试验区、武汉城市圈和长沙、株洲、湘潭（长株潭）城市群全国资源节约型和环境友好型社会（"两型社会"）建设综合配套改革试验区、深圳综合配套改革试点、沈阳经济区国家新型工业化综合配套改革试验区、山西省国家资源型经济综合配套改革试验区、厦门市深化两岸交流合作综合配套改革试验区、黑龙江省现代农业综合配套改革试验区等试验区陆续获批。其中上海浦东、天津滨海、深圳是全面的综合配套改革试验区，是由国务院直接发文批准的，属于国家新区；其他地区属于专题性的综合配套改革试验区，报国务院同意、经国家发展改革委员会批准，政策支持力度要相对弱一些。

12. 专项型经济试验区

国务院还决定设立两个综合改革试验区（区别于"配套"）：义乌市国际贸易综合改革试点和温州市金融综合改革试验区，以及同意设立广西东兴重点开发开放试验区、云南瑞丽重点开发开放试验区、内蒙古满洲里重点开发开放试验区、宁夏内陆开放型经济试验区、上海自由贸易试验区。这些专项型经济试验区是新时期国家为了进一步推进开发、开放和探索改革之路而设立的经济特区，对于完善我国开放格局、实现地区均衡发展、探索体制改革的经验具有重要意义。

（二）我国财税优惠政策的比较

根据我国区域规划的发展演变情况，我们可以将其大体分为两个阶段：第一个阶段是改革开放后到 2000 年，这是我国实行对外开放和非均衡发展战略、培育经济增长极的阶段；第二个阶段是 2000 年以后至今，这是我国实施梯级转移和均衡发展战略、发挥增长极扩散效应的阶段。这样的两阶段划分法，可以推断出我国不同阶段区域规划的意图。

在第一阶段，经济尚未起飞，资本等生产要素较为缺乏，势必只能选择极小范围的地区给予比较优惠的政策，特别是财税优惠政策，而且，为了更快地推动资本聚集，势必给予外资更优惠甚至是超国民待遇的财税政策。这些地区主要包括经济特区、沿海开放城市、沿海和沿边开放经济区，同时为了便于集中管理，在这些城市或地区建立经济技术开发区、高新技术开发区和保税区。

在第二阶段，东部的发展已经达到了一个相对成熟的水平，土地等资源开始稀缺和变得更为昂贵，承载能力逐步饱和，区域发展差距过大不仅引起人们的不满，也制约了全国总体发展水平的较快提高。因此，为了公平分配区域收入和促进全国范围内的可持续发展，选择了两类不同的区域作为推行优惠政策的地区载体：一类是对较为落后的区域，给予一定的优惠政策，例如西部大开发，虽然也是为了推动全国的发展，但更多的是为了均衡区域发展；另一类是选择基础条件较好的地区给予优惠政策，主要承担产业梯级转移的需要，在均衡区域发展的同时，更多的是要推动全国经济更快更好地发展。在这一个阶段，进入国家区域规划的地区，数量和范围大幅度扩大，享受的优惠政策力度也难以超越第一阶段各地区过去甚至现在享受的优惠政策的力度。

国家给予"综改试验区"与"区域规划"大致同样力度的政策支持，它们已经成为带动地方发展的引擎，与20世纪80年代国家设立的特区、国家级经济技术开发区相比，如今国家给予的区域政策并没有本质上的不同，只是覆盖范围从较小范围的工业园区和城市个体扩展到更多的省区、更大范围的城市群和跨省区域。但是，由于享受优惠政策的区域范围急剧扩大，第二阶段通过国家区域规划享受优惠政策所产生的积极效应大大减弱。而对于那些没有享受到优惠政策的地区而言，已经带有了一定的歧视性质。

下面我们更深入地探讨不同阶段不同地区所享受的财税优惠政策力度的情况，并研究这些优惠政策在理论上和实际上带来的不同的效应。

1. 不同时期财税优惠政策的主要内容

（1）1979～1993年的财税优惠政策

1979年以后，我国陆续制定了一系列吸引外资、促进国有和非国有经济发展的税收优惠政策。按照经济性质不同，对各类企业采取全方位的税收优惠政策。外商投资企业享受税收普惠待遇，个体私营经济及乡镇企业实行低税照顾，国有企业普遍适用以税还贷、税前还贷等优惠方式。优惠政策以所得税、流转税优惠为主，同时涉及其他多个税种。产业税收优惠政策的实施范围除基础设施、加工工业外，还包括鼓励外向型经济发展，推动进出口贸易等。

在此期间，区域税收优惠主要按照"经济特区—经济技术开发区—沿海经济开放区—内地"梯度递减的方式体现。对设立在经济特区的外商投资企业，可以按 15% 的税率缴纳所得税；对设立在经济技术开发区和高新技术产业开发区的生产性外商投资企业，可以按 15% 的税率缴纳所得税；对设立在经济开发区和沿边、沿海、沿江城市的外商投资企业，其中技术、知识密集型项目和能源、交通、港口建设项目可以按 15% 的税率缴纳所得税，生产性企业可以按 24% 的税率缴纳所得税；在上述特殊经济区域以外地区的外商投资企业，除生产性企业或能源、交通等一些特殊行业可以享受"二免三减半"的优惠政策以外，一般适用 33% 的所得税，不过很多地方政府都减免了 3% 的地方所得税。因而，东部沿海地区享受的税收优惠待遇高于其他地区，区域税收优惠政策格局初步形成。

（2）1994 年以来的财税优惠政策

一是对外商投资企业继续实行全面的、分层次的税收优惠政策。1994年以来，我国内外资企业税制趋于统一，内资企业流转税、所得税优惠得到了全面的清理、调整，但对外资全面的、分层次的税收优惠政策继续保持，同时税收优惠向产业倾斜、向中西部倾斜。这种变化主要集中于如下几个方面。首先，统一内外资企业流转税制和所得税。其次，调整进出口税收制度。在进口税收方面，经历了一个"免税—停止免税（但有选择性过渡措施）—与内资企业相同的选择性免税"的演变过程。在出口税收方面，内外商投资企业同时经历了从按"免、抵、退"方法计算退税—降低退税率—逐步提高退税率的过程。三是外商投资企业和外国企业所得税优惠向国家鼓励产业和中西部地区倾斜。这一政策调整发生在 1999 年以后。

二是区域税收优惠政策梯度推进，并与产业税收优惠相结合。例如，在中央做出开发大西北的重大决策后，国家税务总局于 1999 年 12 月 8 日专门下发了《国家税务总局关于实施对设在中西部地区的外商投资企业三年减按 15% 税率征收企业所得税的优惠的通知》，就此项税收优惠政策的地域范围、产业范围、优惠期的计算、审批程序及执行时间等问题进行说明。其中，此项税收优惠政策的产业范围已远远突破《中华人民共和国外商投资企业和我国企业所得税法实施细则》第七十二条所列举的机械制造、电子工业、能源工业等 10 类生产性企业。后来的东北老工业基地振兴规划、国家级新区也突出了区域税收优惠政策与产业税收优惠政策相结合的特征。

2. 当前我国主要区域财税优惠政策的比较

从上述我国财税优惠政策主要内容的发展演变情况可以看出，国家层面能够赋予的财税优惠政策更多地体现在产业差别方面，财税优惠政策的区域差别在缩小。诸如保税区、国家级经济技术开发区或高新技术开发区等，国家层面的主要财税优惠政策的内容基本相差无几，只要一个区域被批准设立了这些开发或发展区，那么很大程度上都能享受到类似的财税优惠政策。不过，也正是由于国家层面更加重视产业发展或改革试验，不同区域由于承担不同的产业功能以及试验功能，财税优惠政策可能存在较大的差别。

（1）深圳前海

前海的财税优惠政策主要体现在以下几个方面：一是对于设在前海的经认定的技术先进型服务企业，按 15% 的优惠税率征收企业所得税；二是企业职工教育培训经费按不超过企业工资总额 8% 的比例在企业所得税税前扣除；三是成立专项资金用于支持前海现代服务业综合试点，专项资金由中央财政现代服务业综合试点资金和深圳市地方配套资金两部分组成，专项资金采用股权投资、财政资助、以奖代补 3 种方式作为扶持标准，按照不超过项目总投资的 20% 给予扶持。

（2）天津滨海新区

天津滨海新区的财税优惠政策主要体现在以下几个方面：一是内外资高新技术企业享受 15% 的所得税率；二是区内企业可在现行规定折旧年限

的基础上，按不高于 40% 的比例缩短折旧年限；三是区内企业受让或投资的无形资产，可在现行规定摊销年限的基础上，按不高于 40% 的比例缩短摊销年限。

（3）两江新区

两江新区的财税优惠政策可以比照浦东新区和滨海新区动态调整。区内所有国家鼓励类的中资企业和外商投资企业到 2020 年按 15% 的税率征收企业所得税；区内高新技术产业领域或战略性新兴产业领域的企业，从获利年度起 3 年内，按有关规定提取的风险补偿金（按当年利润额的 3% ~ 5%）可税前扣除。

（4）东北老工业基地

东北老工业基地的财税优惠政策主要体现在以下几个方面。一是提高计税工资税前扣除标准，东北地区企业的计税工资税前扣除标准提高到每月人均 1200 元。二是在现行规定折旧年限的基础上，按不高于 40% 的比例缩短折旧年限。三是缩短无形资产摊销年限。东北地区工业企业受让或投资的无形资产，可在现行规定摊销年限的基础上，按不高于 40% 的比例缩短摊销年限。四是下岗再就业税收优惠政策。新办的服务型和商贸企业，当年安置下岗失业人员占职工总数 30% 以上的，3 年内免征企业所得税；当年安置下岗失业人员占职工总数不足 30% 的，3 年减征企业所得税。五是支持和发展第三产业税收优惠政策，即对新办的独立核算的咨询企业、信息业、技术服务业，免征企业所得税两年。对新办的独立核算的交通运输业、邮电通信业，第 1 年免所得税，第 2 年减半征收。对新办的独立核算的从事商业、物资业、旅游业、仓储业、居民服务业、饮食业、公用事业、卫生教育文化事业、对外贸易业的企业，免征企业所得税 1 年。六是对生产性外商投资企业，从获利年度起，前两年免税，第 3 年至第 5 年减半征收企业所得税。外商投资企业技术开发费比上年增长 10% 以上的，经税务机关批准，允许再按技术开发费实际发生额的 50% 抵扣当年度应纳税所得额。外商投资企业在投资总额内购买国产设备，其购买国产设备投资的 40% 可从购置设备当年比前一年新增的企业所得税中抵免。七是扩大增值税进项税额抵扣范围优惠政策，即对工业产品年销售额占全部销售额 50% 以上的增值税一般纳税人企业，当年累计应纳税额与上年同期应纳税额进行比较，有增量部分允许抵扣购进的固定资产进项税额，如固定资产进项税额高于同期应纳税额增量，可于下年进行抵扣。

（5）西部大开发

西部大开发的财税优惠政策主要表现在以下几个方面。一是国家鼓励类产业的内资企业和外商投资企业，在 2011～2020 年，减按 15% 的税率征收企业所得税。二是对西部地区 2010 年 12 月 31 日前新办交通、电力、水利、邮政、广播电视企业，上述项目业务收入占企业总收入 70% 以上的，内资企业自取得第一笔收入之日起，第 1 年至第 2 年免征企业所得税，第 3 年至第 5 年减半征收企业所得税；外商投资企业经营期在 10 年以上的，自获利年度起，第 1 年至第 2 年免征企业所得税，第 3 年至第 5 年减半征收企业所得税。三是对西部地区内资鼓励类产业、外商投资鼓励类产业及优势产业的项目在投资总额内进口的自用设备，在政策规定范围内免征关税。

（6）山西省国家资源型经济综合配套改革试验区

山西省印发《山西省国家资源型经济转型综合配套改革试验实施方案（2013～2015 年）》，标志着该省转型综改试验区建设步入全面实施阶段。涉及财政部门的重大事项 4 项：争取环境保护税开征试点；争取有利于资源综合利用和促进循环经济发展的税收优惠政策；争取国家提高对山西的财政转移支付水平及落实东北老工业基地税收政策。

三　宁夏内陆开放型经济试验区的财税收支状况

（一）宁夏财政收支的现状

表 9-1 给出了宁夏回族自治区 2001～2012 年的财政收入总额及其占 GDP 的比重，从财政收入的绝对规模来看，这 12 年来，宁夏的财政收入从 27.57 亿元增长至 263.96 亿元。从全国的角度来说，全国财政收入规模从

2001 年的 16386.04 亿元增长至 2012 年 117253.52 亿元。财政收入的快速增长得益于经济总量的不断扩大，以及税收征管能力的不断提高。在过去 12 年间，与全国的经济增长形势相同，宁夏回族自治区的 GDP 呈现了快速增长的态势。同时，我国实施了多项税制改革，并从税收征管手段、信息化程度等方面做出了重要努力。在以上两个主要因素的作用下，自治区的财政收入实现快速增长。

表 9 - 1　宁夏和全国的财政收入总额及其占 GDP 的比重

年　份	财政收入（亿元）		财政收入增速（%）		财政收入占 GDP 的比重（%）	
	宁　夏	全　国	宁　夏	全　国	宁　夏	全　国
2001	27.57	16386.04	32.41	22.33	8.17	14.94
2002	26.47	18903.64	-4.00	15.36	7.02	15.71
2003	30.03	21715.25	13.45	14.87	6.74	15.99
2004	37.47	26396.47	24.76	21.60	6.98	16.51
2005	47.72	31649.29	27.37	19.90	7.79	17.11
2006	61.36	38760.2	28.57	22.47	8.45	17.92
2007	80.03	51321.78	30.44	32.40	8.71	19.31
2008	95.01	61330.35	18.71	19.50	7.89	19.53
2009	111.58	68518.3	17.44	11.72	8.24	20.10
2010	153.55	83101.51	28.95	21.30	9.09	20.70
2011	219.98	103874.43	26.61	25.00	10.46	21.96
2012	263.96	117253.52	19.99	12.90	11.27	22.59

资料来源：《宁夏统计年鉴》（2012 年）和中经网统计数据库（http://db.cei.gov.cn）。

　　从财政收入增速的角度来看，其趋势反映了财政收入总额的增长趋势，从各年的收入增速来看，宁夏过去 12 年的财政收入增速并不平衡，有些年份增速较高，有些年份增速较低，甚至为负增长（例如 2002 年）。当然，宁夏的财政收入增长的趋势符合全国财政收入增长的一般趋势。

　　从财政收入占 GDP 的比重来看，这个指标代表了宏观税负水平。这 12 年来，宁夏回族自治区的这个指标水平总体呈现不断提高的趋势，但各年的水平变化不一。2001 ~ 2004 年，该指标水平呈现不断下降的趋势。但是

2005 年之后，该指标则呈现不断上升的趋势。还有一个重要特点就是，宁夏回族自治区此项指标水平在过去各年中都低于全国水平，这说明宁夏的宏观税负低于全国平均水平。例如，2001 年宁夏低于全国 6.77 个百分点，而 2012 年宁夏低于全国 11.32 个百分点。究其原因，宁夏的产业结构与全国有所不同，它的特点是以第一产业（农业）为重要支柱产业。而我国的产业结构在升级过程中，东部沿海发达地区的产业结构呈现了高度化的趋势，第二产业不断做强，第三产业比重不断提高。从三次产业的税负来看，在取消农业税之后，农业整个产业的税负呈现不断下降的趋势。因此，宁夏回族自治区的产业结构特点成为其税负水平低于全国平均水平的重要原因。这也是未来宁夏回族自治区产业发展的重要方向，即在全国统一产业规划下，选择一条适合自身情况的产业升级路径。

表 9-2 给出了宁夏回族自治区 2001～2012 年的财政支出总额及其占 GDP 的比重。从财政支出的角度来看，该自治区这 12 年来的支出规模从 93.58 亿元增长至 864.36 亿元。与财政收入的增长趋势类似，宁夏的财政

表 9-2　宁夏和全国的财政支出总额及其占 GDP 的比重

年　份	财政支出（亿元）		财政支出增速（％）		财政支出占 GDP 的比重（％）	
	宁　夏	全　国	宁　夏	全　国	宁　夏	全　国
2001	93.58	18902.58	53.82	18.99	27.73	17.24
2002	114.57	22053.15	22.43	16.67	30.38	18.33
2003	105.78	24649.95	-7.67	11.78	23.75	18.15
2004	123.02	28486.89	16.30	15.60	22.90	17.82
2005	160.25	33930.28	30.27	19.11	26.16	18.35
2006	193.21	40422.73	20.57	19.13	26.62	18.69
2007	241.85	49781.35	25.18	23.20	26.31	18.73
2008	324.61	62592.66	34.22	25.70	26.96	19.93
2009	432.36	76299.93	33.20	21.90	31.95	22.38
2010	557.53	89874.16	28.95	17.80	33.00	22.38
2011	705.91	109247.79	26.61	21.60	33.58	23.09
2012	864.36	125952.97	22.45	15.30	36.92	24.27

资料来源：《宁夏统计年鉴》（2012 年）和中经网统计数据库（http：//db.cei.gov.cn）。

支出增长速度高于全国平均水平。从全国的角度来说，全国财政支出规模从 2001 年的 18902.58 亿元增长至 2012 年 125952.97 亿元。宁夏回族自治区财政支出的快速增长是该区对各项民生事业领域加大投入力度的体现，宁夏紧紧围绕民生领域的突出问题，将国家规定的各项民生投入全部纳入财政支出范围。在此基础上，对国家尚未出台的民生支出政策，实施了一批高于国家标准的民生支出工程。例如，实施义务教育"三免一补"和"中南部地区中小学生营养改善计划"等工程，在全国率先实现农村养老保障全覆盖，率先探索建立"高龄老人基本生活津贴"制度，又进一步实现了城乡统筹养老保险。

从财政支出增速的角度来看，它也是对过去 12 年财政支出规模变化趋势的反映。从各年的财政支出增速来看，宁夏各年的财政支出增速并不平衡，总体呈现下降的趋势，但是大部分年份该地区的财政支出增速高于全国平均增速。从财政支出占 GDP 的比重来看，宁夏回族自治区的各年比重均高于全国平均水平。

（二）宁夏与其他省市区财政收支状况的比较

从宁夏与其他省区市的财政收支状况比较来看（见图 9 – 1），宁夏财政收支有着比较显著的特征。高于宁夏的省市区既有经济发达地区（例如北京、上海、辽宁），也有经济较为落后的地区（例如云南、贵州等）。

当然，影响宏观税负的因素是多方面的。各区域间的经济发展水平是决定宏观税负的重要因素。在经济发展水平较高的地区，经济主体的社会经济联系较为紧密，在这种情况下，政府履行职能的范围越宽，需要地区提供的公共服务水平更高、种类更多，那么就要求地区的财政收入水平较高。另外，由于地区经济发展水平较高，保持较高税负的可能性就会增大；地区产业结构也是决定税负的重要原因，在既定的税制体系下，产业结构的高度化水平以及由低向高的变动趋势，与税源的增长具有高度的相关性；税收制度的设计也会导致各区域之间的宏观税负出现差异。例如，企业所得税的汇总纳税制度，会让总部所在地区的税负提高，即使部分税负所依赖的税基并不是本地区产生的；各区域的税收征管因素，在经济发展状况、税收制度既定的情况下，纳税遵从、税收征管模式等都会对地区宏观税负直接产生影响；另外，其他因素如地下经济的存在，也会导致税负出现地区间的差异。

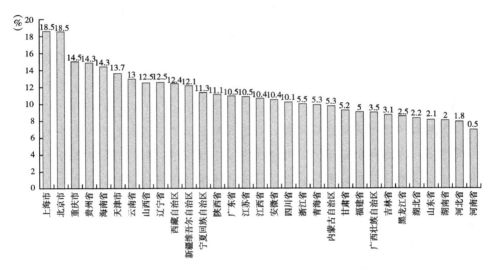

图 9 – 1　2012 年全国各省市区财政收入占 GDP 的比重
资料来源：《宁夏统计年鉴》（2012 年）和中经网统计数据库（http：//db. cei. gov. cn）。

从财政支出占 GDP 的比重来看，2012 年宁夏回族自治区此项指标的水平为 36. 92%（见表 9 – 2），高于图 9 – 2 中的大部分各省区市。而同期广东省、浙江省、上海市、山东省等经济发达地区的此项指标不到 5%。这是体现政府干预度的一个重要指标。不同地区的此项指标的高低体现了地区在发展阶段、政府职能定位以及相关政策发展目标方面的差异性。越是经济发达地区，市场化程度越高，市场主体发育越成熟，政府职能集中于提供公共服务、维护社会公平等方面，对社会资源配置的干预就小。而经济较为落后的地区，经济发展总量较小，市场主体的发展不完全，政府需要充分进入社会资源配置领域，需要长期集中在经济建设领域，例如基础设施建设、农业、水利、能源开发等，财政支出占 GDP 的比重必然高于经济发达地区。

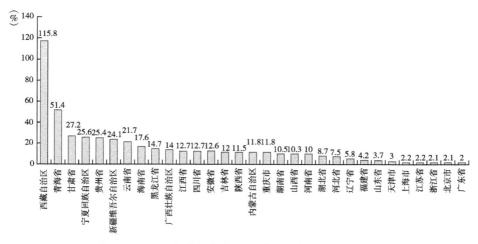

图 9 - 2　2012 年全国各省市区财政支出占 GDP 的比重

资料来源：《宁夏统计年鉴》（2012 年）和中经网统计数据库（http：//db. cei. gov. cn）。

从财政收入增速来看，2001～2012 年，宁夏回族自治区的此项指标为 22.06%（经表 9 - 1 有关数据根据算术平均法计算而得），在图 9 - 3 所提供的省市区中处于中等偏上的水平。其增速高于广东、上海、北京等经济发达地区，而低于重庆、贵州等西部地区。过去 12 年内，为了本地区的经济发展，各地区纷纷拓宽财政收入来源，稳定财政收入。特别是我国各地区（包括宁夏），纷纷搞地区竞争，通过招商引资等方式发展当地的第二、第三产业，这些产业的快速发展进一步引起了财政收入特别是税收收入的快速增长。

从各省市区的财政支出增速来看，2001～2012 年，宁夏回族自治区的此项指标为 25.53%（经表 9 - 2 有关数据根据算术平均法计算而得），高于绝大部分省市区的财政支出增速。宁夏回族自治区各级财政部门把财政支出均衡性管理作为落实积极财政政策的重要方面来抓。由于宁夏地处西部地区，自治区本级所有的自有财力难以满足地方政府的支出需要，而且随着自治区的各项公共服务水平的不断提高，财力缺口非常明显。因此，自治区需要中央对本地区进行转移支付。随着近几年中央对地方转移支付力度的不断加大，宁夏回族自治区获得的中央转移支付成为自治区财政收入的一项重要来源，它支撑了本地区财政支出的快速增长。

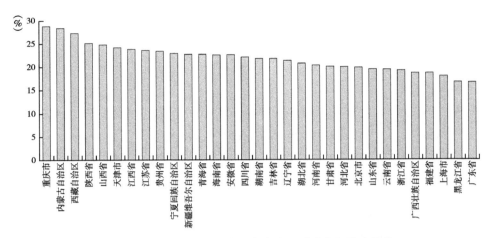

图 9 – 3　2001～2012 年全国各省市区财政收入增速比较

资料来源：《宁夏统计年鉴》（2012 年）和中经网统计数据库（http：//db. cei. gov. cn）。

在诸项支出方向中，宁夏回族自治区坚持优化支出结构的思路，强化财政支出责任，向民生领域倾斜。过去 5 年间，宁夏回族自治区累计完成各项民生支出 2100 亿元，年均增长 28%，民生支出占公共财政支出的比重逐年提升，占同期财政支出的 72.6%。一个区域均衡、城乡统筹、覆盖广泛、运转高效的民生财政普惠网络初步建成。由此可见，宁夏财政支出最快的领域就是保民生，这与我国民生财政的发展思路是相一致的。

（三）　宁夏与其他省市区财政收入结构比较

从税收收入占各地区地方财政收入的比重来看，各个省市区此项指标在 2007～2012 年的比重有着不同的变动趋势。有 8 个省市区此项比重总体呈现上升的趋势，其他均呈现下降的趋势。过去 6 年间，宁夏回族自治区的税收收入占地方财政收入的比重提高了 4.97 个百分点。税收收入占财政收入的比重在一定程度上体现了政府收入体系的规范程度。在我国各省市区的财政收入中，税收收入占绝大部分，但是很多地区的总体趋势呈现下降，这一现象必须引起高度关注。

表 9 – 3　2007～2012 年全国各省市区税收占地方财政收入的比重

单位：%

	2007 年	2008 年	2009 年	2010 年	2011 年	2012 年	6 年变动百分点
西藏自治区	57.92	61.03	61.51	68.98	83.69	80.92	23.00
宁夏回族自治区	73.46	81.83	81.33	82.57	80.52	78.43	4.97
海南省	81.25	83.21	84.85	87.49	86.94	85.68	4.42
青海省	76.33	78.10	79.97	80.69	78.95	78.69	2.36
云南省	77.79	78.56	78.50	80.60	79.37	79.50	1.71
四川省	73.92	70.28	75.49	75.60	75.19	75.46	1.54
内蒙古自治区	70.66	71.38	67.79	70.36	72.66	72.12	1.46
浙江省	93.08	92.69	92.59	94.50	93.69	93.80	0.72
新疆维吾尔自治区	77.19	79.36	77.45	83.15	82.37	76.89	– 0.29
河南省	72.50	73.57	72.95	73.59	73.36	72.03	– 0.47
辽宁省	75.34	75.00	74.41	75.65	74.72	74.62	– 0.72
湖北省	73.51	75.57	75.60	76.93	69.89	72.65	– 0.86
吉林省	74.02	73.58	74.14	72.93	73.43	73.04	– 0.98
江西省	72.30	73.26	73.98	75.20	73.77	71.29	– 1.01
安徽省	73.92	72.86	72.85	75.39	75.73	72.80	– 1.12
北京市	96.18	96.64	94.43	95.65	94.96	94.26	– 1.92
广西壮族自治区	67.49	66.84	67.26	69.16	68.04	65.39	– 2.11
山东省	78.09	78.36	78.25	78.20	75.32	75.14	– 2.95
江苏省	84.67	83.43	82.22	81.19	80.11	81.60	– 3.07
山西省	72.00	75.73	72.21	71.44	71.93	68.93	– 3.08
河北省	78.35	79.03	78.65	80.64	77.60	74.87	– 3.48
上海市	95.23	94.26	93.24	94.23	92.50	91.53	– 3.69
福建省	84.93	84.53	83.45	83.90	83.54	81.09	– 3.83
黑龙江省	76.05	72.67	69.24	73.71	74.37	72.03	– 4.02
陕西省	74.81	77.03	72.46	74.16	62.25	70.69	– 4.11
广东省	86.71	86.54	85.77	84.20	82.48	81.45	– 5.25
湖南省	67.70	67.29	67.04	67.56	60.34	62.33	– 5.38
贵州省	74.30	74.98	74.84	74.11	67.02	67.22	– 7.08
甘肃省	74.41	61.44	61.43	62.30	63.10	66.83	– 7.58
重庆市	66.51	62.38	66.49	65.29	59.20	56.95	– 9.56
天津市	81.11	80.85	74.73	72.66	69.03	62.82	– 18.30

资料来源：《宁夏统计年鉴》（2012 年）和中经网统计数据库（http://db.cei.gov.cn）。

(四) 宁夏财政收支结构比较

从税收收入和非税收入的结构来看,宁夏回族自治区的税收收入比重高于全国平均水平。2007 年和 2011 年,税收收入占全国地方财政收入的比重分别为 73.46% 和 80.52% ,低于全国同期水平 78.22% 和 81.57% 。

从税制结构的特点来看,宁夏的税制结构与全国税制结构较为一致,即税收结构呈现 "流转税为主体" 的基本特征,所得税比重较低,财产税比重微乎其微。2007 年和 2011 年,增值税、营业税两大流转税占全部税收收入的比重分别达到 46.54% 和 47.51% ,高于全国的同期水平。如果将进口环节流转税考虑进来,那么流转税的比重更高。而个人所得税所占比重分别仅为 4.39% 和 3.41% ,房产税所占比重仅为 1.82% 和 1.40% 。如果税收收入的增长仅依赖于增值税、营业税等少数几个税种的支撑,一旦出现经济波动,财政收入的增长就会受到严重影响,也会造成财政收入的不平衡。

表 9 - 4　2007 年和 2011 年宁夏与全国地方财政收入结构比较

单位:%

	宁　夏		全　国	
	2007 年	2011 年	2007 年	2011 年
地方财政决算收入	100	100	100	100
税收收入	73.46	80.52	78.22	81.57
增值税	17.74	11.09	11.40	16.39
营业税	28.80	36.42	25.70	27.03
企业所得税	5.69	10.99	12.84	13.27
个人所得税	4.39	3.41	4.61	5.40
资源税	1.57	1.25	1.13	1.11
城市维护建设税	5.85	5.11	4.97	4.87
房产税	1.82	1.40	2.10	2.44
印花税	1.05	1.21	1.17	1.34
证券交易印花税	0.00	0.00	0.03	0.25

续表

	宁　　夏		全　　国	
	2007 年	2011 年	2007 年	2011 年
城镇土地使用税	2.29	2.67	2.33	1.63
土地增值税	0.60	1.39	3.92	1.71
车船使用和牌照税	0.30	0.72	0.57	0.29
各项税收	0.00	0.00	0.00	0.00
烟叶税	0.01	0.01	0.17	0.20
耕地占用税	0.09	0.30	2.05	0.78
契税	3.26	4.56	5.26	5.11
其他税收收入	0.01	0.00	0.00	0.00
非税收入	26.54	19.48	21.77	18.31
专项收入	13.18	5.25	5.13	4.61
行政事业性收费	6.12	7.52	6.92	6.54
罚没收入	3.29	2.42	2.40	3.44
其他收入	3.96	4.28	7.32	3.71

资料来源：《宁夏统计年鉴》（2012 年）和中经网统计数据库（http：//db. cei. gov. cn）。

从宁夏回族自治区与全国地方的财政支出结构比较结果来看，有以下几个特点。

第一，宁夏回族自治区一般公共服务支出比重低于全国地方平均水平。一般公共服务支出主要用于保障各级机关事业单位正常运转，支持各单位履行职能，保障各机关部门的必要支出。2007 年和 2011 年，宁夏一般公共服务支出占全部财政支出的比重分别为 15.87% 和 7.36%。同期，全国地方财政支出中此项比重分别为 16.57% 和 10.87%。公共安全支出比重则低于全国地方财政支出的平均水平，2007 年和 2011 年，宁夏公共安全支出占全部财政支出的比重分别为 6.09% 和 4.97%。同期，全国地方财政支出中此项比重分别为 7.51% 和 5.68%。这在一定程度上说明了宁夏回族自治区综合治理在社会治安、维护地区和谐稳定方面有着非常显著的效果。

第二，宁夏回族自治区按照稳增长、调结构、促改革、惠民生的财政支出要求，在财政支出结构调整中根据本地区经济社会发展需要，优化支出结构，对一些民生领域重点投入。教育支出比重与全国平均水平相差不大，有些年份略高于全国平均水平。文化体育与传媒支出、环境保护支出、农林水事务支出比重在 2007 年和 2011 年均高于全国平均水平，但是科学技术支出、医疗卫生支出的比重则低于全国平均水平。

具体来说，宁夏回族自治区着重对教育、社会保障、医疗卫生、农业基础设施、生态环境保护、扶贫开发等领域的投入。就教育支出来说，基本建立农村义务教育经费保障机制，实施学前教育 3 年行动计划，实施"营养改善计划"支持特殊教育、民族教育、生态移民区教育、职业教育、远程教育发展，化解高校债务，支持高等教育事业的发展；就社会保障支出来说，构筑了全区城乡一体化的社会保障网络，缓解了就业难、养老难、救助难的民生问题，支持实施保障性安居工程；就医疗卫生来说，全区基本公共卫生服务内容扩展到 10 类 43 项，逐年提高了新农合和城镇居民基本医疗保险财政补助标准，全区城乡基本医疗保险参保率达到 95%；就农业基础设施支出来说，宁夏回族自治区投入大量财政资金用于 17 个县小型农田水利和中部干旱带节水工程建设；就生态环境保护支出来说，宁夏安排大量财政资金支持荒山造林、天然林保护、退耕还林补植补造、治理沙化土地；就扶贫攻坚支出来说，宁夏整合财政资金，重点用于中南部地区生态移民工程建设、旱作基本农田建设和小流域综合治理。

表 9 - 5　2007 年和 2011 年宁夏与全国地方财政支出结构比较

单位：%

	宁　夏		全　国	
	2007 年	2011 年	2007 年	2011 年
地方财政决算支出	100	100	100	100
国防支出	0.13	0.12	0.19	0.21
一般公共服务支出	15.87	7.36	16.57	10.87
外交支出	0.00	0.00	0.00	0.00
公共安全支出	6.09	4.97	7.51	5.68
教育支出	19.56	14.59	17.55	16.71

续表

	宁　　夏		全　　国	
	2007 年	2011 年	2007 年	2011 年
科学技术支出	1.98	1.11	2.24	2.03
文化体育与传媒支出	2.92	1.97	2.01	1.84
社会保障和就业支出	10.54	14.99	13.31	11.44
医疗卫生支出	4.72	5.82	5.10	6.86
环境保护支出	5.13	4.99	2.51	2.77
城乡社区事务支出	7.20	11.55	8.45	8.21
农林水事务支出	11.54	15.89	8.06	10.27
交通运输支出	3.51	5.88	2.96	7.73
车辆购置税支出	0.00	0.00	0.94	2.42
粮油物资储备等事务支出	0.00	0.38	0.00	0.79
地震灾后恢复重建支出	0.00	0.00	0.00	0.19
国债付息支出	0.00	1.02	0.00	0.61
武装警察部队支出	0.00	0.00	0.32	0.32
对外援助支出	0.00	0.00	0.00	0.00
其他支出	10.81	9.34	12.28	11.07

资料来源：《宁夏统计年鉴》（2012 年）和中经网统计数据库（http：//db.cei.gov.cn）。

四　宁夏内陆开放型经济试验区的地位与财税优惠政策

　　宁夏内陆开放型经济试验区是我国内陆地区首个也是唯一一个覆盖整个省级区域的试验区，旨在将宁夏打造成向西开放的"桥头堡"，推动深化我国和阿拉伯国家的经贸交流、投资合作和友好往来。宁夏内陆开放型经济试验区的设立是通过政府干预打破经济欠发达地区贫困循环累积效应的重要战略举措，同时也是推进区域梯度转移的重要发展途径。因此，宁夏内陆开放型经济试验区应该具有比东部发达省份更加优惠的财税优惠政策，这样才能实现国家战略目标。

（一） 宁夏内陆开放型经济试验区与国家级新区的区别

国家级新区的总体发展目标、发展定位等由国务院统一进行规划和审核，相关特殊优惠政策和权限等由国务院直接批复，在辖区内实行更加开放和优惠的特殊政策，鼓励新区进行各项制度改革与创新的探索工作。国家新区有两类，一类是如上海浦东和天津滨海的全面型综合配套改革试验区，一类是如浙江舟山群岛海洋综合开发试验区。国家级新区的"特别"之处在于，其都是由国务院直接发文批准的，独立管理权限较大，层级较高，享受优惠政策广泛，既能享受一般特区享受的政策，又能享受某些专题性的优惠政策，并且优惠政策制定等直接交由国家批复。

宁夏内陆开放型经济试验区是一种在新时期带有一定专项性质的开发开放经济试验区，而且面积较大，更多是为了自身发展和为内陆开放探索经验，不如国家级新区那样要承担部分国家层面的发展功能。从这个角度来讲，宁夏内陆开放型经济试验区在国家区域发展中的地位与国家级新区的地位仍然相差甚远。

（二） 宁夏内陆开放型经济试验区与国家综合经济区的区别

国家级经济区属于综合经济区，它们通常是由国务院直接批准的。经济区属于全国统一的地域经济系统的组成部分，是为因地制宜发展国民经济服务的。每一个经济区都应根据其自然和社会经济条件，扬长避短，发展一个或数个具有全国或区际交换意义的专门化部门以及辅助性部分，使区内国民经济各部门相互依存、相互制约，按一定比例协调发展。

宁夏内陆开放型经济试验区尽管比不上国家级新区的"特"，但也具有体制机制创新和探索解决国家各类局部或专题性问题的摸索实验特性。同时，宁夏作为一个西部省份，事实上也具有国家级综合经济区的性质，从这个意义上来说，宁夏内陆开放型经济试验区的地位又远高于国家级综合经济区。

（三）宁夏内陆开放型经济试验区的地位与财税优惠政策

宁夏内陆开放型经济试验区，是国家实现区域发展再均衡战略的一个重要基点，虽然缺乏国家级新区承担领先发展、辐射带动的功能，但具有填补区域发展洼地、促进区域均衡发展的作用。宁夏内陆开放型经济试验区的这种地位，表明宁夏内陆开放型经济区在一般的财税优惠政策方面，可以享受远超过任何一个国家级综合经济区的财税优惠政策。同时，由于宁夏内陆开放型经济试验区具有特区的性质，具有在内陆开放方面先行先试的优势，因此，在部分领域争取比国家级新区一样甚至更为优惠的财税政策也是有可能的。

五　宁夏内陆开放型经济试验区的功能与财税优惠政策

（一）宁夏内陆开放型经济试验区的功能

试验区主要有 4 项功能：一是国家向西开放的战略高地；二是国家重要的能源化工基地；三是清真食品和穆斯林用品产业集聚区；四是承接产业转移的示范区。

根据功能定位，宁夏回族自治区进一步确立了八大任务。一是举办中阿博览会，搭建我国与阿拉伯国家和穆斯林地区的经济、文化、社会等领域的战略合作平台；二是打造银川滨河新区和阅海湾中央商务区，形成内陆开放型的经济增长极；三是打通对外通道，构建对外开放综合网络体系；四是加快宁东基地建设，建成具有国际先进水平和区域性研发创新能力的国家大型综合能源化工产业集群；五是建设中国（吴忠）清真产业园，打造清真食品、穆斯林用品研发设计、生产加工中心，建成我国重要的清真食品、穆斯林用品集聚区；六是打造国际旅游目的地，建成我国特色旅游业开放发展的示范区；七是建设银川综合保税区，形成引领外向型经济发展的新载体；八是加快贫困地区开放开发，创新贫困地区扶贫脱贫与环境保护相结合的新模式。

宁夏内陆开放型经济试验区的功能和任务，决定了国家鼓励宁夏发展的重点。其中最重要的一点是国家向西开放的战略高地，这要求宁夏在对外开放特别是对阿拉伯世界开放方面要尽快有所突破。再有一点是对产业的功能定位，即能源化工、清真食品和穆斯林用品行业的发展。较低层次的是承接产业转移示范区的定位，这是中西部很多地区都有的一个定位，因此承接产业转移应该有助于增强以上 3 项功能，以提高承接转移示范区的层次和发挥应有的作用。

以上 4 个方面的功能定位，在一定程度上可以承担部分对阿拉伯世界经济贸易甚至文化交流的职能。但从产业发展层面来讲，能源化工产业在带动就业、促进收入增长、建设生态环境方面并不具有突出优势，而清真食品和穆斯林用品等轻工产品可以活跃经济，承担对外贸易往来和文化交流的功能，但对于宁夏经济发展的带动作用也是较弱的。从这些角度来讲，需要将宁夏内陆开放型经济试验区的功能拓展，考虑将打造内陆经济发展战略高地的功能定位囊括进来，并将此作为一个重点任务，避免纯粹强调"内陆开放"，而更多地在"经济试验区"上做文章，真正使宁夏把完成国家功能任务和提高自身发展水平有机结合起来，并相互促进。

（二）宁夏内陆开放型经济试验区的功能与财税优惠政策

为了尽快发挥宁夏内陆开放型经济试验区的功能，国家应给予财税优惠政策。这包括有利于开放特别是向阿拉伯国家开放、有利于能源化工集聚和生态环境治理、有利于清真食品和穆斯林用品产业以及有利于产业转移的相关财税优惠政策。不仅如此，为加强宁夏内陆开放型经济试验区对宁夏整体经济实力的促进作用和打造西部经济战略高地，财税优惠政策也需要在与 4 项功能相关的财税优惠政策的基础上进行扩展和突破，从而以 4 项功能为支撑，真正实现宁夏在保证发展质量和效益的基础上的跨越式发展。

六 当前宁夏内陆经济试验区财税优惠政策存在的不足

尽管国家批复了《宁夏内陆开放型经济试验区发展规划》，但目前还没有给予试验区新的财税优惠政策，只是明确提出"创新体制机制，鼓励先行先试"。因此，宁夏内陆经济试验区一是要积极向中央争取突破性财税优惠政策，二是要在试验区先行先试一批财税政策。为了更好地明确宁夏内陆经济试验区的政策诉求，我们首先来回顾一下试验区现行财税优惠政策的不足。

（一）未形成较之发达地区更有利于吸引投资的财税政策优势

宁夏现行财税优惠政策主要集中于企业所得税方面，但是在内陆经济试验区，由于受到经济基础和发展水平、企业规模、资金和技术等限制，企业盈利水平普遍较低，特别是中小企业亏损面较大，所得税的优惠对大多数试验区的企业来讲难以真正享受到；盈利的企业，在弥补以前年度亏损后享受税收优惠的面也不大。以企业所得税为主体特别是以税率优惠为主的税收优惠政策体系，在一定程度和范围内降低了优惠政策对外来投资的吸引力。

（二）现行财税优惠政策不利于培植地方税源

现行税收减免形式主要为税率、税额式的直接减免，如被认定为高新技术产业的企业，企业所得税执行 15% 的优惠税率，缺少税前扣除、加速折旧等税基式间接优惠，不利于培植税源和普遍提高企业经营能力。

（三）现行财税优惠政策缺乏内陆开放的针对性

当前试验区各地执行的财税优惠政策，既没有体现出建设试验区"先行先试"的特殊性，也缺乏国家对试验区定位的针对性。对于宁夏软硬件基础较为薄弱的贫困地区，现有财税优惠的广度和深度，都远远不足以支持其承载的区域与发展目标，仍需要中央额外、适度、有序地加大财税优惠政策的力度和空间。

（四）地方出台的税收优惠政策不足

实行分税制以来，各地实行的是中央高度集中的税收管理体制，税收立法权都集中在中央。地方不能超越权限制定税收政策或者随意减免税。根据《民族区域自治法》及有关税收实体法律法规，宁夏回族自治区有权减免的仅限于企业所得税地方分享部分，以及全部收入属于地方的房产税、土地使用税的困难性减免，地市级地方税收减免权限很小，范围较窄，力度也偏弱。仅仅以目前国家赋予的自治区的税收优惠政策制定权和税收减免权，难以形成富有吸引力的税收优惠政策"洼地"，不足以支撑内陆经济试验区吸引各类资源集聚。

七　宁夏内陆开放型经济试验区国家层面的财税优惠政策

根据以上分析，为尽快促进内陆经济试验区的发展，形成西部发展战略高地，打造对西部特别是对阿拉伯世界开放的桥头堡，试验区必须紧紧围绕内陆开放和向西开放这两个着力点，紧紧抓住创新体制机制、鼓励先行先试这两个突破点，实行更加具有突破性的财税优惠政策。

（一）宁夏内陆开放型经济试验区的一般性财税优惠政策

降低西部大开发税收优惠政策中国家鼓励类项目要求的企业主营业务收入占总收入的比例，将之从现行的70%降低到50%。放宽固定资产加速折旧的限制条件，按现行规定的折旧年限，允许企业加速折旧，可以缩短最高40%的折旧年限。

对新能源、新材料、先进装备制造业等高新技术产业，减按15%的税率征收企业所得税。

凡列入西部大开发鼓励类产业享受 15% 企业所得税优惠税率的，将主营业务占总收入的 70% 降为 50%，发挥西部大开发税收优惠政策促进吴忠试验区发展的作用。

加大对试验区的一般性转移支付力度，逐步缩小宁夏内陆型经济试验区地方的标准财政收支缺口。

中央支持试验区道路基础设施建设，加大国道和省道改造力度，支持建设银川至西安铁路、包兰铁路银川至兰州复线、太中银铁路银川至定边段复线等项目。研究支持建设银川至北京、新疆及中东部地区的铁路通道。

（二）宁夏内陆开放型经济试验区的特殊财税优惠政策

调整税收优惠政策目录，扩大政策覆盖面。将清真食品、穆斯林用品、羊绒产品深加工、枸杞产业、民族文化产业和慈善产业等自治区特色产业纳入西部大开发鼓励类产业目录，一律享受 15% 的企业所得税，并延长享受优惠的时间至 2030 年。

比照《财政部国家税务总局关于新疆困难地区新办企业所得税优惠政策的通知》有关规定，根据国家鼓励类项目和新疆优势产业项目制定《西部地区鼓励类产业目录（宁夏部分）》，对该目录范围内的新办企业，且主营业务收入占企业收入总额 70% 以上的，从取得第一笔生产经营收入所属纳税年度起，第 1 年至第 5 年免征企业所得税，第 6 年至第 10 年减半征收企业所得税。

对从事中阿贸易服务的企业按照 8% 的税率征收企业所得税；允许中阿贸易中以 CPT（进口国家指定地点交付）和 CIP（运费和保险费到目的地交付）的方式交付关税。

对慈善园区或就业创业园区中与从事慈善事业有关的企业和个人所取得的收入，能够单独核算的，免征营业税、个人所得税、企业所得税。对试验区内的企业，可将捐赠前扣除标准由利润的 12% 提高到 25%。

对前来银川和吴忠观光的游客，采取"离岛免税"政策，免税额度暂定为 1 万元。

扩大民贸民品贴息范围，将清真食品、粮油、羊绒、园枣、农副产品、穆斯林用品加工企业，全部列入民贸贴息范围。

对享受 15% 的企业所得税优惠税率的清真产业，将限制比例降至清真产业作为主营业务收入且收入占总收入 35% 以上。

对清真产业作为主业且主营业务收入占企业收入总额 35% 以上的，从盈利纳税年度起，第 1 年至第 5 年免征企业所得税，第 6 年至第 10 年减半征收企业所得税。

主要由中央财政为主设立贫困地区发展专项资金，支持试验区贫困地区的经济开发和社会保障工作的进展。

对试验区的牛羊肉实行保税政策，允许牛羊屠宰和加工环节在保税工厂进行。

（三）宁夏内陆开放型经济试验区的先行先试财税优惠政策

加快资源税改革试点，扩大从价计征的税目范围。

对设在内陆经济试验区的非限制类产业先行先试 15% 的企业所得税优惠税率。

扩大试验区所得税税前加计扣除的范围，把下岗职工、失业人员、失地农民、退伍军人、生态移民等特殊困难全体界定为税前加计扣除的对象。

加大对现有担保机构的财政投入，由中央、自治区和各市共同出资成立或扩大担保基金，并出台措施引导民间资本参与担保体系建设。

加大中央代发地方债对内陆经济试验区基础设施的支持力度，豁免国债转贷本金余额。

尝试先以税收返还的形式提高试验区企业所得税、个人所得税、增值税的分成比例，将地方分成比例提高到 50% 或者更高。

清理整合行政事业性收费和政府性基金，对试验区内政府性水利基金、残疾人就业保障金和地方教育费一律减免。

批准试验区机关人员适当根据社会收入分配状况提高津贴补贴标准，提高事业单位人员绩效工资，改变机关事业单位人员工薪长期低于社会平均水平的局面。

由内陆经济试验区领导小组制定内陆开放型经济试验区高新技术企业认定标准，同样享受国家高新技术企业财税优惠政策。

对内陆经济试验区企业征收的地方税收，给予减征、免征优惠的，由内陆开放经济试验区领导小组决定。

在中央集中管理、统一税制的前提下，赋予自治区地方一定的税政权，包括一些税目、税率的调整权。

对产地在试验区但二级分支机构在试验区的企业，其企业所得税在总部汇总缴纳的，按照收入来源比例将企业总部缴纳的企业所得税划归试验区分享。

对公益性捐赠税前扣除资格认定、非营利组织免税资格认定和企业研发费用加计扣除资格认定等管理权限，下放到市级主管税务机关。

将试验区的中央企业分支机构变更为独立法人，税收收入按照属地进行管理。

八　宁夏内陆开放型经济试验区地区层面的财税优惠政策

除了国家层面的财税优惠政策外，宁夏内陆开放型经济试验区还应制定强有力的地方性财税优惠政策。一是因为其他经济特区甚至一般性经济区都制定了各式各样的地方财税优惠政策，在地方竞争的压力下，宁夏也不得不制定地方性财税优惠政策；二是为了更好地实现宁夏内陆开放型经济试验区的功能，只有国家层面的财税优惠政策是不足的，地方更熟悉本地产业和经济发展实际，而且财税政策措施组合也可以更加灵活多变，所以应该出台更合理多样的财税优惠政策。

（一）一般性财税优惠政策

以 2013 年为基数，"十二五"期间银川保税区、银川滨河新区和其他各功能区内新增地方财政及建设项目有关的行政事业性收费收入全额用于设立各区发展专项资金，以投资入股、定额补助、对发行企业债券和贷款实行贴息等方式，扶持区内的鼓励类企业的发展。

宁夏回族自治区设立产业投资基金，其中可以争取中央补助一部分，用于引导优先支持银川保税区、银川滨河新区和其他各功能区基础设施建设和重点产业发展。

对创新人才、高端人才、高技能人才、科研领军人才等，其缴纳的工资薪金个人所得税已纳税额超过工资薪金应纳税所得额的 10% 部分，由地方政府给予财政补贴，申请人取得的上述财政补贴免征个人所得税。自治区政府每年在财政预算中安排专项资金 500 万元，为各类高端人才或紧缺人才发放奖励资金或补贴。

对新引进的跨国公司、国内大企业（集团）西北地区总部实现的增加值、营业收入、利润总额、个人所得形成功能区地方财力部分，3 年内给予 100% 补贴，其后两年给予 50% 补贴。对新引进的跨国公司、国内大企业（集团）总部在功能区购买自用办公用房的，按购房价给予 1.5% 的补贴；租赁自用公用房的，3 年内按年租金给予 1.5% 的补贴。

从区外转移至宁夏的企业在各功能区一次性购买 1000 平方米以上（含 1000 平方米）商品房，房产契税的 50% 由各功能区财政补贴。

在宁夏各功能区新办的大企业（集团），自开业之日起，3 年内按实际缴纳的企业所得税地方留成部分，实行先征后返，一年一返，专项用于企业生产经营。

在宁夏各功能区新办的大企业（集团），在开业经营和项目投资中涉及的自来水、煤气和电力增容费 3 年内予以免收，其用量计划控制，申办本市常住户口的，免收城市建设费。

（二）园区发展财税优惠政策

整合宁夏各市地的各类园区，分别以银川综合保税区、银川经济技术开发区、银川高新技术开发区为中心，将其他各类园区分别交由其管理或者建立密切关系，分别成为它们的有机组成部分，分别享受各园区的国家财税优惠政策或地方财税优惠政策。外向性质的园区可以并入银川综合保税区，高新技术企业较多的园区可以并入银川高新技术开发区，一般性工业企业较多的园区可以并入银川经济技术开发区。如有必要，也可以实行这三类园区的灵活联动。一般的功能区也分别享受相应的财税优惠政策。

1. 高新技术开发区的财税优惠政策

对新引进的生物医药、光仪电、集成电路、软件产品、新材料、新能源及高精装备等生产企业，经认定，其实现的增加值、利润综合形成新区地方财力部分3年内给予100%补贴，其后两年给予50%补贴。对新引进的生物医药、集成电路、半导体装备制造等重点生产企业在开发区取得土地使用权建造生产用房的，相应缴纳的土地出让金开发区所得部分给予100%的补贴。对新引进的列为市政重大工程的产业项目，其建设期内固定资产投资贷款的人民币部分，开发区一定给予100个基点的贷款贴息，贴息期最长不超过3年。

对新认定的独立核算研发机构，其实现的增加值、营业收入、利润总额形成开发区地方财力部分，3年内给予100%补贴，其后两年给予50%补贴。新引进的国家级、市级企业技术开发机构，经批准后，酌情给予30万~100万元的一次性资助。对生物医药企业新药开发过程中发生的新药研发费，在取得新药证书后酌情给予20万~100万元的临床研究费用补贴；对其发生的新药申报费用、检测费用给予2万元补贴。对开发区软件生产、系统集成、应用服务等软件产业发生的产品测试、登记、认证等费用，可申请产业资助资金。

对新认定的具有自主知识产权的高新技术成果转化项目，在享受相关政策后，其实现的增加值形成的开发区财力部分，3年内给予100%补贴。对新认定的新产品，其实现的增加值形成开发区财力部分，3年内给予100%补贴。对开发区生产企业引进境外先进专有技术所支付费用形成开发区地方财力部分，给予100%的补贴。对开发区生产企业实施重点项目（产品）技术改造所支付的银行贷款利息，经批准后，按最高不超过一年期基准贷款利率80%的比例给予贴息。

2. 清真产业基地的财税优惠政策

自治区将 5000 万元清真产业扶持资金的 70% 连续两年用于清真产业园区的道路、供排水、供电等基础配套设施建设，30% 用于清真产业投资企业的财政贴息或补贴（包括园区外符合条件的清真产业投资）；两年后将 30% 用于园区的基础设施配套，70% 用于清真产业投资企业的财政贴息或补贴。

对新引进、新办的企业在从事贸易生成增加值、营业收入、利润总额等形成的园区财力部分给予两年 100% 补贴，其后 3 年给予 50% 补贴。

自治区将清真产品生产企业上缴自治区财政的增值税、所得税部分全额返还各市，由各市设立清真产业投资扶持资金，对投资额在亿元以上的清真产业项目，由各市清真产业扶持资金按照固定资产投资 10% 的比例给予财政配套资金补贴。

自治区将进入清真产业园区的企业，给予土地使用税、房产税的减免。

取消清真食品、穆斯林用品以及民族文化产业园建设用地挂牌报批及各项规费。

将清真食品、穆斯林用品、民族文化产业园区基础设施列入中央预算内投资项目计划和自治区预算内投资项目计划，并全额承担基础设施建设费用。

建立清真食品、穆斯林用品和民族文化产业园研发中心及其他公共服务平台，由中央财政和自治区财政对以上所用设备及设施建设给予全额资金支持。

对临时性的大型的有关伊斯兰文化、民族特色或中外民族贸易洽谈、交易会等活动给予相应的经费支持。

3. 滨河新区的财税优惠政策

对展示单位在保税区内举办、主办短期展示实现的营业收入、利润总额形成的新区地方财力部分给予 100% 补贴。对在新区长期从事展示的企业，其实现的营业收入、利润总额形成的新区地方财力部分给予 3 年 100% 补贴，其后两年给予 50% 补贴。对新引进、新办动漫企业，其实现的营业收入、利润额形成新区地方财力部分给予 3 年 100% 补贴，其后两年给予

50％补贴。

对新认定的营销地区总部企业，营业收入、利润总额形成的新的地方增量财力部分给予 3 年 100％补贴，其后两年给予 50％补贴，形成的新区地方存量财力部分给予 5 年 50％补贴；新引进认定的营销地区总部企业，营业收入、利润总额形成新的地方财力部分给予 3 年 100％补贴，其后两年给予 50％补贴。

对新引进的经认定的专业金融信息服务的企业，其实现的相关营业收入、利润总额形成新区地方财力部分，3 年内给予 100％补贴，其后两年给予 50％补贴。对新引进的网络运营服务、增值服务和软件服务企业，其实现的相关营业收入，利润总额形成新区地方财力部分，1 年内给予 100％补贴，其后两年给予 50％补贴。对新引进的自主开发网络游戏软件产品的企业，相关营业收入，利润总额形成新区地方财力部分，3 年内给予 50％补贴。对新引进的风险投资公司（基金）从事信息技术产业化投资实现的营业收入、利润总额形成新区地方财力部分，3 年内给予 50％补贴。

对新引进的大型商贸服务连锁经营企业总部，其实现的营业收入、利润总额形成新区地方财力部分，两年内给予 100％补贴，其后 3 年给予 50％补贴。对新引进的大型商业零售企业，其实现的营业收入、利润总额形成新区地方财力部分，第 1 年给予 100％补贴，其后两年给予 50％补贴。对新引进的国际知名品牌总经销（代理）商，其实现的营业收入、利润总额形成新区地方财力部分，3 年内给予 50％补贴。

对新引进的大型专业会展公司及会展服务公司从事会展服务，业务实现的营业收入、利润总额形成新区地方财力部分，3 年内给予 50％补贴。对连续在新区举办 3 次以上具有国际影响力和规模的品牌展会可给予不超过 20 万元的一次性专项补贴。对新引进的国际、国内知名的大型专业旅游公司，从事旅游服务业务实现的营业收入、利润总额形成新区地方财力部分，3 年内给予 50％补贴。

对新引进的新闻出版类企业，从事新闻出版业务实现的增加值、利润总额形成新区地方财力部分，第 2 年给予 100% 补贴，其后 3 年给予 50% 补贴。对新引进的从事政府扶持的文化经营活动的企业，实现的增加值、营业收入、利润总额形成新区地方财力部分，3 年内给予 50% 补贴。对新引进的大型专业广告公司，从事广告业务实现的营业收入、利润总额形成新区地方财力部分，3 年内给予 50% 补贴。

4. 阅海湾商务区

对新设企业总部给予财税优惠政策。对在阅海湾商务区新设立的企业总部或地区总部，财政给予一次性资金补助。对已注册新增资的，财政给予一次性资金补助。对在阅海湾商务区新设立的总部或地区总部购建或租赁的自用办公用房的，财政给予一次性资金补助，并免交契税。对在阅海湾商务区新设立的总部或地区总部，自开业年度起前 5 年按照营业收入形成阅海湾商务区地方财力部分，3 年内给予 100% 补贴，后 2 年给予 50% 补贴。自获利年度起 5 年内，按其上缴企业所得税数额给予地方留成部分的返还补助。

对新设金融业给予财税优惠政策。对新迁入本市的金融企业总部核心业务部和在本区新设立的金融服务外包机构给予一次性资金补助。对金融企业在本市规划的金融区或金融后台营运基地内，新购建或租赁的自用办公用房给予一次性补助，并免交契税。对在本市新设立的独立核算的金融企业，自开业年度起的 5 年内，按其上缴营业税数额 3 年内给予 100% 补贴，后 2 年给予 50% 补贴。自获利年度起 5 年内，按其上缴企业所得税数额给予地方留成部分的返还补助。对新购建的自用办公房产给予契税和房产税减免优惠。

对新设中介服务业给予财税优惠政策。对在阅海湾商务区新设立的知名律师事务所、会计师事务所、咨询公司、人才中介等机构，购建或租赁自用办公用房给予一次性补助，机构自开业或获利年度起，在一定期限内给予营业税和企业所得税地方留成部分全额补助。对在阅海湾商务区新设立的大型金融租赁企业及具有一定经营规模的货币经纪公司、国际保理公司，以及中小企业金融服务公司和资信管理公司，自开业年度起，在一定期限内给予营业税和企业所得税地方留成部分全额返还补助。对在阅海湾商务区新设立的专业技术培训机构、风险投资公司（基金）从事第三方物流投资或从事高新技术产业化投资的，以及从事专业信息服务的企业，给予一定期限的营业税和企业所得税地方分享部分全额财政补助。

参考文献

［1］《邓小平文选》（第3卷），人民出版社，2008。

［2］《江泽民文选》（第1卷至第3卷），人民出版社，2006。

［3］《阿拉伯国家"向东看"与中阿经贸发展》，载中国国际经济交流中心编著《国际经济分析与展望（2011～2012）》，社会科学文献出版社，2012。

［4］《"8+1"成宁夏内陆开放型经济试验区建设"突破口"》，《宁夏日报》2013年7月26日。

［5］陈沫：《中国与沙特阿拉伯的石油合作》，《西亚非洲》2006年第9期。

［6］陈沫：《中东石油出口和欧佩克市场战略》，载杨光主编《中东非洲发展报告No.8（2004～2005）》，社会科学文献出版社，2005。

［7］曹远征：《世界经济格局下的中国》，《中国民营科技与经济》2005年第9期。

［8］迟春洁、黎永亮：《能源安全影响因素及测度指标体系的初步研究》，《哈尔滨工业大学学报》2004年第4期。

［9］蔡国田、张雷：《中国能源安全研究进展》，《地理科学进展》2005年第6期。

［10］但涛波：《沙特阿拉伯的石油工业及其对外经贸合作》，《石油化工技术经济》，2005年第1期。

［11］丁一凡：《世界能源形势的变化与中国的能源安全》，《社会观察》2005年第3期。

［12］付瑞红：《日本能源安全的国内体制保障与启示》，《国际关系学院学报》2009年第6期。

[13] 郭小哲、段兆芳：《我国能源安全多目标多因素监测预警体系》，《中国国土资源经济》2005 年第 2 期。

[14] 郭秀全：《加快宁夏新能源产业发展的思考》，《中共银川市委党校学报》2012 年第 8 期。

[15] 国家能源领导小组：《国家能源安全战略》，2008。

[16] 姜英梅：《海合会的发展及其与中国的经贸合作》，《国际石油经济》2009 年第 3 期。

[17] 郭筠、刘艳华：《宁夏打造面向阿拉伯国家旅游目的地着力点选择》，《宁夏社会科学》2013 年第 4 期。

[18] 高建良、蔡锦瑜：《能源安全约束下中国低碳经济发展之难点与创新问题探讨》，《湖南财政经济学院学报》2011 年第 2 期。

[19] 韩智勇、魏一鸣、范英：《中国能源强度与经济结构变化特征研究》，《数理统计与管理》2004 年第 11 期。

[20] 韩文科：《国际能源形势变化和中国能源供应安全》，《地缘与能源》2010 年第 2 期。

[21] 金涛：《对宁夏新能源产业发展的思考》，《石油化工应用》2010 年第 11 期。

[22] 雷越、陈建荣：《美国降低石油对外依存度的战略动向》，《国际石化经济》2011 年第 4 期。

[23] 林伯强：《电力消费与中国经济增长：基于生产函数的研究》，《管理世界》2003 年第 11 期。

[24] 林伯强：《结构变化、效率改进与能源需求预测——以中国电力为例》，《经济研究》2003 年第 5 期。

[25] 林伯强：《未来 30 年我们有足够的能源吗》，《南方周末》2008 年 7 月 10 日。

[26] 林伯强、魏巍贤、李丕东：《中国长期煤炭需求：影响与政策选择》，《经济研究》2007 年第 2 期。

[27] 李志廷：《在试验区建设中用好旅游政策——访国务院发展研究中心

研究员刘锋》，《宁夏日报》2013 年 4 月 25 日，第 14 版。

[28] 路正南：《产业结构调整对我国能源消费影响的实证分析》，《数量经济技术经济研究》1999 年第 12 期。

[29] 刘强、姜克隽、胡秀莲：《中国能源安全预警指标框架体系设计》，《中国能源》2007 年第 4 期。

[30] 刘耀彬：《中国城市化与能源消费关系的动态计量分析》，《财经研究》2007 年第 11 期。

[31] 马维野、王志强、黄昌利：《我国能源安全的若干问题及对策思考》，《国际技术经济研究》2001 年第 1 期。

[32] 《宁夏内陆开放型经济试验区规划》，中国·宁夏内陆开放型经济试验区官方网站。

[33] 《宁夏统计年鉴》（2011 年），中国统计出版社，2012。

[34] 宁夏党校区情研究中心课题组：《宁夏清真产业发展现状与对策研究》，《宁夏党校学报》2011 年第 6 期。

[35] 宁夏党校中阿合作战略研究课题组：《发挥宁夏在中阿自贸区建设中的桥头堡作用》，《宁夏日报》2011 年 3 月 30 日。

[36] 倪健民：《国家能源安全报告》，人民出版社，2005。

[37] 邱龙斌、丁阳：《宁夏对外贸易与经济增长的关系》，《国际商贸》2013 年第 5 期。

[38] 钱学文：《中国的能源需求与阿拉伯石油》，《阿拉伯世界》2002 年第 2 期。

[39] 钱学文：《中阿合作与宁夏新能源发展战略》，载王正伟主编《中国－阿拉伯国家经贸论坛理论研讨会论文集》（第 1 辑），宁夏人民出版社，2010。

[40] 尚艳丽：《伊拉克两轮油气招标中国石油成为伊最大外国投资者》，《国际石油经济》2010 年第 1 期。

[41] 尚艳丽、殷冬青：《伊拉克石油工业现状与发展趋势》，《国际石油经济》2010 年第 5 期。

［42］ 沈丽荣：《推进宁夏新能源产业发展的思考》，《中共银川市委党校学报》2011 年第 10 期。

［43］ 史丹、张金隆：《产业结构变动对能源消费的影响》，《经济理论与经济管理》2003 年第 8 期。

［44］ 沈镭、薛静静：《中国能源安全的路径选择与战略框架》，《中国人口·资源与环境》2011 年第 10 期。

［45］ 史丹、杨丹辉：《我国新能源产业国际分工中的地位及提升对策》，《中外能源》2012 年第 8 期。

［46］ 史丹：《全球能源格局变化及对中国能源安全的挑战》，《中外能源》2013 年第 2 期。

［47］ 苏铭、张有生：《能源安全评价研究述评》，《浙江社会科学》2012 年第 4 期。

［48］ 苏飞、张平宇：《中国区域能源安全供给脆弱性分析》，《中国人口·资源与环境》2008 年第 6 期。

［49］ 田春荣：《2009 年中国石油进出口状况分析》，《国际石油经济》2010 年第 3 期。

［50］ 汪巍：《沙特石油出口格局的变化与拓展中沙石油合作的建议》，《中国石油和化工经济分析》2012 年第 4 期。

［51］ 汪巍：《深化中国与沙特阿拉伯石油合作的对策思考》，《经济师》2013 年第 1 期。

［52］ 王正伟：《中阿经贸合作的广阔前景及宁夏的历史责任》，《回族研究》2011 年第 3 期。

［53］ 王猛：《中阿经贸的发展与问题》，《宁夏社会科学》2012 年第 5 期。

［54］ 王峰、喻艳莉：《中国石油安全中的进口多元化战略》，《世纪桥》2005 年第 8 期。

［55］ 温家宝：《深化全面合作，实现共同发展》，《天津日报》2010 年 5 月 14 日。

［56］ 吴绮敏等：《胡锦涛在八国峰会上提出新能源安全观》，《人民日报（海外版）》2006 年 7 月 18 日。

[57] 王林伶：《中阿经贸促旅游合作与宁夏面向阿拉伯地区旅游目的地建设》，《宁夏党校学报》2012年第2期。

[58] 王火根、沈利生：《中国经济增长与能源消费空间面板分析》，《数量经济技术经济研究》2007年第12期。

[59] 王礼茂：《资源安全的影响因素与评估指标》，《自然资源学报》2002年第4期。

[60] 王礼茂：《中国资源安全战略——以石油为例》，《资源科学》2002年第24期。

[61] 徐博、刘芳：《产业结构变动对能源消费的影响》，《辽宁工程技术大学学报》（社会科学版）2004年第2期。

[62] 谢丹：《国内天然气定价方式对LNG进口的影响》，《天然气工业》2009年第5期。

[63] 余建华：《关于中阿能源合作的若干思考》，《阿拉伯世界研究》2010年第6期。

[64] 苑文博、梁一新：《我国外资并购国家经济安全审查初探》，《河北法学》2012年第7期。

[65] 杨柳：《宁夏建设国际旅游目的地思考》，《中国旅游报》2013年10月11日，第11版。

[66] 赵丽霞、魏巍贤：《能源与经济增长模型研究》，《预测》1998年第6期。

[67] 张瑞、丁日佳、尹岚岚：《产业结构变动对我国能源消费影响的Panel data模型》，《产业经济》2007年第1期。

[68] 曾波、苏晓燕：《中国产业结构成长中的能源消费特征》，《能源与环境》2006年第4期。

[69] 张进海主编《国家战略中的宁夏未来——建设和谐富裕新宁夏研究》，宁夏人民出版社，2012。

[70] 张进海主编《宁夏经济蓝皮书2013》，宁夏人民出版社，2013。

[71] 张抗、张艳秋：《沙特阿拉伯石油出口变化及影响分析》，《中外能

源》2011 年第 7 期。

[72] 张抗：《中东石油出口流向变为及对中国的影响》，《世界石油工业》2007 年第 1 期。

[73] 张抗：《中国和世界地缘油气》，地质出版社，2009。

[74] 张立哲、周云亨：《试析中国与沙特阿拉伯的石油合作》，《阿拉伯世界研究》2007 年第 5 期。

[75] 张生玲：《中国的能源安全与评估》，《中国人口·资源与环境》2007 年第 6 期。

[76] 张新安、张迎新：《对当前能源安全态势的若干战略思考》，《地缘与能源》2010 年第 2 期。

[77] 邹艳芬：《基于 CGE 和 EFA 的中国能源使用安全测度》，《资源科学》2008 年第 1 期。

[78] 张文木：《中国能源安全与政策选择》，《世界经济与政治》2003 年第 5 期。

[79] 郑云：《工业化、城市化、市场化与中国的能源消费研究》，《北方经济》2006 年第 10 期。

[80] 周建：《经济转型期中国能源需求的长期均衡及短期波动：1978～2005》，《南开经济研究》2007 年第 3 期。

[81] 赵晓丽：《产业结构变化对我国电力需求的影响》，《华北电力大学学报》（社会科学版）2004 第 4 期。

[82] 张明慧、李永峰：《论我国能源与经济增长关系》，《工业技术经济》2004 年第 4 期。

[83] 《中国-阿拉伯国家合作论坛行动计划》，《阿拉伯世界》2005 年第 4 期。

[84] 《中国-阿拉伯国家合作论坛第四届部长级会议公报》，中阿合作论坛官方网站，2010 年 5 月 14 日。

[85] *BP Statistical Review of World Energy*，London，June，2012.

[86] *BP Statistical Review of World Energy*，London，June，2013.

附录 宁夏内陆开放型经济试验区规划

前　言

大力发展内陆开放型经济，是新时期党中央、国务院积极应对国际政治经济格局深刻变化做出的重大战略部署，是实施全方位对外开放的重大战略举措。为积极推进宁夏内陆开放型经济试验区（以下简称试验区）建设，努力扩大向西开放，不断拓展新的开放领域和空间，加快形成全方位、宽领域、多层次的对外开放格局，根据《中共中央国务院关于深入实施西部大开发战略的若干意见》（中发〔2010〕11 号）、《国务院关于进一步促进宁夏经济社会发展的若干意见》（国发〔2008〕29 号），以及《中华人民共和国国民经济和社会发展第十二个五年规划纲要》、《全国主体功能区规划》和《西部大开发"十二五"规划》，特制定本规划。

本规划范围为宁夏回族自治区全境。规划期为 2012～2020 年。

第一章　开放基础

第一节　主要成就

改革开放特别是西部大开发战略实施以来，在党中央、国务院的亲切关怀和坚强领导下，宁夏回族自治区各族干部群众深入贯彻落实科学发展观，艰苦奋斗，锐意进取，经济社会发展取得了巨大成就。经济实力不断

增强，结构调整取得新突破；基础设施建设取得重大进展，生态环境建设
成效显著；特色优势产业快速发展，自我发展能力明显增强；社会事业取
得长足进步，公共服务体系基本建立；人民生活水平不断提升，各民族团
结进步繁荣发展；对外开放特别是向西开放步伐明显加快，与国内外经济
联系日益紧密，为进一步扩大对外开放加快发展奠定了良好基础。

第二节　开放优势

宁夏是我国最大的回族聚居区，回族与世界其他国家和地区的穆斯林
风俗习惯相近，宗教信仰相同，有较强的民族认同感，民间交往频繁，交
流合作源远流长，形成了深厚的传统友谊。近两年国家在宁夏连续举办的
中国（宁夏）国际投资贸易洽谈会暨中国－阿拉伯国家经贸论坛（中阿经
贸论坛），在我国与阿拉伯国家及世界穆斯林地区的交流合作中发挥着积极
作用。宁夏地处新亚欧大陆桥国内段的重要位置，承东启西，连南接北，
在我国与中东、中亚交通联系中具有区位优势。宁夏资源富集，是国家重
要的煤电化基地和新能源开发示范区；引黄灌溉便利，农业优势突出；旅
游资源特色鲜明，是我国重要旅游目的地，其投资市场、消费市场都在拓
展，为经贸合作提供了广阔的空间。宁夏民族团结，社会稳定，具有发展
内陆开放型经济的良好社会基础。

第三节　机遇挑战

当前和今后一段时期，宁夏处在大有作为的重要战略机遇期。经济全
球化加快推进，国内外经济深刻调整，为宁夏发挥优势，更好地服务全国
发展大局提出了新要求；国家实施全方位开放战略，进一步扩大向西开放，
为推进与阿拉伯国家及世界穆斯林地区的交流合作提供了新契机；国务院
对宁夏经济社会发展进行专门部署，国家实施新一轮西部大开发战略，为
加快宁夏改革开放创造了有利的政策环境；区域发展总体战略深入推进，
呼包银榆、陕甘宁等重点经济区加快发展，为宁夏优化要素配置，建立现
代产业体系，加快经济社会发展带来难得机遇。

同时，宁夏对外开放还面临一些困难和挑战：地处内陆，既不沿边又不靠海；对外开放水平较低，对外贸易和利用外资总量较小；基础设施建设相对滞后，对外运输通道不畅；开放意识不强，外向型人才缺乏；发展环境亟待改善，体制机制创新需要进一步加强。

第四节 重大意义

坚定不移地实施对外开放战略，扩大向西开放，是保持我国经济持续较快平稳增长的重大举措。推进宁夏内陆开放型经济试验区建设，搭建向西开放的平台，全面加强我国同阿拉伯国家及世界穆斯林地区的经贸文化交流与合作，有利于探索内陆地区开发开放的新路径，在空间上形成沿海、沿边和内陆开放互为依托、相辅相成的战略格局；有利于发挥双方互补优势，拓展我国外需市场新空间；有利于充分利用两种资源、两个市场，为保障国家能源安全做出积极贡献；有利于资源型地区转变发展方式，探索可持续发展新模式；有利于促进民族地区跨越发展和民生改善，维护民族团结和社会稳定。

第二章 总体要求

第一节 指导思想

以邓小平理论和"三个代表"重要思想为指导，深入贯彻落实科学发展观，坚持对外开放与深化改革相结合，对内开放与对外开放相结合，重点突破与全面发展相结合，以创新体制机制为引领，以推动资源型地区转变经济发展方式为主线，以夯实对外开放基础为支撑，着力推进对外交流合作，促进互利共赢；着力发挥比较优势，促进产业转型升级；着力加强基础设施建设，提高开放的保障能力；着力提升科技创新能力，增强发展的内生动力；着力统筹城乡发展，提高发展的协调性；着力保障和改善民生，促进民族团结和社会稳定，为发展内陆开放型经济、完善区域开放格局探索新路径。

第二节　战略定位

国家向西开放的战略高地。充分发挥中阿经贸论坛平台作用，创新体制机制，鼓励先行先试，实行灵活的开放政策，积极探索更加务实的合作方式，全面推进对外经贸文化交流合作，构建西部地区更加开放的经贸合作区域。

国家重要的能源化工基地。依托宁东国家级大型煤炭基地、西电东送火电基地、煤化工产业基地，在深化区域能源开发合作、推进宁东—鄂尔多斯—榆林能源化工"金三角"建设的基础上，通过境外投资、易货贸易等多种方式，加强与中东、中亚等地区在石油、天然气、煤炭和新能源等方面的国际合作，建设国家大型综合能源化工生产基地，以及能源化工、新能源开发区域性研发创新平台。

重要的清真食品和穆斯林用品产业集聚区。发挥回族自治区独特优势，制定清真食品和穆斯林用品标准，促进国家标准的形成，促进清真食品和穆斯林用品产业发展，打造我国清真食品和穆斯林用品认证、研发设计、生产加工、展示交易和集散中心，形成我国重要的清真食品和穆斯林用品产业集聚区。

承接产业转移的示范区。依托现有各类产业园区，积极承接产业转移，加强基础设施和产业配套能力建设，充分利用国内国外两种资源、两个市场，进一步优化区域产业分工协作，促进生产要素有序流动和集聚，提高区域产业综合竞争力，建设全国承接产业转移示范区。

第三节　发展目标

——到2015年，体制机制创新取得积极进展，与阿拉伯国家及世界穆斯林地区经贸文化交流合作全面展开，经贸合作取得实质性突破。基础设施支撑能力进一步提高，对外贸易快速增长，发展活力显著增强，生态环境得到有效改善，人民生活质量不断提高。

——到 2020 年，对外开放的体制机制不断完善，与阿拉伯国家及世界穆斯林地区经贸文化合作迈上新台阶，在国家向西开放总体战略中的作用进一步凸显。基础设施支撑能力显著增强，产业结构得到优化提升，转变发展方式取得明显成效，生态环境得到明显改善，与全国同步进入全面小康社会。

第三章　优化区域发展布局

第一节　开发开放核心区

开发开放核心区是指宁夏沿黄经济区，主要包括银川、石嘴山两市和吴忠、中卫两市的部分地区，要逐步发展成为区域经济发展的重要增长极和区域人口集聚区。加快银川区域性中心城市建设，适度扩大城市规模。推进沿黄城市带在规划编制、基础设施建设、市场培育、产业布局、生态环境建设和基本公共服务供给等方面的一体化进程。全面提高综合服务功能，加快建设和完善符合国际化发展需要的综合服务体系，使其能够在面向阿拉伯国家及世界穆斯林地区开放和服务周边资源富集区中发挥重要作用。全面提升综合承载能力，提升人口集聚度，提高建成区人口密度。

第二节　开发开放辐射区

开发开放辐射区是指宁夏中南部地区，要坚持以开发开放促进区域发展，以区域发展带动扶贫开发的方针，创新扶贫开发体制机制，加大扶贫攻坚力度，推动宁夏中南部贫困片区跨越式发展。以市场为导向，以改善民生为目标，核心区和辐射区要广泛开展基础设施、特色农业、生态建设、环境保护、矿产资源开发利用、文化旅游等领域的互动合作和项目对接，实现互利双赢，不断开拓新的经济合作增长点。

第三节　特色农业示范区

特色农业示范区是指宁夏农业主产区，主要包括北部引黄灌区、中部干旱带和南部黄土丘陵区。北部引黄灌区重点发展粮食、枸杞、畜产品、水产品、特色林果、酿酒葡萄等特色优势农业；中部干旱带重点发展滩羊和硒砂瓜、红枣、设施蔬菜等抗旱性强的特色农产品；南部黄土丘陵区重点发展马铃薯、小杂粮、草食畜牧业。面向国际和国内市场，以特色优势农产品精深加工为突破口，促进农业产业化发展，培育具有国际竞争力的龙头企业，打造特色农业品牌，建设优质特色农产品生产，农业产业化经营示范、清真食品生产加工基地，构建西部地区特色农业示范区。

第四节　生态屏障区

生态屏障区是指宁夏限制开发的重点生态功能区和禁止开发区。认真落实《全国主体功能区规划》，加强生态建设和环境保护，构建以六盘山水源涵养和水土流失防治生态屏障、贺兰山防风防沙生态屏障以及中部防沙治沙带和宁夏平原绿洲生态带为骨架的"两屏两带"生态安全战略格局，把抓好防沙治沙工作放在优先位置，加大重点生态区综合治理力度，加强水源保护区、自然保护区等重要生态功能区的保护和建设，提高涵养水源、保持水土、防风固沙和保护生物多样性等功能，构筑西部地区重要的生态安全屏障。

第四章　创新对外开放体制机制

第一节　构建全方位开放格局

探索建立和完善高级别的中阿多边交流协商机制和互动合作机制，促进双方高层交往。鼓励宁夏与阿拉伯国家及世界穆斯林地区搭建双边国际合作平台，建立有利于政府、民间、企业多层次交流合作机制。中国（宁夏）国际投资贸易洽谈会暨中国-阿拉伯国家经贸论坛更名为中阿博览会，不断拓展交流合作的广度和深度。建设中阿商务综合门户网站，为经贸合作交流提供权威的资讯。拓宽渠道，深化与阿拉伯国家及世界穆斯林地区文化交流，促进文化产业合作，创造条件，将宁夏作为中阿合作论坛机制下文化艺术节等活动的举办地。深化区域合作，实现与周边省区联动发展，形成产业合理分工、配套服务共建共享、生态环境协调保护、生产要素合理集聚的区域一体化合作机制。加强东西合作，以现有开发区为载体，有序发展以资源深加工、现代制造业、高新技术产业为主的特色产业园区。

第二节　完善大通关机制

加快完善银川空运口岸、惠农口岸后续监管区基础设施，优化通关作业流程，提高口岸通关效率，提升服务功能和货物吞吐能力。加快地方电子口岸信息平台建设，进一步推动网上报关、电子支付、加工贸易联网监管等信息系统的开发与应用，促进区域内信息资源共享。完善企业信用管理服务体系，实施分类通关，适时开展通关作业无纸化改革试点。支持符合条件的地区按程序申请设立海关特殊监管区域。

第三节　营造承接产业转移体制环境

加快转变政府职能，营造务实高效的政务环境；加强法制建设，营造公平公正的法治环境；加快信用体系建设，营造诚信文明的市场环境。进一步拓宽民营经济准入领域，积极鼓励民间资本按国家有关规定进入传统垄断行业、基础设施、社会事业、金融服务等领域。加强产业园区基础设施建设，提高配套服务能力。建设西部地区承接产业转移基地，重点承接技术成熟、附加值高、产业链长的加工制造产业和劳动密集型产业。支持符合条件的省级开发区升级，以及具备条件的国家级、省级开发区扩区和调整区位，积极推进与东中部省（市）、国内外大型企业集团共建产业园区。

第四节　推进重点领域开放合作

充分利用各种合作平台，加强与阿拉伯国家及世界穆斯林地区经济合作，提高开放水平和层次。积极推进与中亚等地区能源合作，探索建立国际能源长效合作机制，建设国家重要的能源加工转化和战略储备基地。推进实施"走出去"战略，支持试验区企业联合国内大型企业和有关单位到阿拉伯国家及世界穆斯林地区进行油气、矿产等开发和工程承包合作。积极探索与中亚等地区开展能源易货贸易试点，推进新能源领域国际合作。加强科技教育领域合作，扩大与阿拉伯国家及世界穆斯林地区合作办学规模，提升办学层次；逐步扩大互派访问学者、留学生规模，加大政府奖学金支持力度；积极开展与阿拉伯国家及世界穆斯林地区在农业技术、农产品加工、防沙治沙技术等方面的交流合作。实行旅行社直接对接，推进信息交流和市场共享，简化游客出入境手续，加强与阿拉伯国家及世界穆斯林地区的文化旅游合作。推进在银行、保险、证券、期货、股权投资等领域的国际国内合作。支持有关研究机构加强对阿拉伯国家及世界穆斯林地区政治、经济、文化的研究，支持其与国内外机构开展合作，为我国与阿拉伯国家及世界穆斯林地区深化交流合作提供智力支持。

第五章　建立推进特色优势产业开放合作机制

第一节　建立完善产业结构升级引导机制

积极探索加快产业结构调整新办法，着力构建现代产业体系，努力形成有利于传统产业提升与新兴产业加快发展的新机制。集约发展第一产业，大力发展现代农业和特色精品高端农业，推进农业产业化经营，培育壮大龙头企业；优化发展第二产业，大力推进产业结构调整，改造提升传统产业，实现单一煤电产业向多元产业转型，加快发展新材料、食品加工、纺织服装、装备制造、生物医药等产业；全面提升第三产业，加快发展现代服务业，做大做强文化旅游产业。借力多层次资本市场，提升产业竞争力和经济效益。创新资源高效利用模式，支持资源深加工转化项目优先在试验区布局，探索资源节约和持续利用的有效途径，提高资源利用效率。大力发展循环经济，推进园区循环化改造。强化节能降耗工作，落实节能减排目标责任制，完善节能减排统计监测和考核体系，加强节能减排监督管理，严格执行固定资产投资项目节能评估审查和环境影响评价制度。加大淘汰落后产能力度，完善落后产能退出机制，限制和淘汰落后的工艺设备，从源头上抑制高耗能行业过快增长。积极创造有利条件，吸引国内外大型企业总部、生产研发机构落户试验区。

第二节　建立完善能源化工产业优化发展机制

加大煤炭、石油、天然气等领域开放合作力度，支持有条件的能源企业开展国际化经营，采取直接投资、并购、参股等方式，从事资源勘探开发和深加工，努力培育一批具有国际竞争力的大型综合能源集团，实现能源化工产业的国际化发展。积极参与国际能源合作，鼓励有条件有资质的能源企业积极参与国际能源贸易，拓展贸易渠道，优化贸易布局，扩大贸易规模，规避贸易风险，提升国际能源贸易水平。根据全国能源发展规划布局，统筹考虑市场需求及区域环境容量等因素，科学确定煤炭、火电、煤化工产能。积极引进国内外先进技术，高水平建设宁东能源化工基地，重点建设国家重要的煤炭基地、煤化工基地、"西电东送"火电基地。有序推进煤制油、煤制气、煤制烯烃及煤基多联产等项目建设。大力发展高效洁净燃煤发电，加强火电脱硫、脱硝技术和节水技术的推广应用，积极推进外送电通道和智能电网建设。

第三节　建立完善战略性新兴产业加快发展机制

通过完善要素市场、创新项目合作方式、扶持企业改革等措施，形成战略性新兴产业加快发展机制。重点促进新能源、新材料、高端装备制造、生物医药、新一代信息技术等战略性新兴产业加快发展，建设区域战略性新兴产业基地。建设一批大型风电基地，加快发展风机制造及配套产业。推进硅材料—太阳能电池—光伏发电产业链建设，研发高效晶体硅太阳能电池，形成风能、太阳能、光伏产品生产及综合利用示范区。建设钽铌铍钛稀有金属材料研发生产中心和国内重要的镁合金材料、铝合金材料、铍铜材料生产基地，以及碳基材料基地。加快发展数控机床、仪器仪表、煤机装备、汽车装备及零部件、铁路牵引变压器、精密轴承、智能化成套输配电设备等装备制造业。依托宁东基地丙烯等原料优势，大力发展工程塑料、特种橡胶、特种纤维等新型材料。大力发展高附加值生物发酵、生物医药和生物制剂产品。

第四节 建立完善特色优势农业集约发展机制

加强现代农业产业体系建设，优化农业生产布局，发挥宁夏独特的自然资源和气候条件优势，做大做强特色优势农业。以科技创新为手段，优化农业产业结构和农产品品种结构，大力发展农业产业化经营，鼓励龙头企业做大做强，支持农产品精深加工企业发展，形成特色鲜明的农产品加工产业集群。严格保护耕地特别是基本农田，加强高标准基本农田建设，稳定粮食生产。加大对优质特色农产品基地建设的支持力度，建设优质粮食、枸杞、酿酒葡萄、乳制品、清真牛羊肉、马铃薯，水产品、瓜果蔬菜等特色农产品生产基地和加工基地。建设贺兰山东麓百万亩葡萄长廊和加工基地。加强与国内外在现代农业、旱作农业、设施农业、节水灌溉等方面的开发技术交流合作，扩大农产品贸易和投资开发合作，实现优势互补，互利共赢，共同发展。

第五节 建立完善清真食品和穆斯林用品产业联动发展机制

建立完善清真食品、穆斯林用品认证和市场准入制度，在试验区设立清真食品和穆斯林认证、设计、质检中心，推动与阿拉伯国家相互承认认证结果，引领全国清真食品和穆斯林用品向标准化、产业化、集团化、国际化发展。支持产品研发、市场开拓、清真认证、品牌培育和技术改造等，鼓励大型企业发展，培育清真食品和穆斯林用品产业联盟。支持清真食品和穆斯林用品产业园区发展，加大招商引资力度，积极引进国内外知名清真食品和穆斯林用品企业来试验区投资。鼓励有条件的企业、高校和科研院所设立研发中心，研究开发穆斯林生产生活商品，逐步形成清真肉食品、清真乳制品、清真休闲食品和穆斯林生活用品等系列产品。推动清真饮食文化传播，完善清真食品市场，提高清真饮食市场化水平。办好清真食品穆斯林用品国际展销会，建设清真食品和穆斯林用品综合交易中心。

第六节 建立完善现代服务业协调发展机制

加快推进服务领域各项改革，创新机制，拓展领域，发展新业态，培育新热点，推进服务业规模化、品牌化、网络化经营。加强物流服务体系建设，大幅提升物流规模和运行效率。依托新亚欧大陆桥，密切与环渤海经济圈的联系，将试验区建设成为连接中东、中亚地区和我国东中部地区的区域性物流中心和新亚欧大陆桥重要的物流中转基地。加快引进一批国内外知名物流企业，支持现有企业信息化改造。支持阿拉伯国家及世界穆斯林地区的企业和机构在试验区设立商会等商务服务机构。加快国际穆斯林商贸城建设，培育形成国际穆斯林商品展示交易中心。鼓励国内外金融机构在试验区设立分支机构，鼓励和支持民间资本参与地方金融改革，鼓励外资金融机构依法设立中小型银行、村镇银行等。支持符合条件的企业积极利用多层次资本市场进行直接融资，拓宽融资渠道。发展壮大担保公司，完善金融服务和融资担保体系。进一步优化金融生态环境，更好地发挥金融对开放的支持保障作用。

第七节 建立完善文化旅游业融合发展机制

加强中阿文化旅游合作，充分利用宁夏自然、历史和文化资源优势，加强风景名胜区建设和管理，保护珍贵的自然、文化遗产，积极探索文化旅游融合发展新路径，做大做强文化旅游产业。引进大企业、大集团参与文化旅游资源开发，完善旅游景区景点基础设施，建设一批星级酒店，进一步提升旅游服务水平。加大宣传营销力度，巩固扩大国内市场，大力开拓海外市场。积极打造黄河文化游、大漠湖泊湿地生态游、水洞沟史前文化游、西夏王陵历史探秘游、回乡民族风情游、六盘山红军长征景区游等精品旅游线路，重点建设水洞沟藏兵洞、回乡文化园、穆斯林城、华夏河图园等旅游景区，打造特色鲜明的国际旅游目的地。

第六章　提高对外开放支撑保障能力

第一节　完善综合交通运输体系

创新基础设施投融资体制，放宽市场准入标准，鼓励和引导民间资本进入铁路、公路、市政等领域。重点建设银川至西安铁路、包兰铁路银川至兰州复线、宝中铁路复线、太中银铁路中卫至定边段和银川至定边段复线，规划研究银川至北京、新疆及中东部地区新建铁路通道，强化宁夏与周边地区经济联系和人员交往。进一步完善公路交通网络，加大国省干线改造力度，尽快打通省际"断头路"。加快实施银川河东机场三期扩建工程，提升中卫、固原支线机场服务功能，推进石嘴山通勤机场建设。支持宁夏回族自治区成立货运航空公司，并开通银川始发的国际货运航线。支持开通银川至迪拜、多哈、开罗、吉隆坡等一批国际客运航班，将银川机场建设成为西部地区重要的国际机场。

第二节　加强水利基础设施建设

根据"以供定需"的原则，按照"北部节水、中部调水、南部开源节流"的分区治水思路，形成科学配置、城乡统筹的水资源调配体系。北部引黄灌区以节水为重点，进一步完善防洪和灌排工程体系，建设节水型灌区；中部干旱带以调水、节水和雨水集蓄为重点，加强灌区泵站节水改造，大力发展高效节水灌溉，实现黄河水、当地雨洪水资源的优化配置；南部山区以水资源开发保护为重点，着力解决好城乡饮水安全问题，加快库坝窖池联调工程体系和库井灌区节水改造工程建设，实现资源有效利用。抓紧兴建一批事关长远的重点水利工程，积极推进病险水库除险加固项目建设，全面消除工程安全隐患。进一步加强黄河宁夏段治理，加快实施清水河、苦水河流域综合治理工程。继续做好黄河黑山峡河段开发及大柳树水利枢纽工程建设的前期工作。深化水资源管理体制改革，落实最严格水资源管理制度，加强总量控制和定额管理，建立初始水权制度，完善水市场交易和水价形成机制，提高节水型社会示范效益。

第三节　加强生态建设和环境保护

突出抓好防沙治沙工作，重点加强毛乌素沙地、腾格里沙漠东南缘沙化土地综合治理和贺兰山东麓防风防沙生态屏障建设，推动全国防沙治沙综合示范区建设取得新的进展。继续实施退耕还林、退牧还草、天然林保护、三北防护林等重点生态工程。加快实施小流域综合治理、坡耕地综合整治、淤地坝建设等水土保持生态工程。强化河流、湖泊湿地管理与保护。加强草原生态保护，巩固禁牧封育成果。进一步加强自然保护区和水产种质资源保护区建设和管理，保护生物多样性，控制人为因素对自然生态干扰。加强城市、重点镇绿化美化，营造良好的人居环境。加快实施农村环境连片综合整治，改善农村环境质量，创建生态文明村镇、社区。建立完善生态补偿机制，支持六盘山生态补偿示范区建设。深化生态环保国际合作，引导国内外资金投向生态环保项目。加大水污染防治、城市垃圾综合处理和大气污染综合治理力度，提高大宗固体废物综合利用水平，加强危险废物规范化管理。积极推进排污权有偿使用和交易试点。

第四节　提高信息化水平

加快下一代信息基础设施建设，推动电信网、广播电视网、互联网"三网"融合发展。利用物联网和云计算等新一代信息技术，大力加强自治区信息中心平台、行业（专业）信息平台、市（县）区域信息平台建设，推动互联互通、信息共享和业务协同进程，推进电子政务、工业化和信息化融合、社会民生信息化、无线智慧城市等领域的发展。

第五节　宁夏沿黄城市带建设

加强以银川、吴忠为核心，石嘴山、中卫为两翼的沿黄城市带规划建设，加快推进沿黄城市一体化发展，充分发挥其辐射带动作用。依托中阿博览会、中国回商大会等重要交流平台，重点建设银川中央商务区、综合保税区、石嘴山陆港经济区、中卫综合物流园区、永宁文化旅游及健康休闲产业园区，规划建设好国际健康城。以宁东能源化工基地、银川经济技术开发区、银川高新技术产业园、石嘴山经济技术开发区、石嘴山高新技术产业开发区、生态纺织园、太阳山开发区为依托，推动各类产业向园区集中。主动承接国内外产业转移，重点推进能源化工、装备制造、新材料、新能源、生态纺织、清真食品、穆斯林用品等特色优势产业和战略性新兴产业集群化发展，打造西部地区重要产业集聚区。深化户籍制度改革，将符合条件的农业转移人口逐步转为城镇居民，创新符合城市带发展需求的人口服务管理制度。加快城市道路、供水、排水与污水处理、供气、园林绿化、环卫和防灾减灾等基础设施建设，开展农村集中居住区环境综合治理。建立健全城市公共安全保障体系。

第六节　加快科技创新体系建设

加强区域创新体系建设，提高自主创新能力，构建以市场为导向、企业为主体、产学研相结合的科技创新体系，着力促进科技与经济社会发展紧密结合。支持行业骨干企业建立研发中心，支持中小企业开展技术创新活动，加强知识产权创造和保护，引导各种科技创新要素向企业聚集，使企业真正成为技术创新、研发投入、科研组织、成果转化的主体。加大科技攻关力度，重点突破一批产业发展亟须的共性技术和关键技术，提升产业发展核心竞争力。深化科技体制改革，增强协同创新能力。加快高新技术产业园区及各类科技园区建设，着力增强园区自主创新及示范带动能力，提升园区的对外科技合作水平。

第七节　吸引培养国际化人才

加强教育、人才等领域合作，密切技术和管理人员往来，为对外开放提供智力支持。适应向西开放的要求，加强阿语人才的培养，抓好宁夏大学阿拉伯学院、宁夏民族职业技术学院和同心阿语学校等建设，支持民办阿语教育机构发展，将试验区建设成为阿语人才重要培训基地。支持宁夏与阿拉伯国家开展教育交流合作，支持国内外高校在试验区与宁夏高校开展合作办学，支持试验区高校增设涉外专业并扩大招生规模。强化科技人才队伍建设，引进培养一批创新领军人才。加强职业教育能力建设，大力培养高端技能型人才。加强宁夏防沙治沙职业技术学院建设，为国内外培养防沙治沙专业人才。加强与阿拉伯国家在临床医疗教学科研、传统医药、食品药品检验检测和文化旅游等方面的交流与合作。依托区级重点医院，把银川建成面向阿拉伯国家及世界穆斯林地区的国际医疗和技术人才交流中心。创新人才工作体制机制，制定人才向试验区流动的优惠政策。支持试验区依托国家"千人计划"、宁夏"百人计划"等重大人才工程，从国内外引进经贸、金融、法律、文化、语言等高端人才和紧缺人才。支持院士工作站、专家服务基地建设，支持鼓励留学回国人员到试验区创新创业。

第七章　构建和谐稳定社会环境

第一节　加快连片特困地区发展

坚持开发式扶贫方针，创新扶贫开发机制，着力改善贫困地区生产生活条件，切实增强扶贫对象自我发展能力。实施六盘山集中连片特殊困难地区扶贫开发攻坚规划，做好扶贫开发工作重点县、贫困村和扶贫对象整体脱贫工作。切实落实支持宁夏经济社会发展的各项政策，加大向困难地区倾斜力度，从根本上解决中南部集中连片贫困问题。发挥沿黄经济区对中南部地区的辐射带动作用，促进区域协调发展。支持中南部地区加快发展，把特色优势产业发展作为脱贫致富的重要途径，重点发展电解铝、盐化工、农产品加工、文化旅游等特色产业，规划建设固原煤电铝一体化产业基地和盐化工循环经济产业基地。引进国内外慈善机构和投资企业，办好一批福利企业园区。大力发展劳务经济，推动农村富余劳动力转移，增加农民收入。开展就业援助，开发公益性就业岗位。与阿拉伯国家建立合作机制，有序开展劳务合作，拓展国际劳务市场。大力实施百万贫困人口扶贫攻坚战略，做好生态移民异地搬迁工作，推动贫困地区尽快脱贫致富。深化闽宁东西扶贫协作，完善对口帮扶的制度和措施，实施一批对口帮扶项目。探索实施中央和国家机关及企事业单位等定点扶贫和对口支援。积极与阿拉伯国家开展扶贫开发合作。

第二节　做好民族宗教工作

宁夏回族自治区是我国最大的回族聚居地，是信仰伊斯兰教群众比较集中的地区，做好民族宗教工作十分重要。全面贯彻党的民族政策，坚持和完善民族区域自治制度，牢牢把握各民族共同团结奋斗、共同繁荣发展的主题，巩固和发展平等团结互助和谐的社会主义民族关系。扎实推进民族团结进步事业，广泛开展民族团结进步宣传教育活动，使各族干部群众牢固树立"三个离不开"思想，使回汉各族一家亲的民族关系进一步巩固和发展。全面贯彻党的宗教工作基本方针，认真落实宗教事务管理条例，积极引导宗教与社会主义社会相适应，加大培养宗教界爱国人士工作力度，发挥宗教界人士和信教群众在促进经济社会发展中的积极作用。依法管理宗教事务和宗教场所，推进"和谐寺观教堂"建设。加强对朝觐事务的管理。加强统战、民族、宗教工作能力建设。

第三节　全力维护社会稳定

创新社会管理体制机制，健全社会管理格局，加强基层基础工作，全面提高社会服务和管理水平，为对外开放创造良好的社会环境。推进社会管理综合改革试点，深化街道社会服务管理体制改革。完善应急管理机制，注重社会矛盾源头治理，做好社会稳定风险评估，畅通公众诉求表达渠道，维护群众合法权益，解决好关系群众切身利益问题。健全突发公共事件预警和应急处置机制，提高防灾减灾和应对突发事件能力。维护国家安全和社会政治稳定，防范打击境内外各种敌对势力的渗透破坏活动，为经济社会发展营造安全环境。健全社会治安防控体系，加强社会治安综合治理，深入开展"平安宁夏"创建活动，依法打击各种刑事犯罪活动，保护人民群众安全。

第八章　政策支持

第一节　财税政策

加大对试验区的均衡性转移支付力度，逐步缩小地方标准财政收支缺口。中央财政继续对试验区贫困地区扶贫贷款进行贴息，继续对符合条件的清真食品和穆斯林用品产业贷款给予贴息。

第二节　金融政策

引导各类金融机构按照有关政策法规、针对区域金融特点推动产品和服务方式创新。积极引进国内外各类银行、证券、保险等金融机构落户试验区，鼓励宁夏企业参与国家金融创新试点业务。在试验区探索构建防沙治沙和退耕还林草土地贷款抵押方式。鼓励县域法人金融机构吸收的存款主要用于当地发放贷款。

第三节　土地政策

支持试验区规范开展土地管理综合改革试点，提高土地资源对经济社会发展的保障能力。适当增加试验区建设用地指标。完善土地交易制度，开展建设用地审批改革试点，提高土地利用效率。有序推进旧城、旧村改造。支持开展低丘缓坡荒滩等未利用地开发利用试点，鼓励建设项目充分利用未利用地。

第四节　其他政策

国家对试验区重点基础设施建设给予支持，加大对铁路、公路、民航和水利等项目中央投资力度。支持宁夏组建股份制航空公司。将银川列为第五航权试点区域。积极研究便利试验区各类人员出入境措施。

第九章　组织实施

宁夏回族自治区人民政府要切实加强组织领导，负责规划的组织实施。建立相应的实施机制，全面贯彻落实规划确定的各项战略任务，切实做好试验区建设各项工作。深入宣传试验区建设的重要意义，有效凝聚民心民智，营造良好社会氛围，形成全民推进规划实施的强大合力。

国务院有关部门要充分认识推进试验区建设的重大意义，按照职能分工，切实加强对试验区发展的指导，抓紧制定落实有关政策措施。严格按照规划目标和重点任务，分期分批进行落实，有序推进试验区建设发展。

建立由发展改革委牵头，国务院有关部门和宁夏回族自治区人民政府参加的协调机制，研究解决试验区建设过程中遇到的困难和问题。加强对规划实施工作的指导监督和评估，及时向国务院报告有关工作进展情况。

图书在版编目（CIP）数据

中阿合作与宁夏内陆开放型经济试验区建设／赵瑾主编 .
—北京：社会科学文献出版社，2015.10
　（中国社会科学院国情调研丛书）
　ISBN 978 - 7 - 5097 - 8021 - 3

　Ⅰ.①中…　Ⅱ.①赵…　Ⅲ.①国际合作 - 经济合作 - 研究 - 中
国、阿拉伯国家②区域经济发展 - 研究 - 宁夏　Ⅳ.①F125.537.1
②F127.43

　中国版本图书馆 CIP 数据核字（2015）第 208940 号

·中国社会科学院国情调研丛书·

中阿合作与宁夏内陆开放型经济试验区建设

主　　编／赵　瑾

出 版 人／谢寿光
项目统筹／恽　薇　颜林柯
责任编辑／颜林柯

出　　　版／社会科学文献出版社·经济与管理出版分社(010)59367226
　　　　　　地址：北京市北三环中路甲 29 号院华龙大厦　邮编：100029
　　　　　　网址：www. ssap. com. cn
发　　　行／市场营销中心（010）59367081　　59367090
　　　　　　读者服务中心（010）59367028
印　　　装／北京京华虎彩印刷有限公司

规　　　格／开 本：787mm × 1092mm　1/16
　　　　　　印 张：18.5　字 数：274 千字
版　　　次／2015 年 10 月第 1 版　2015 年 10 月第 1 次印刷
书　　　号／ISBN 978 - 7 - 5097 - 8021 - 3
定　　　价／79.00 元